Die Dagoberts

Detlef Gürtler

Die Dagoberts

Eine Weltgeschichte des Reichtums – von Krösus bis Bill Gates

Eichborn

4 5 6 07 06 05

Umschlaggestaltung: Christina Hucke

Lektorat: Marion Voigt, Carmen Kölz
Layout: Susanne Reeh
Satz: Fuldaer Verlagsanstalt, Fulda
Druck und Bindung: GGP Media GmbH, Pößneck
ISBN 3-8218-5585-1

Verlagsverzeichnis schickt gern:
Eichborn Verlag, Kaiserstraße 66, D-60329 Frankfurt/Main
www.eichborn.de

Inhalt

Vorwort

Reich sein! Ein Traum! Nie mehr arbeiten müssen, nie mehr nachdenken müssen, ob man sich das, was man haben will, auch leisten kann. All die Last des Lebens von den Schultern gleiten lassen.

Reicher sein! Immer noch reicher sein! Ein Alptraum! Rund um die Uhr arbeiten, immer nachdenken, wie man das, was man haben will, auch bekommen kann. Niemals loslassen können.

Am reichsten sein! Der reichste Mensch der Welt sein! Eine Katastrophe! Denn von nun an kann es nur noch bergab gehen …

Einfach nur reiche Menschen sind langweilig. Sie haben ihr Vermögen in der Regel damit gemacht, den Leuten das zu bieten, was sie haben wollen. Deshalb lassen sich die Erfolgsgeschichten unserer heutigen Mittelständler genauso austauschen wie die hansischer Kaufleute vor 600 oder römischer Großgrundbesitzer vor 2000 Jahren.

Die reichsten Menschen aber sind spannend – wobei es sich bisher immer um Männer gehandelt hat. Denn sie hatten oder haben ihr Vermögen nicht gemacht, indem sie sich mitten in den Mainstream hineinbegaben, sondern indem sie unbemerkt von ihren Zeitgenossen eine neue Chance, eine neue Technologie, einen neuen Markt erkannten und erschlossen. Wer braucht Herrn Krupps superharten Stahl, wo doch sogar Kanonen seit eh und je aus Bronze gegossen werden? Wie will Mr. Ford mit einem Auto Profit machen, das so billig ist, dass es sich sogar ein Fabrikarbeiter leisten kann? Und wie kann Mr. Murdoch auch nur eine Sekunde daran denken, in London eine Zeitungsdruckerei ohne Gewerkschaften einzurichten?

Sie haben es trotzdem versucht und hatten, aus teilweise ganz unterschiedlichen Gründen, Erfolg. Und sie veränderten damit die Welt, in der sie lebten. Jeder, der sich durch eigene Leistung zu den reichsten Menschen seiner Zeit emporschwang, konnte gar nicht anders, als dabei die Welt zu verändern. Denn er musste etwas besitzen, was außer ihm keiner besaß – und das genau zum richtigen Zeitpunkt. Ein Schriftsteller darf sich damit trösten, dass erst die Nachwelt seine Qualitäten zu würdigen weiß; ein Philosoph muss es wahrscheinlich. Sogar ein erfolgloser Erfinder kann auf die Genialität eines Leonardo da Vinci verweisen, der den Helikopter schon Jahrhunderte vor der Erfindung des dafür nötigen Motors erfand. Wer reich werden will, hat diese Chance nicht: Er muss es zu Lebzeiten schaffen. Ökonomischer Erfolg kann seiner Zeit nicht um Jahrzehnte voraus sein – er muss genau ihren Nerv treffen.

Es drängt sich deshalb geradezu auf, eine ökonomische Weltgeschichte aus der Perspektive der jeweils größten Vermögen einer Epoche zu schreiben – als »Wirtschaftsgeschichte von oben«. Man kann die Entwicklung des ökonomischen und gesellschaftlichen Fortschritts wohl kaum besser erzählen als durch die Geschichten der reichsten Männer aller Zeiten.

Umso erstaunlicher ist es, dass bislang noch niemand diesen Versuch gemacht hat. Aber irgendwann ist immer das erste Mal.

Detlef Gürtler
Marbella, im Juni 2004

Die reichste Ente aller Zeiten

»Ach, lieber Freund! Sie ahnen ja nicht, was man als Krösus leidet! Ich bin der reichste Mann der Welt! Meine Geldspeicher quellen nur so über! Kurz, ich müsste überströmen vor Glück! Aber all mein Reichtum macht mir keine Freude mehr!« Sagte Dagobert Duck zum genialsten Erfinder aller Zeiten, zu Daniel Düsentrieb. Das mit dem »reichsten Mann der Welt« stimmt natürlich nicht, schließlich ist Dagobert auch im feinsten Business-Outfit jederzeit als Ente zu erkennen. Aber den Titel »reichste Ente aller Zeiten« wird ihm niemals jemand streitig machen. »Auf den Kreuzer genau 37 Fantastillionen 119 Trilliarden Taler« zählte er 1983, und selbst wenn der Umrechnungskurs des Entenhausener Talers zum Euro nicht tagesaktuell berechnet wird und auch die Fantastillion in den uns Menschen geläufigen Zahlensystemen nicht vorkommt: Allein schon die 119 Trilliarden Taler sorgen dafür. Selbst wenn man dieses Vermögen gleichmäßig auf alle 6 Milliarden Menschen verteilen würde, blieben für jeden Einzelnen noch 20 Billionen Taler übrig. Geht man entsprechend den aus den Comics bekannten Entenhausener Kaufkraftparitäten davon aus, dass ein Taler etwa einem Dollar entspricht, wäre Dagobert Duck also so reich, dass er allein mit seinem Kleingeld (denn die Fantastillionen rechnen wir nicht mit) *jeden* Menschen auf der Erde 500-mal reicher als Bill Gates machen könnte! Dass wir es überhaupt wagen können, in einem Buch über die reichsten Lebewesen der Welt noch andere Personen außer Dagobert Duck aufzunehmen, verdanken wir einzig dem Umstand, dass es sich bei Dagobert um eine erfundene Figur, ja, um eine Karikatur handelt.

Es kommt immer wieder vor, dass wir uns anhand von Karikaturen eine historische Figur oder auch eine Situation erschließen. Cäsar kennen wir so, wie er bei Asterix dargestellt ist, Nero so, wie Peter Ustinov ihn in *Quo Vadis* verkörperte. Ein geschminkter Bretone, der durch kroatische Karstlandschaften reitet und dabei das humanistische Ideal des Kleinkriminellen Karl May aus Sachsen darstellt, prägt unser Bild des Wilden Westens im 19. Jahrhundert: Pierre Brice als Winnetou. Und unser Bild vom turbokapitalistischen Vollblutunternehmer sieht ziemlich genau so aus, wie jener Zylinder- und Bürzelträger unbestimmbaren, aber hohen Alters aus Entenhausen.

Dabei ist diese Ente von der kapitalistischen Realität etwa so weit entfernt wie Pierre Brice von einem Häuptling der Apachen. Schon Dagoberts Ziehvater Carl Barks hat das eingestanden: »Dagobert ist ein absoluter Feind des kapitalistischen Systems: Er würde es innerhalb eines Jahres zerstören. Er würde alle Vorgänge, die den Kapitalismus ausmachen, einfrieren. Er würde niemals etwas ausgeben, und so würden alle ärmer werden, denn er häuft ihr Geld an, und nach einer gewissen Zeit hätte keiner außer ihm noch Geld. Das wäre das Ende des Kapitalismus.«

So wie Dagobert wird man niemals Milliardär

Wobei dies bestenfalls die halbe Wahrheit ist. Denn Barks hält seiner Kreatur zugute, sie habe tatsächlich das Zeug, der reichste Mensch der Welt zu werden (wenn sie nicht zufällig eine Ente wäre). Das lässt sich jedoch mit Sicherheit ausschließen: Jemand, der sich verhielte wie Dagobert Duck, könnte niemals zum reichsten Menschen der Welt werden. Er würde irgendwo im Mittelfeld der Multimillionäre hängen bleiben, oder wahrscheinlich sogar schlicht Pleite gehen. Denn:

Dagobert Duck verzettelt sich. Es gibt kein Geschäftsfeld, das er verschmähen würde, wenn es nur genug Geld einbringt. Ob Schatzsuche, Töpferware oder Pfefferminzeis, Hauptsache der Profit stimmt. Das kann in Pionierzeiten eine Zeit lang gut gehen, wenn unzählige Marktnischen geradezu darauf warten, entdeckt zu werden. Es funktioniert nicht mehr in Konsolidierungsphasen, in denen in jedem Markt nur die besten, billigsten, schnellsten, jedenfalls die an die Marktbedingungen am besten angepassten Anbieter überleben. Spätestens da trägt es einen breit aufgestellten Generalisten wie Dagobert aus der Kurve, wenn er sich nicht strikt darauf beschränkt, eine Art finanzielles Controlling zu betreiben und den Rest seinem Management anzuvertrauen. Aber Dagobert muss ja unbedingt alle operativen Entscheidungen selbst treffen.

Praktisch alle Superreichen, denen wir auf unserem Rundgang durch die Weltgeschichte begegnen werden, haben sich beschränkt. Auf ein Produkt, eine Branche, eine Wertschöpfungskette, eine Methode. Wenn sie mit irgendetwas großes Geld verdient haben, sei es nun Software oder das Plündern von Städten, sind sie dabei geblieben. Die permanente Hinwendung zu neuen Herausforderungen, ob besonders spannend, anspruchsvoll oder profitabel, ist eher in Branchen wie Literatur oder Bildende Kunst anzutreffen – in der Ökonomie dagegen nur bei jener Sorte Unternehmer, die noch kein ausreichend profitables Geschäftsfeld gefunden haben und deshalb darauf angewiesen sind, zu experimentieren. Die erfolgreichen hingegen folgen der Maxime Henry Fords: »Es ist besser, alle Kraft einzusetzen, eine Idee zu vervollkommnen, statt anderen, neuen Ideen nachzujagen. Eine gute Idee bietet gerade so viel, als man auf einmal bewältigen kann.«

Dagobert Duck lässt sein Geld nicht arbeiten. Allein die Vorstellung, er müsse aus seinem Geldspeicher Geld wieder herausnehmen, ist ihm ein Gräuel. In sehr begrenztem Umfang fließen Investitionen in Entdeckungsreisen und sonstige Innovationen, aber auch das nur bei kurzfristig zu erwartendem Profit. Der Goldanteil seines Geldspeichervermögens ist dabei immerhin vor Inflation geschützt, bringt darüber hinaus jedoch keine Zinsen ein. Noch schlimmer steht es um das gehortete Bargeld. Es bringt keine Einnahmen, verursacht Sicherungs- und Pflegekosten und unterliegt obendrein noch der Geldentwertung: Bei einem Geldspeicherpegelstand von 20 Metern geht bei einer Inflationsrate von 2 Prozent allein hierdurch jeden Tag 1 Millimeter Kaufkraft verloren!

Dagobert Duck verachtet seine Kunden. Besonders verhängnisvoll ist seine immer wieder durchbrechende Neigung, um eines kurzfristigen finanziellen Vorteils willen Kundenbeziehungen aufs Spiel zu setzen – sprich: seine Kunden so zu täuschen, dass sie das nächste Mal ihr Geld bei der Konkurrenz lassen. Ein Strip von Carl Barks persönlich schildert ein besonders abschreckendes Beispiel: Dagobert richtet einen kostenlosen Skilift ein, während die Konkurrenz mindestens einen Taler verlangt. An der Bergstation angekommen, müssen die Skiläufer feststellen, dass der Steilhang dort eine Abfahrt unmöglich macht. Und für die Rückfahrt mit dem Lift kassiert Dagobert drei Taler. »Na, einmal und nicht wieder«, sagt völlig zu Recht im letzten Bild einer der um die Abfahrt betrogenen Skifahrer. Wer wie Dagobert seiner Schuhfabrik befiehlt, auf alle Paare eine falsche Schuhgröße zu drucken, nur um mehr Hühneraugensalbe verkaufen zu können, mag damit kurzfristig seinen Profit steigern können. Aber als Schuhunternehmer hat er spätestens übernächste Saison ausgedient – und wenn ihm auch nur ein amerikanischer Verbraucheranwalt auf die Schliche käme, würde vor Gericht ein so verheerendes Strafgeld verhängt, dass sogar ein Fantastillionär daran schwer zu tragen hätte.

Dagobert Duck ist ein Unmensch. Nun gut, Enten sind eben keine Menschen. Und die Regeln für den Umgang mit der eigenen Familie lassen sich auch nur begrenzt verallgemeinern. Aber so, wie Duck mit seinen sonstigen Beschäftigten, vor allem mit seinen Führungskräften, umgeht, kann er schlichtweg nicht zum Herrn über Hunderttausende von Mitarbeitern aufsteigen. Denn dafür bräuchte er Manager, denen er vertrauen kann, die loyal sind und auch in Krisenzeiten zu ihm halten. Doch wenn ein Manager in den Comicstrips auftaucht, dann meist am anderen Ende der Telefonleitung, wenn der Patriarch Duck einen Befehl quakt, der gefälligst ausgeführt werden muss. »Ich möchte, dass alle Gelder, die ich für die nördliche Hemisphäre vorgesehen hatte, auf der südlichen Halbkugel angelegt werden!« – »Aber …« – »Kein Aber. Wer an meinen Anweisungen etwas auszusetzen hat, fliegt raus!« Bei keinem seiner Mitarbeiter hat man jemals den Eindruck, dass er gerne für Dagobert arbeiten würde: Ein Leuteschinder und Geizkragen, der seinen Mitarbeitern keine Möglichkeit zur Entfaltung ihrer Qualitäten lässt, der alles besser weiß und den ganzen Ruhm und natürlich den ganzen Profit selbst einstreichen möchte, wird üblicherweise weit vor der Milliardärsschwelle von den internen Reibungsverlusten in seiner Organisation gestoppt.

Wenn all diese Eigenschaften Dagobert Duck als real existierenden Superreichen disqualifizieren: Warum verkörpert er seit Jahrzehnten für alle Welt genau diese Personengruppe? Zum einen, weil wir es nicht besser wissen – es ist nun mal schwer zu begreifen, weil der Anschauung widersprechend, dass ein prall gefüllter Geldspeicher eben *nicht* ein Symbol für Megareichtum ist, sondern eines für Megadummheit. Zum anderen, weil wir es nicht besser wissen wollen – wir argwöhnen gerne und konsequent, dass jeder, der besonders viel Geld hat, dazu gekommen ist, indem er anderen (uns nämlich) etwas weggenommen oder vorenthalten hat.

Zwischen Dienen und Ausbeuten

Dieser Argwohn ist völlig gerechtfertigt, wenn es sich um ein Nullsummenspiel handelt, es also nur darum geht, wie sich eine feststehende Menge an Geld beziehungsweise Gütern unter einer ebenso feststehenden Menge an Menschen aufteilt. Für einen dynamischen Kapitalismus wie den heute fast überall auf der Welt herrschenden gilt dieser Argwohn nicht – zumindest nicht in der Theorie. Der schwedische Radikalliberale Johan Norberg formulierte das jüngst besonders kategorisch: »Die einzige Möglichkeit, auf einem freien Markt reich zu werden, besteht darin, den Menschen etwas zu geben, das sie haben wollen und für das sie freiwillig Geld bezahlen. Etwas vereinfacht könnte man sagen: Je größer die Einkommen der Menschen sind, desto mehr haben sie getan, um anderen das anzubieten, was sie haben wollen. Man kann nur verdienen, indem man dient.«

In der Praxis pendeln gerade die Superreichen der Weltgeschichte irgendwo zwischen den Extremen des Dieners und des Ausbeuters. Denn es können zwar viele Unternehmer gut davon leben, dass sie auf freien Märkten etwas anbieten, wofür die Menschen freiwillig Geld zahlen, aber davon alleine wird niemand Multimilliardär. Dafür muss man schon die Freiheit des Marktes ein wenig einschränken und die Menschen dazu nötigen, etwas mehr als das zu bezahlen, was sie freiwillig zahlen würden. Insofern lässt sich zwar der Ausbeutervorwurf, der in der Figur Dagobert Ducks so manifest ist, dem Kapitalismus als solchem gegenüber nicht aufrechterhalten; aber bei den Reichsten der Reichen schwebt er zumindest als Anfangsverdacht immer im Raum.

Die Faszination, die Dagobert Duck ausübt, leidet jedoch nur wenig unter den Punktabzügen bei den oben aufgeführten Sekundärtugenden eines Multimilliardärs. Denn dafür lebt er umso konsequenter die Primärtugend, die Conditio sine qua non eines Superreichen: den Riecher für Geld. »Mein einziges Interesse ist Geldverdienen«, sagt Dagobert von sich selbst. Seine Verwandten bemerken es lediglich am Glitzern in seinen Augen und an den registrierkassenähnlichen Geräuschen in seinem Kopf, wenn ihr Onkel respektive Großonkel gerade wieder einmal auf eine Profitader gestoßen ist. Denn während Tick, Trick und Track nur genüsslich ein Pfefferminzeis schlecken, rechnet Dagobert sich aus, dass Pfefferminzeis eine Umsatzrendite von exakt 80 Prozent einfährt. »Müller!«, ruft er ins Telefon, »Kaufen Sie unverzüglich sämtliche Eisfabriken im ganzen Land auf. Ich gebe Ihnen drei Minuten Zeit!« Und dann, zu seinen Großneffen: »Heißa, Kinder! Das wird das beste Geschäft meines Lebens! Sobald alle Eisfabriken in meiner Hand sind, sichere ich mir das Monopol für Pfefferminzeis, und die Milliarden träufeln nur so in meine Taschen.«

Der Gedanke an das Pfefferminzeismonopol mag ein wenig abwegig klingen, aber das ist kein wirkliches Problem. Es gab schon ähnlich absonderliche Monopole, zum Beispiel das noch im letzten Viertel des 20. Jahrhunderts bestehende Zündholzmonopol. Und die meisten Ideen, aus denen sich später ein Multimilliardenvermögen entwickelte, erschienen den Zeitgenossen ähnlich unwahrscheinlich wie uns der Gedanke an ein Monopol für Pfefferminzeis. Alle diese erfolgreichen Unternehmer brauchten, um ihre Ideen in die Tat umzusetzen, eine Eigenschaft, die Dagobert Duck in überreichlichem Maße besitzt: Starrsinn. Und sie brauchten den Willen, die Welt, zumindest einen Teil davon, nach ihren Vorstellungen zu formen. Da sie weder als Politiker noch als Bildhauer reüssierten, sondern als Unternehmer, gehören sie wie Dagobert Duck zu der vom Feuilleton verachteten Spezies, deren Vertreter all ihre Energien für etwas einsetzen, das zu schnöde ist, um ebendieser Ehre wert zu sein.

Männer wollen immer nur das eine: Sex. Männer vom Schlag eines Dagobert Duck wollen immer nur das andere: Geld. Diese nicht nur bei (dem als Disney-Figur zwangsläufig asexuellen) Dagobert beobachtete Verdrängung des Geschlechts- durch den Bereicherungstrieb hat schon diverse vulgär- und regulärpsychologische Interpreten auf die Bühne getrieben. Wir werden uns in diesem Buch wenig bis gar nicht mit solcherart Meinungsbildung unterhalb der Gürtellinie beschäftigen. Da wir der Bedeutung nachspüren wollen, die einzelne Menschen für den Verlauf der Geschichte, in unserem Fall: der Wirtschaftsgeschichte, haben, werden wir ihnen bei der Arbeit über die Schulter schauen und nicht im Schlafzimmer.

Wir könnten sonst am Ende ebenso ins Esoterische abdriften, wie es Dagobert Mitte der Neunzigerjahre passierte. Da ließen ihn die Zeichner mit der ihm sonst völlig zu Recht unerträglichen Gitta Gans im Fernen Osten nach der Formel des Reichtums suchen, die, so das Gerücht, ein alter weiser Mann entdeckt habe. Doch als Dagobert die Formel endlich findet, ist die Enttäuschung groß. Sie heißt nämlich: »Sieh dich um und lerne das, was du siehst, zu lieben. Dann wirst du dich als reichster Mann aller Zeiten fühlen.« Wutentbrannt reist Dagobert ab. Doch der weise Alte sinniert ihm hoffnungsvoll hinterher: »Vielleicht wird auch er eines Tages die Formel des Reichtums verstehen und begreifen, dass der größte Reichtum unserer Welt die Liebe ist.«

Aber dann wäre er nicht Dagobert. Und wir wären im falschen Buch.

Ägypten: der pharaonische Sozialismus

Für Herodot war Ägypten ein Paradies. Ein Bauernparadies. Fasziniert berichtete der berühmteste Historiker der Antike über seine Eindrücke von der Arbeit der ägyptischen Bauern – besser gesagt, von deren Nicht-Arbeit: »Diese Leute bringen die Frucht vom Feld ein mit weit geringerer Mühe als alle anderen Menschen. Sie, die sich nicht zu mühen brauchen, mit dem Pflug Furchen aufzubrechen, nicht zu hacken brauchen. Wenn bei ihnen der Fluss von alleine kommt und die Fluren tränkt und nach dem Tränken wieder zurückweicht, dann besät ein jeder sein Feld und treibt bloß Schweine darauf, ist aber die Saat von diesen Schweinen eingetreten, braucht er nur die Ernte abzuwarten und drischt mit diesen Schweinen sein Korn aus und bringt's so ein.« Das klingt grandios.

Wir dürfen allerdings vermuten, dass Herodot den Bauern nicht so genau zugeschaut hat. Die meiste Zeit des Jahres mussten sie ihre Felder in mühsamer Schöpfarbeit bewässern; wenn die Arbeit auf den Feldern ruhte, leisteten sie den Frondienst für den Pharao, und alle zwei Jahre kam der Steuerbeamte, um die Abgaben neu festzusetzen. Ein altägyptisches Schulbuch beschrieb das Dasein der Bauern denn auch ganz anders als Herodot: »Der Bauer klagt mehr als ein Perlhuhn, seine Stimme ist lauter als die eines Raben, denn seine Finger sind Geschwüre geworden mit einem Übermaß an Gestank. Wenn man ihn für das Delta zur Fronde registriert und wegtreibt, ist er in Fetzen.«

Auf Schlamm gebaute Hochkultur

Für den Rest der damaligen Welt mussten solche Klagen jedoch nach Jammern auf hohem Niveau klingen. Die Kombination aus Nilüberschwemmung und Bewässerung erlaubte in Ägypten mehrere Ernten pro Jahr, der Pharao ließ seine Untertanen zwar hart arbeiten, aber nicht verhungern, und es kamen auch nicht ständig Soldatentrupps vorbei, um die Dörfer auszuplündern. Genauer gesagt: Es kamen eigentlich nie irgendwelche Truppen vorbei. Gemessen an den regelmäßigen Kriegszuständen im Zweistromland Mesopotamien war das schon ein bisschen paradiesisch.

4500 Jahre nach dem Bau der Pyramiden, 2000 Jahre nach dem Untergang des Ägyptischen Reiches wurde noch einmal versucht, ein Bauernparadies zu schaffen – nur dass diesmal die Arbeiter in den Genuss der gleichen Segnungen kommen sollten. Wären Karl Marx und seine Erben nicht davon überzeugt gewesen, dass die Geschichte sich von Fortschritt zu Fortschritt immer weiter entwickelt (»Vorwärts immer, rückwärts nimmer«, meinte Erich Honecker dazu), hätten sie offen zugeben können, dass sie ihre Ökonomien nach dem Vorbild der pharaonischen Wirtschaftsform konstruierten. Das Experiment ist bekanntlich gescheitert, denn zu seinem Gelingen fehlten ihm die zentralen Voraussetzungen: Für die Existenz eines paradiesischen Zustands auf Erden müssen drei Bedingungen gleichzeitig erfüllt sein – die Sicherung der Nahrungsmittelversorgung, ein natürlicher Schutz gegen äußere Feinde und ein natürlicher Schutz vor ungezügelter Expansion.

Alle drei Bedingungen waren in Ägypten erfüllt. Die Nahrungsmittelversorgung sicherte der Nil mit seinem jährlich wiederkehrenden Hochwasser. Er ermöglichte zudem eine Überschussproduktion, die einen sehr anspruchsvollen Herrscher und große Scharen von Priestern und Beamten mitversorgen konnte. Und für alle Bedürfnisse, die über das physische Überleben hinausgingen, war Ägypten mit auskömmlichen Rohstoffdepots gesegnet, vor allem von Gold, Türkisen und Kupfer. Insbesondere das Kupfer, das im Sinai abgebaut wurde, war eine begehrte Handelsware, benötigten es doch alle Völker zur Herstellung von Bronze.

Den Schutz vor äußeren Feinden übernahm in Ägypten die Wüste, die sich in alle Richtungen rund um die Flussoase des Nils erstreckt. Es gab lediglich eine Achillesferse: den Zugang über das Mittelmeer, via Nilmündung oder Sinai, was alle paar Jahrhunderte den Einfall wilder Barbaren zur Folge hatte, die sich aber sehr schnell assimilierten oder wieder vertrieben wurden. Einer dieser Stämme, die Hyksos, deren Führer sich im 17. Jahrhundert vor Christus zu ägyptischen Königen aufschwangen, holte sich auch noch Fremdarbeiter ins Land – die Israeliten. Als die Ägypter die Besatzer wieder vertrieben hatten, wurde es auch für die zugewanderten Arbeitskräfte ungemütlich. Wie es mit den Israeliten weiterging, steht in der Bibel. Für die Ägypter ging es nach dem Abzug der Fremdlinge weiter wie zuvor.

Auch für den Schutz vor ungezügelter Expansion war der Nil zuständig, der den Ägyptern eine kaum auszudehnende landwirtschaftliche Nutzfläche zugestand. In den Anfangsjahren des Alten Reiches wurden die Nilfluten so weit kanalisiert, dass die bebaubare Fläche bis an die Felswände heranreichte, die das Niltal einfassen. Mehr ging nicht. Die Bewässerungskanäle ermöglichten es, statt einer nun zwei bis drei Ernten im Jahr einzufahren. Und damit waren bereits vor 4600 Jahren die Grenzen des Wachstums erreicht.

In die gleiche stabilisierende Richtung wirkte das damalige Pendant zu unserer heutigen Erbschaftsteuer: ein Totenkult, bei dem ein großer Teil der zu Lebzeiten angesammelten Reichtümer dem Vestorbenen mit ins Grab gelegt beziehungsweise darauf verwendet wurde, dieses Grab zu bauen. Auf diese Weise hielt sich die Anhäufung von Vermögen über die Generationen hinweg stark in Grenzen. Und über die Institution der Grabräuber kamen die Besitztümer, die so dem Zugriff der Erben entzogen worden waren, in etwa genauso effizient wieder in den Wirtschaftskreislauf zurück wie heute die Steuergelder über den Staat.

Ein Gott als Monopolist

Das Ergebnis waren in der Tat nahezu »paradiesische Zustände«: eine über Jahrtausende stabile, träge, auf sich fixierte Gesellschaft, in der nichts passiert, sich nichts bewegt, die Zeit stillzustehen scheint.

Dynamische Elemente, wie sie etwa ein freies Unternehmertum hervorbringen hätte können, gab es nicht. Bei den Ägyptern gehörte praktisch die gesamte Wirtschaft dem Pharao, also Gott. Wie alle Lebensbereiche war auch sie prinzipiell auf das Ziel gerichtet, dem Pharao zu dienen und auf diese Weise die Verbindung zwischen der Sphäre der Götter und der Welt der Menschen zu ermöglichen. Dem Staat unterstanden der Außenhandel, die Bergwerke, große Teile der Produktion und des Bauwesens. Auch die Lohngestaltung entsprach durchaus dem, was im realen Sozialismus des vergangenen Jahrhunderts üblich war: eine Rundumversorgung mit Nahrungsmitteln, Kleidung und Werkzeugen, und dazu eine Art Einheitslohn, um sonstige private Gelüste zu befriedigen. Um 1000 vor Christus bekam ein ägyptischer Arbeiter 1,5 Sack Gerste und vier Sack der Weizenart Emmer pro Monat – ein Schreiber oder ein Vorarbeiter brachten es auf zwei Sack Gerste und 5,5 Sack Emmer.

Es gab zwar Kaufleute, aber sie waren keine Unternehmer, sondern Angestellte des Staates oder eines Tempels. »Reiche Leute zogen Nutzen aus dem Handel, betrachteten ihn aber nicht als Beruf«, schreibt der britische Ägyptologe Barry Kemp. »Die Vorstellung, dass solche Aktivitäten Reichtum und gesellschaftliches Ansehen begründen könnten, war buchstäblich undenkbar für alle, die davon betroffen waren.«

»Mache deine Beamten reich«

Und wer waren dann die reichen Leute im alten Ägypten? Entsprechend den Mitgliedern der Nomenklatura im Sozialismus des 20. Jahrhunderts – die hohen Würdenträger der staatlich-religiösen Bürokratie. Als offizielle Begründung dafür diente das Vorbeugen gegen Korruption, wie sich den Ratschlägen eines Pharaos an seinen Nachfolger entnehmen lässt: »Mache deine Beamten reich, damit sie deine Gesetze ausführen. Denn einer, der in seinem Haushalt reich ist, braucht nicht parteiisch zu sein, denn ein Besitzender ist einer, der keine Not leidet. Einer, der ›Ach, hätte ich doch‹ sagt, ist nicht rechtschaffen. Er ist parteiisch gegenüber demjenigen, den er vorzieht, und er neigt sich dem Herrn seiner Bestechung zu.«

Im Großen funktionierte dieses System: Keiner der ägyptischen Beamten kam jemals auch nur annähernd an den Pharao heran, was seine Reichtümer betraf. Aber ganz ohne Übergriffe auf das Gottes- beziehungsweise Volkseigentum ging es auch in Ägypten nicht ab, wie die Wirtschaftspublizistin Judith Mathes berichtet. Sie zitiert aus der Aussage des Tempelgärtners Kar, der um 1100 vor Christus zugab, die vergoldeten Türpfosten eines Tempels um ein paar Gramm Gold erleichtert zu haben – und damit die Begehrlichkeiten seiner Vorgesetzten weckte: »Einige Tage später zankte Paminu, unser Chef, mit uns, indem er sagte: ›Ihr habt mir nichts gegeben.‹ Also gingen wir noch einmal zu den Türpfosten und entfernten 5 kite Gold von ihnen. Wir tauschten es gegen einen Ochsen und gaben ihn Paminu. Nun hörte aber der Schreiber der Königlichen Archive Sethmose ein Gerücht davon und drohte uns, indem er sagte: ›Ich werde es dem Hohenpriester des Gottes Amun berichten.‹ Also nahmen wir 3 kite Gold und gaben es dem Schreiber der Königlichen Archive Sethmose.«

Aber das sind nun wirklich Kleinigkeiten. Breiten wir deshalb für diesmal den Mantel des Schweigens über die alten Ägypter. Ihre Lebens- und Umweltbedingungen waren gleichzeitig so außerordentlich und so langweilig, dass der Wunsch, reich, reicher, am reichsten zu werden, dort keine Chance hatte.

Dafür begegnet uns die ägyptische Situation wieder und wieder in der Literatur: als ideale Voraussetzung für ideale Staaten wie Thomas Morus' Utopia. »Habsucht und Raubgier stammt bei allen Lebewesen aus der Angst vor der Entbehrung«, doziert Morus, also muss man ein Gemeinwesen nur so konstruieren, dass niemand mehr Angst vor Entbehrung zu haben braucht, und die Habsucht verschwindet – natürlich unter der Voraussetzung, dass die benachbarten und die weiter entfernten Gemeinwesen diese Konstruktion auch garantiert respektieren. In Utopia lässt es sich nämlich nur deshalb so sorglos und friedfertig leben, weil kein Cäsar den Weg dorthin findet. Den Weg nach Ägypten fand er, und aus dem ältesten Reich der Welt wurde eine römische Provinz.

Das hervorstechende Merkmal eines solchen staatlichen Paradieses ist also das Fehlen eines äußeren Feindes. Das ist, wie wir noch sehen werden, auch ein auffallendes Merkmal der meisten Unternehmen, die den Dagoberts aller Zeiten den Weg zum fabelhaften Reichtum bahnten. Ins Betriebswirtschaftliche übersetzt heißt »keine äußeren Feinde« nämlich »keine Konkurrenz« oder schlicht »Monopol«. So gesehen fließt der Nil noch heute durch so manche Vorstandsetage in aller Welt.

Die Griechen: von Krösus zum Kultur-Keynesianismus

Was verdanken wir den Griechen nicht alles! Die ersten Werke der Weltliteratur, die Grundlagen der Mathematik, der Physik, der Philosophie, der Sozialwissenschaft, der Geschichtsschreibung, der Medizin, des Theaters, des Sports, aller schönen Künste, kurz: Ohne das antike Griechenland gäbe es kein Abendland.

Eine Silbermine rettet das Abendland

Aber dass wir wiederum all das den Griechen verdanken können, verdanken wir – einer Silbermine. Denn im Jahr 483 vor Christus wurde in Laurion, nahe Athen, eines der ergiebigsten Silbervorkommen der Antike entdeckt. Das war gerade noch rechtzeitig, um dem hartnäckigen Drängen des athenischen Politikers Themistokles Folge leisten zu können, der den schnellstmöglichen Aufbau einer Kriegsflotte forderte, um bei einem drohenden Rachefeldzug der Perser gewappnet zu sein: Eine Supermacht wie Persien würde eine Niederlage wie die gegen das athenische Landheer bei Marathon sieben Jahre zuvor nicht auf sich sitzen lassen. In harten innenpolitischen Auseinandersetzungen hatte Themistokles die Athener für seinen Plan zu gewinnen versucht, doch selbst wenn ihnen die Argumente einleuchteten, es fehlten die Mittel zur Umsetzung. Da kam die Entdeckung der Mine zur richtigen Zeit, Themistokles erhielt seine Flotte, Athen seinen befestigten Hafen Piräus, und als drei Jahre später die Perser tatsächlich erneut vor Athen auftauchten, wurden sie in der Seeschlacht bei Salamis zurückgeschlagen. Von da an ließen die Perser Europa im Allgemeinen und die Griechen im Besonderen in Ruhe.

Was sonst mit Griechenland, mit Athen, Sparta, Korinth und seinen übrigen Stadtstaaten passiert wäre, zeigt das Schicksal der griechischen Kolonien in Kleinasien in den Jahrzehnten davor – und eines ihnen benachbarten Reiches mit einem König an der Spitze, dessen Name noch heute eine Metapher für unvorstellbaren Reichtum ist.

»Papa, kaufst du mir ein Eis? Und das Barbie-Pferd? Und ein richtiges Pony? Und eine Kutsche? Und einen Reiterhof? Bitte, Papa!« – »Jetzt übertreib mal nicht, Kind. Bin ich Krösus?«

Krösus: Geld für die Welt

Krösus (um 595 – um 546 v. Chr.) war etwa ab 560 vor Christus König von Lydien, einem Kleinstaat an der türkischen Westküste, den sein Vater Alyattes durch einige Kriege immerhin so weit vergrößert hatte, dass wir getrost von einem Reich sprechen können. Krösus' sprichwörtlicher Reichtum beruhte materiell vor allem auf dem Gold, das dort aus dem Fluss Paktolos gewonnen wurde. Tatsächlich wird es um sein Vermögen längst nicht so gut bestellt gewesen sein, wie die Legende glauben macht. Relativ zur Einwohnerzahl gesehen mag der lydische König beispiellos wohlhabend gewesen sein. In absoluten Vermögenswerten dürften ihn jedoch die persischen Herrscher weit überflügelt haben – schließlich erstreckte sich deren Reich zum Zeitpunkt seiner größten Ausdehnung vom Indus bis zur Donau und vom Nil bis zum Kaspischen Meer. Und alle Provinzen hatten Steuern in Form von Naturalien oder Edelmetall an die Zentrale abzuführen. Allein dadurch kam weit mehr zusammen, als auch der goldhaltigste Fluss hätte erbringen können.

Für die Fama von Krösus' unermesslichem Reichtum sorgte eine lydische Erfindung: das Geld. Zuvor tauschte man auf den Märkten entweder Ware gegen Ware, man wog den Preis gegen Gold auf oder, häufiger noch, holte ihn von der Weide: In Homers Epen *Ilias* und *Odyssee* kommen immer Rinder als Währung vor. Rinder hatten die Lyder nicht so viele, aber dafür Gold. Und weil das ständige Wiegen des Edelmetalls so unpraktisch war, vereinfachten sie den Vorgang: Sie stellten mehrere Arten von Metallscheiben mit jeweils dem gleichen Gewicht her und stempelten sie ab. Diese Prägung nun garantierte, dass jede Scheibe stets genau das Gewicht hatte, das auf dem Stempel verzeichnet war – und das umständliche Goldwiegen konnte durch das weit schnellere Geldzählen ersetzt werden.

Nun stammte die Erfindung selbst wohl schon aus dem siebten Jahrhundert vor Christus, aber bis zu Krösus' Zeit war sie noch nicht wesentlich über Lydien hinausgekommen. Es dauerte eben eine Weile, bis die Händler zu der Neuerung Vertrauen fassten. Insbesondere galt das für den Fernhandel, den das Geld zwar enorm erleichtern sollte, der aber die Gewähr brauchte, dass die lydischen Münzen auch an den anderen Enden der Handelsstraßen akzeptiert wurden. Als die Neuheit aber diese Hürde genommen hatte, verbreitete sich mit den Handelsströmen das Geld des lydischen Königs Krösus in alle Welt. Und ein König, mit dessen Geld überall gezahlt wurde, musste ja wohl sagenhaft reich sein.

Milet: ein Hauch von Globalisierung in Kleinasien

Dass gerade um diese Zeit und an diesem Kleinasien genannten Abschnitt der Mittelmeerküste das Geld erfunden wurde, ist kein Zufall. Denn der Fernhandel, für den das Geld so praktisch war, spielte in allen anderen Ecken der Welt eher eine Nebenrolle – ganz im Gegensatz zu hier. Deshalb finden wir in dieser Region auch die erste reine Handelsstadt der Welt: Milet. Wie all die anderen griechischen Kolonialstädte entlang der Mittelmeerküste war Milet entstanden, weil die Griechen miserable Seefahrer waren. Sie scheuten das offene Meer und Fahrten bei Nacht, waren also auf ihren Handelsrouten darauf angewiesen, jeden Abend eine Anlegestelle zu finden. Und gerade auf längeren Fahrten erwies es sich als sinnvoll, an den besten Anlegeplätzen auch eine Infrastruktur zu haben, um Proviant aufzufüllen oder Schäden an den Schiffen zu reparieren. Der geläufige Name für diese Infrastruktur heißt »Stadt«.

Milet war im sechsten vorchristlichen Jahrhundert die erfolgreichste der griechischen Kolonien und hatte das Mutterland weit überflügelt. In Milet endeten mehrere Karawanenstraßen, und von hier aus wurden die Waren aus den Tiefen des asiatischen Kontinents im gesamten Mittelmeerraum verteilt – gestützt auf ein Netz von Handelsniederlassungen in den übrigen Kolonialstädten. Die Karawanen luden in Milet die Erzeugnisse der Mittelmeerländer auf ihre Lasttiere, um damit wiederum auf dem Rückweg ganz Asien zu versorgen. Dank der Reeder und Großkaufleute von Milet wehte erstmals überhaupt ein Hauch von Globalisierung durch die Welt. Doch Namen oder gar Angaben über das Vermögen der wohlhabenden Fernhändler haben sich nicht überliefert – Reichtum allein bescherte eben damals keinen Nachruhm. Bis auf den heutigen Tag ist uns nur der Name eines einzigen, eher unkrämerischen Bürgers der Stadt geläufig: Thales, der Naturphilosoph, dem wir die Erkenntnis verdanken, dass im Halbkreis alle Dreiecke rechtwinklig sind.

Fette Beute für die Perser

Eine bittere Erfahrung mussten allerdings sowohl Krösus von Lydien als auch die Bürger Milets machen: Reichtum weckt bei den Nachbarn Begehrlichkeiten. Und dieses Begehren richtete sich, wie in den meisten Epochen der Weltgeschichte, nicht so sehr darauf, ebenso viel oder produktiv zu arbeiten wie der wohlhabende Nachbar – sondern darauf, ihm sein Vermögen einfach abzunehmen. Nur eine Hand voll Jahre konnte Krösus sich seines Reichtums erfreuen, denn bereits 546 vor Christus verlor er sein Königreich im Krieg gegen die Perser. Wenn wir den Legenden glauben dürfen, brach Krösus diesen Krieg selbst vom Zaun, weil das Orakel von Delphi ihm für diesen Fall prophezeit hatte, dass er ein großes Reich zerstören werde, was dann allerdings sein eigenes war. Aber selbst wenn er den Streit nicht angefangen hätte: Die Perser waren gerade zu dieser Zeit unter Kyros II. ebenso stark wie expansiv, sie hätten sich ohnehin früher oder später Lydien als Beute geholt. Im Feldzug gegen Krösus verleibten sie sich auch die griechischen Städte Kleinasiens ein, soweit sie noch nicht zu Krösus' Reich gehörten, mit Milet als Sahnestück. Von da an herrschten persische Provinzgouverneure, die Satrapen, über Kleinasien. Sie partizipierten an den Profiten der miletischen Kaufleute, und zwar so ausgiebig, dass denen kaum etwas davon übrig blieb. Ein gescheiterter Aufstand gegen die persische Herrschaft führte ein halbes Jahrhundert später dazu, dass auch die Stadt selbst in Schutt und Asche sank.

Vielleicht hätte Athen ohne den Sieg von Marathon und ohne die Hartnäckigkeit des Themistokles das gleiche Schicksal erlitten, vielleicht hätte die Stadt auch als Residenz eines Satrapen halbwegs ordentlich weiter existieren können. Selbst im günstigsten Fall jedoch hätte bei einem Sieg der Perser das Abendland abgedankt, bevor es überhaupt die Weltbühne zu betreten vermochte. Aber mit dem Siegesruhm von Salamis im Rücken und dem laurischen Silber im Beutel konnte Athen zum politischen Zentrum Griechenlands und zu einem der wichtigsten Handelszentren der Welt aufsteigen. Der Hafen von Piräus, der durch Themistokles' Flottenpolitik seinen ersten Aufschwung erlebt hatte, entwickelte sich jetzt vollends zur Boomtown. Und der Hafenzoll, der 2 Prozent des Warenwerts jeder Schiffsladung betrug, wurde eine der Haupteinnahmequellen der athenischen Stadtkasse.

Die wichtigsten Handelswaren der Antike waren Rohstoffe. Zinn aus Britannien war im gesamten Abendland verbreitet, Zedernholz kam vom Libanongebirge, Zypressen aus Kreta, das Gold vorwiegend aus Ägypten, aber auch aus Makedonien und vom Schwarzen Meer. Bergbaubetriebe waren denn auch die ersten Großkonzerne der Geschichte. In den Silberbergwerken von Laurion gruben zwischen 10 000 und 30 000 Bergleute das Edelmetall aus dem Gestein: Kriegsgefangene, Sträflinge und vor allem Sklaven. Sie waren in allen antiken Hochkulturen (außer in Ägypten) das wichtigste Produktionsmittel. Ob man sie überhaupt als Menschen ansehen sollte, war damals umstritten. Aristoteles etwa sprach von ihnen als »beseeltem Besitzstück«.

Üblicherweise war im Altertum die Ausbeutung der Bodenschätze Sache des Staates. Warum auch sollte man die Gewinne aus dem Erzabbau mit irgendjemandem teilen? Nur die Athener sahen das anders. Sie überließen die Silberproduktion der Privatwirtschaft – eine großartige Gelegenheit für einen Bergbauunternehmer, um richtig reich zu werden.

Nikias: Sklavenvermietung en gros

Wir wissen nicht, ob Nikias (um 470 – 413 v. Chr.) der größte und reichste unter diesen Unternehmern war. Gut möglich, dass er nur deshalb in die Geschichte einging, weil er für Athen ab 431 vor Christus in den Kämpfen gegen Sparta als Feldherr brilliert hatte – Reichtum allein galt, wie erwähnt, den griechischen Historikern nicht als überliefernswert. Einer der größten dürfte Nikias aber in jedem Fall gewesen sein, denn er verfügte über enorme Mengen an »beseelten Besitzstücken«. Xenophon berichtet, dass er in den Silberbergwerken 1000 Sklaven an den Thraker Sosias vermietete. Leihgebühr: ein Obolos pro Tag und Person. Ein Obolos war 0,72 Gramm Silber wert, seine Kaufkraft entsprach etwa dem Tagesbedarf eines Erwachsenen an Nahrungsmitteln. Mit Nikias' täglichen Einnahmen aus dem Sklavenverleih hätte sich also ein armer Athener etwa drei Jahre lang ernähren können. Laufende Kosten entstanden Nikias dabei nicht. Kost und Logis übernahm der Ausleihende, und jeden Sklaven, der an den Strapazen starb, musste er ersetzen.

Nikias verfügte noch über andere Einnahmequellen, vor allem Grundbesitz und Geldverleih – bei einem damals üblichen Zinssatz von 12 Prozent ein lohnendes Geschäft. Aber schon die Leihgebühr für die Minensklaven machte ihn zu einem Großverdiener im fünften vorchristlichen Jahrhundert, dem goldenen Zeitalter Athens. Ein Mittelständler wie Demosthenes (384 – 322 v. Chr.), der in zwei Manufakturen 50 Sklaven für sich arbeiten ließ, brachte es ein Jahrhundert später auf einen Reingewinn von 42 Minen pro Jahr, und damit nicht einmal auf ein Zehntel des Profits von Nikias (1 Mine = 600 Oboloi). Doch das reichte Demosthenes, dem begabtesten Redner seines Jahrhunderts, schon aus, um sich ohne finanzielle Sorgen einer politischen Karriere zu widmen. Und die meisten Athener Unternehmen waren noch weit kleiner. Sogar das wichtigste Exportgut Athens, Töpferware, wurde fast durchweg in Kleinstbetrieben mit weniger als zehn Beschäftigten hergestellt.

Pasion erfindet die Frachtversicherung

Das Athen dieser Jahre sollte zwar zur Wiege der abendländischen Kultur werden, eine unternehmerische Kultur im engeren Sinn jedoch hatte es nicht. Jegliche Art der Erwerbsarbeit war unter der Würde eines freien Atheners. Dafür gab es ja Sklaven und Banausen, zu deutsch Handwerker. So war denn auch der reichste Bankier Athens im fünften Jahrhundert vor Christus ein ehemaliger Sklave. Pasion, so hieß er, hatte sich selbst freigekauft und seine Unternehmerkarriere als Fabrikant von Schilden begonnen. Die Gewinne aus diesem Unternehmen bildeten den Grundstock für sein Bankgeschäft. Eine seiner Spezialitäten waren Kredite für die Handelsschifffahrt. Sein Zinssatz lag zwischen 20 und 50 Prozent, je nach Risiko der jeweiligen Fahrt – denn wenn das Schiff ein Opfer von Stürmen oder Seeräubern wurde, musste der Kredit nicht zurückgezahlt werden. Hätte es das Wort damals schon gegeben, hätte man Pasions Methode wohl als Frachtversicherung bezeichnet: Die Zinsen entsprachen einer nachträglich zahlbaren Versicherungsprämie, und das Streichen der Schulden der Zahlung der Versicherungssumme beim Eintritt des Versicherungsfalls.

Unternehmer wie Pasion und Nikias muss Aristoteles vor Augen gehabt haben, als er seine Kriegserklärung an den Bereicherungstrieb zu Papyrus brachte. »Sobald die Menschen dem Reichtum einen Einfluss auf ihr Inneres gestatten«, schrieb er, »verfallen sie dem Übermut und Hochmut. Sie kommen sich dann gerade so vor, als ob sie in Besitz aller nur erdenkbaren Vorzüge wären. Denn der Reichtum ist gleichsam ein Maßstab für den Wert aller anderen Dinge.« Hier liegt eine der Wurzeln für den unversöhnlichen Gegensatz zwischen Geist und Geld, der so tief im abendländischen Denken verwurzelt ist.

Betrachtet man jedoch das tatsächliche Verhalten der athenischen Bürger, so verwundert die beißende Kritik der Philosophen (damals eine fulminante Wachstumsbranche) an Geld- und Goldgier ein wenig. Denn kaum eine zivilisierte Gesellschaft war so wenig geldgierig wie die des klassischen Athens. Ihre reichlich bemessene Freizeit verbrachten die Athener damit, über Politik und Kunst zu debattieren. Wenn der Lebensunterhalt gesichert war, ging es nicht darum, noch mehr und noch mehr zusammenzutragen, sondern schlicht darum, zu leben.

Perikles plündert die Kriegskasse

Dass eine solcherart undynamisch wirtschaftende Gesellschaft überhaupt über genügend Geld verfügte, um sich ein halbes Jahrhundert lang eine beispiellose Blüte von Philosophie, Theater und Architektur leisten zu können, verdankt sie – neben dem laurischen Silber – einer unverfrorenen Zweckentfremdung. Denn die Mitgliedsstädte des 477 vor Christus gegründeten attischen Seebundes zahlten ihre Beiträge an Athen nicht etwa, um den dortigen Bürgern eine Freude zu machen, sondern um die Verteidigungsfähigkeit des Bundes gegen weiter drohende persische Angriffe zu gewährleisten. 600 Talente jährlich flossen so in die Kasse des gemeinsamen Militärbündnisses. Als 449 vor Christus ein Friedensschluss mit Persien jede Gefahr aus dieser Richtung beendete, hätte man den Bund wieder auflösen oder sich zur Verteidigung gegen die wachsende Bedrohung durch Sparta wappnen können. Aber an beidem hatte Athens unumschränkt herrschender Demokrat Perikles (um 500 bis 429 v. Chr.) kein Interesse. Er hielt die Kriegsflotte gerade so weit in Schuss, dass sie in der Lage war, jede Stadt, die aus dem Bund wieder austreten wollte, mit Gewalt vom Gegenteil zu überzeugen. Ansonsten baute er mit dem Geld aus der Kriegskasse die Tempelanlage auf der Akropolis und finanzierte seinen Athenern Brot und (Theater-)Spiele.

Die Rede, die Perikles vor der Volksversammlung zu Beginn seines fremdfinanzierten Konjunkturprogramms hielt, könnte heute noch jeder Politiker halten, der mit Staatsausgaben die Wirtschaft ankurbeln will: »So wird es Arbeit in Fülle geben«, versprach Perikles, »die mannigfachen Bedürfnisse werden jedes Handwerk beleben, jeder Hand Beschäftigung bringen, fast die ganze Stadt wird ihren Verdienst finden, indem sie sich durch eigene Leistung schmückt und zugleich ernährt.« Eine geradezu klassisch keynesianistische Rede, die, auch das ganz klassisch, kein Wort darüber verliert, womit dieser großartige Aufschwung bezahlt werden soll. Die Keynesianisten des 20. Jahrhunderts holten sich das Geld, indem sie die Staatsverschuldung erhöhten, Perikles konnte einfach in die Bündniskasse greifen. Die Hochkultur blühte – der nächste Krieg aber gegen Sparta ging verloren.

Ein wenig erinnern die Finanztricks des Perikles an die Machenschaften von Konzernen wie Enron oder Parmalat: Nach außen hin besticht eine glitzernde Fassade, doch das Vertrauen der Investoren wird missbraucht und ihr Geld fließt in dubiose Kanäle, bis schließlich das ganze Konstrukt in sich zusammenfällt. Dass in Athen dabei Werte geschaffen wurden, die Jahrtausende überdauerten, wird den betrogenen Verbündeten von damals kein Trost gewesen sein; aber wir sind geneigt, Perikles mildernde Umstände einzuräumen.

Rom: die Maden im Speck

Für das über tausend Jahre bestehende Römische Reich fiele es weit schwerer, mildernde Umstände zu finden. Die riesigen Geldsummen, die aus dem ebenso riesigen Reich in die Hauptstadt flossen, wurden verschlungen, verschleudert, bestenfalls verbaut. Die Athener erfanden das Theater, die Römer den Gladiatorenkampf. In Athen wurde beim Gastmahl philosophiert, in Rom kitzelte man sich mit einer Feder das Essen wieder aus dem Magen, um Platz für noch köstlichere, noch erlesenere Speisen zu schaffen.

Aber die Römer brauchen keine mildernden Umstände. Sie haben schließlich nie behauptet, es solle für die unterworfenen Völker und Staaten von Nutzen sein, dass sie all ihre Reichtümer dem Moloch Rom in den Rachen werfen mussten. *The winner takes it all* – dafür stand eben Rom, die größte Ballung von Reichtum, die es bis dahin gegeben hatte.

Die Landmacht aus dem Wilden Westen

Der entscheidende Faktor für diese Konzentration des Reichtums war die militärische Überlegenheit des Römischen Reiches. Es verfügte über disziplinierte Truppen, eine ausgefeilte Logistik und (nicht immer, aber immer wieder) über brillante Feldherren. Rom konnte sich in den Jahrhunderten nach seiner Gründung 753 vor Christus relativ ungestört von den damaligen Großmächten entwickeln, weil es gleich in zweifacher Weise abseits lag. Es befand sich im ökonomisch wenig interessanten Westteil des Mittelmeers, und dort auch noch auf der ökonomisch uninteressantesten Landmasse: Italien verfügte über wenige Rohstoffe, seinen Bewohnern mangelte es an herausragenden Kulturtechniken. Im mittelmeerischen Warenaustausch hatte es also nichts anzubieten, was exportierbar gewesen wäre, und zog deshalb auch keine beutegierigen Eroberer oder gewinnorientierten Fernhändler an – einzig auf Sizilien und in Süditalien gab es ein paar griechische Kolonialstädte. Und die zweite Abseitsposition: Rom lag nicht am Meer. Es war und wurde keine Seemacht, sondern blieb stets eine bäuerlich-soldatisch geprägte Landmacht. In dem Kulturraum, der sich vor allem entlang den zerklüfteten Küstenstreifen des Mittelmeeres erstreckte, war eine Landmacht von vornherein gegenüber den seefahrenden Mächten der Phönizier und der Griechen hoffnungslos im Hintertreffen, man brauchte sich also nicht um sie zu kümmern. Der Gedanke, dass jemand rund um das Mittelmeer befestigte Straßen anlegen könnte, um auf diesem Weg fremde Völker zu erobern, musste damals absurd erscheinen.

Erst im dritten Jahrhundert vor Christus erreichte Rom erstmals eine Stärke, durch die es für eine der Großmächte zur Gefahr wurde: für Karthago, die Seemacht des westlichen Mittelmeers. In den frühen Seeschlachten des Ersten Punischen Krieges (264 – 241 v. Chr.) waren die Römer der Flotte Karthagos noch hoffnungslos unterlegen, sie konnten aber ab 260 vor Christus ihren Nachteil dadurch wettmachen (und schließlich den Krieg für sich entscheiden), dass sie die Enterbrücke erfanden. Damit ließen sich das eigene und das gegnerische Schiff so fest miteinander verbinden, dass sich der Kampf auf See beinahe wie an Land abspielte.

Nach dem verbissenen, am Ende nur knapp gewonnenen Kampf gegen Karthago profitierte Rom bei seinem Aufstieg zur Weltmacht 100 Jahre später von einem zufälligen Aussetzer der Weltgeschichte: Es gab im östlichen Mittelmeerraum gerade kein starkes und selbstbewusstes Reich, das den Kampf gegen Rom hätte aufnehmen können. 500 Jahre früher gab es die Babylonier, 400 Jahre früher hätten sich die Griechen vehement zur Wehr gesetzt, 300 Jahre früher die Perser, und 200 Jahre früher wäre es sehr spannend gewesen, Alexander den Großen gegen ein römisches Heer kämpfen zu sehen. Aber in den zwei Jahrhunderten vor Christi Geburt laborierte der östliche Mittelmeerraum noch an den Konflikten, die aus der Teilung des alexandrinischen Reiches resultierten, sodass dem Aufmarsch aus dem wilden Westen kein adäquater Widerstand entgegengestellt werden konnte: Die Schätze (und nach und nach auch die Weisheiten) des Orients wanderten in die Arme Roms, der neuen Supermacht des Mittelmeers.

Die Umverteilung aus dem Reich in die Hauptstadt Rom ruhte auf drei Säulen:

- Raub: Frisch unterworfene Länder wurden geplündert, Teile der Bevölkerung versklavt.
- Tribut: Staaten und Städte konnten einer drohenden Zerstörung durch Strafzahlungen entgehen. Die regelmäßigen Abgaben gingen entweder direkt an die Staatskasse oder an den Feldherrn, dessen Heer vor den Toren stand.
- Steuern und Abgaben: Hier hatte die römische Republik eine Art Doppelbesteuerungsabkommen entwickelt, das ganz ohne weiteren staatlichen Eingriff dafür sorgte, dass alle Gesellschaftsschichten Roms in den Genuss der Reichtümer des Reiches kamen. Und das sollten wir uns einmal genauer anschauen.

Doppelte Steuern für die Provinz, null Steuern für die Hauptstadt

Die erste Variante des Abgabensystems bestand darin, dass die Steuererhebung auf Steuerpächter übertragen und somit privatisiert wurde. Die Steuerpächter entstammten meist dem Ritterstand, also dem niederen Adel. Sie zahlten an den Staat im Voraus eine festgelegte Pacht und bekamen dafür die zeitlich begrenzte Steuerhoheit für eine Region des Reiches. Je mehr sie also an Steuern aus ihrem Gebiet herauspressten, desto höher wurde der Gewinn. Also pressten sie.

Die zweite Variante begünstigte verblüffenderweise gleichzeitig die oberste Schicht, die Patrizier, und die unterste, die Proletarier. Es war die römische Variante der Demokratie. Die höchsten Ämter in Rom wurden jedes Jahr von der Volksversammlung neu besetzt. Wer Quästor, Ädil, Zensor oder Konsul werden wollte, musste also Wahlkampf führen. Und Wahlkampf in Rom hieß: Brot und Spiele. Gratis-Getreide, Gratis-Öl, Volksfeste und Gladiatorenkämpfe, je mehr, desto besser. Der Staat delegierte also die sozialstaatliche Funktion an die Wahlkämpfer – die sich dafür heillos verschuldeten. Aber im Normalfall nur für kurze Zeit, denn die Gewählten bekamen nach ihrer einjährigen Amtszeit die Verwaltung einer Provinz zugewiesen, um mit den Einnahmen aus dieser Pfründe ihre Schulden abzahlen und ein Vermögen ansammeln zu können.

Sicher, es gab Reibungspunkte im System. Das Nebeneinander von Steuerpächtern und Provinzgouverneuren führte häufig zu Reibereien und Prozessen um den jeweiligen Anteil an der Beute. Ciceros Anklage gegen den sizilischen Gouverneur Verres aus dem Jahr 70 vor Christus malt ein plastisches Bild der damaligen Zustände: Von Diebstahl über Erpressung bis hin zum Mord an Einheimischen und sogar an römischen Bürgern reichte die Liste der Vorwürfe. Und die Wahlverlierer, die auf ihren Schulden sitzen blieben, stellten zumindest für ihre Gläubiger ein Problem dar. Einer von ihnen, Catilina, versuchte sogar einen Staatsstreich, nachdem er zum dritten Mal bei einer Wahl durchgefallen war. Aber insgesamt profitierten doch Staat, Oberschicht, Mittelschicht und Unterschicht Roms von diesem Steuersystem, das für die Römer selbst natürlich nicht galt. Es konnte »so viel Geld in den Staatsschatz überführt werden, dass das Volk [Roms] keine Steuern mehr zu zahlen brauchte«, berichtet Plutarch über diese Zeit. Der Rest des Reiches zahlte die Zeche.

Wenn sich Bewerber für Staatsämter haushoch verschulden, muss ja auch jemand da sein, bei dem sie sich verschulden können. Und weil es noch keine Banken gab, gingen diejenigen, die den Wahlkampf nicht von ihrer Familie bezahlt bekamen, mit ihrem Anliegen zu den reichsten Männern der Stadt, also den reichsten Männern der Welt. Diese Geldelite traf eine Vorentscheidung darüber, wer für die politische Karriere tauglich war. Wer nicht finanziert wurde, konnte auch nicht gewählt werden.

Crassus: Roms skrupellosester Unternehmer

Der berühmteste dieser »Königsmacher« war Marcus Licinius Crassus (etwa 115 – 53 v. Chr.), nach Cäsar und Pompeius wahrscheinlich der drittreichste Mann im republikanischen Rom. Sein Vermögen wurde auf 200 Millionen Sesterze geschätzt. Während die typischen Vermögensquellen – neben der Steuerpacht – Großgrundbesitz (altes Geld) und Mietwucher (neues Geld) waren, entsprang Crassus' Reichtum aus einer ungewöhnlichen und aus einer einzigartigen Wurzel: aus Proskription und Feuerwehr.

Die Proskription war eine im von Bürgerkriegen geschüttelten Rom des ersten Jahrhunderts vor Christus gelegentlich angewandte Methode der Vermögensumverteilung: Die zwischenzeitlich siegreiche Bürgerkriegspartei erklärt die Anhänger der Gegenseite für vogelfrei, beschlagnahmt deren Vermögen und lässt es unter ihren eigenen Anhängern verteilen oder versteigern. Kurzfristig konnten sich dadurch viele bereichern, nur ging dieser blutbefleckte Reichtum unter Umständen schnell wieder verloren – das Bürgerkriegsglück wechselte hierhin und dorthin.

Der Erfinder dieser Proskriptionen war Marius. Er wandte sie 87 vor Christus gegen die Anhänger seines Rivalen Sulla an, der gerade im Orient den Partherkönig Mithridates bekämpfte. Ein Jahr später starb Marius, und als Sulla 83 vor Christus nach Rom zurückkehrte, drehte er den Spieß um: Täglich fand man auf dem Forum Romanum die Namen der Männer angeschlagen, die gerade für vogelfrei erklärt worden waren. 40 Jahre später, während des Triumvirats von Marcus Antonius, Octavian und Lepidus, wurde die Methode noch ausgefeilter. Die Anhänger Marcus Antonius' (83 – 30 v. Chr.) proskribierten Anhänger des Mitregenten Octavian (63 v. – 14 n. Chr.), der dafür im gleichen Ausmaß Anhänger Marcus Antonius' auf die schwarze Liste setzte. Und damit es sich nicht zu sehr lohnte, neutral zu bleiben, gaben beide Seiten nach Belieben vermögende Römer jeglicher oder gar keiner Anschauung zum Abschuss frei – auf diese Weise verlor auch Cicero (106 – 43 v. Chr.) sein Leben. Nur wenige konnten sich damals so sicher fühlen wie Gaius Maecenas, der engste Berater Octavians, der an seinem Hauseingang die Notiz anbrachte, dass er sich jede Störung durch Kopfjäger verbitte, da er nicht proskribiert worden sei.

Mit der Feuerwehr zum Millionär

Crassus legte bei Sullas Proskriptionen gegen die Marius-Anhänger den Grundstock seines Vermögens – machte sich dann aber mit einer für die damalige Zeit erstaunlichen unternehmerischen Energie an dessen Vergrößerung. Denn den »Riecher« für Geld besaß er wie kein Zweiter in Rom. Kein Geschäft konnte ihm zu langweilig sein, wenn es nur genug Profit versprach. Nicht umsonst bedachten ihn seine Zeitgenossen mit dem Beinamen Dives, der Reiche. Er war der wichtigste Finanzier des Jahrhunderts, er gebot über eine Vielzahl von mit Sklaven betriebenen Manufakturen für Gebrauchsgüter aller Art – und eben über seine private Feuerwehr, die bis dahin wohl genialste Geschäftsidee der Weltgeschichte.

Die Stadt Rom der späten Republik war zwar bereits ein Moloch, aber einer aus Holz. Die Mietskasernen (übrigens eine Erfindung des Erzfeindes Karthago), die bis zu sieben Stockwerke in die Höhe schossen, waren billige Fachwerkkonstruktionen, jede einzelne ständig vom Einsturz bedroht. Auch dem Immobilienspekulanten Marcus Tullius Cicero (ja, genau der Cicero) stürzte ein Mietshaus ein, und zwei andere waren so wacklig, dass sie von allen Mietern verlassen wurden. Die weit größere Gefahr aber stellte das Feuer dar: Dutzende von Mietparteien auf engstem Raum, jeder hantierte mit offenem Feuer – da war es nur eine Frage der Zeit, bis ein Brand ausbrach.

Doch die Stadtverwaltung erachtete die Brandbekämpfung nicht als öffentliche, sondern als private Aufgabe. Im Prinzip konnte also jeder, der sich dazu berufen fühlte, als Feuerwehrunternehmer auftreten. Aber Crassus sorgte dafür, dass es vor allem einer tat, er selbst. Und das ging so: Crassus' 500 Mann starke Feuerwehr war bei jedem Brand schnell vor Ort – böse Zungen sagten, manchmal so schnell, als seien sie schon beim Ausbruch des Brandes dabei gewesen. Ihre erste Aufgabe bestand darin, die

Brandstelle so zu sichern, dass keine anderen Löschtrupps in ihre Nähe gelangen konnten, die Crassus' Feuerwehr die Preise hätten verderben können. Danach begannen noch lange nicht die Löscharbeiten. Die Feuerwehrleute wurden erst tätig, wenn der Eigentümer sein gerade brennendes Haus billig an Crassus verkauft hatte. Und selbst dann kam es vor, dass dieser sein soeben erworbenes Eigentum noch ein wenig weiterbrennen ließ und mit dem Löschen wartete, bis auch die Nachbarn verkauft hatten; denn wenn ein Haus brannte, wurden meist sehr schnell die Nachbarhäuser und gewöhnlich der gesamte Block von den Flammen erfasst. So besaß Crassus bald ganze Stadtviertel. Zudem verschaffte ihm sein Hausbesitz auf preiswerte Weise großen Einfluss in der Volksversammlung: Seine Mieter wussten auch ohne Brot und Spiele, wie sie abzustimmen hatten.

Mit den so kassierten Multimillionen wurde Crassus eine der zentralen politischen Figuren in den letzten Jahren der römischen Republik. Er hatte mit Bürgschaften sowie 4 Millionen Sesterzen in bar Cäsars Karriere finanziert und bildete dann sogar 60 vor Christus mit diesem und Pompeius (106 – 48 v. Chr.) zusammen ein Triumvirat, das, ganz ohne in der Verfassung vorgesehen zu sein, die Macht im Römischen Reich unter sich aufteilte. Aber obwohl Crassus in diesem Triumvirat zweifellos derjenige war, der am meisten unternehmerisch dachte, war er doch nicht viel mehr als ein Anhängsel der beiden anderen. Denn ein begabter und rücksichtsloser Feldherr konnte in jenen Zeiten ein Vielfaches dessen an Reichtum anhäufen, was ein begabter und rücksichtsloser Unternehmer wie Crassus zu schaffen vermochte. »Wirklich reich ist nur, wer eine eigene Armee hat«, sagte er einmal. Pompeius und Cäsar hatten sie – und dürften beide in Sesterzen gerechnet Milliardäre gewesen sein.

Aber man muss eine Armee nicht nur haben, man muss auch damit umgehen können. Sowohl Cäsar als auch Pompeius waren hervorragende Heerführer. Als Crassus hingegen an der Spitze eines römischen Heeres im Osten des Reiches gegen die Parther kämpfte, half ihm sein unternehmerisches Talent nicht weiter. Der Feldzug endete 53 vor Christus mit einer der verheerendsten Niederlagen der römischen Geschichte, und Crassus' Leben endete gleich mit.

Ein Jahrhundert später hatte sich nicht nur die Regierungsform, sondern auch die ökonomische Struktur grundlegend gewandelt. Es gab einen Kaiser, und dessen Aufgabe war es nun, das Volk zu ernähren und zu bespielen. Die Wahlkämpfe fielen weg, an ihre Stelle traten Intrigen am kaiserlichen Hof. Und die reichsten Römer waren – ehemalige Sklaven! Was war geschehen?

Maecenas: Gönner und Steuerreformer

Der unternehmerische Ehrgeiz eines Crassus fand in Roms Oberschicht nur wenige Nachahmer. Das Ziel war nicht, Geld möglichst geschickt zu verdienen, sondern es möglichst geschickt auszugeben. Da unterschied sich das Rom des ersten Jahrhunderts nach Christus kaum vom Versailles Ludwigs XIV. So verdanken wir einem Römer der frühen Kaiserzeit den Gattungsnamen für Menschen, die großzügig privates Geld für die Förderung schöner Künste oder des öffentlichen Wohls ausgeben: Gaius Maecenas (69 – 8 v. Chr.). Er hatte seinen Reichtum teils ererbt, teils als Vertrauter Octavians, des späteren Kaisers Augustus, zusammengerafft – und betätigte sich dann als Förderer der Poesie, um dem Förderer seines Vermögens, Augustus eben, eine Freude zu machen: ein Landgut für Vergil, ein üppiger Landsitz für Horaz, finanzielle Sicherheit für die besten Dichter des Reiches, damit sie bleibende künstlerische Werte schaffen und ganz nebenbei noch ein wenig Augustus verherrlichen konnten.

Während die Schützlinge des Maecenas der Nachwelt die erste römische Hochkultur bescherten, die den Namen verdiente, brachte er selbst den zeitgenössischen Untertanen des Reiches eine deutliche Verringerung ihrer Abgabenlast. Denn als Augustus' oberster Berater setzte Maecenas eine Neuorganisation der Provinzverwaltung durch: Sowohl die Gouverneure als auch die Steuereintreiber wurden verbeamtet und bekamen Gehalt. Danach gab es praktisch keine Klagen mehr über eine Willkürherrschaft der römischen Abgesandten, die Steuerlast wurde sowohl erträglicher als auch kalkulierbarer – das goldene Zeitalter des Augustus erstrahlte nicht nur in Rom, sondern auch in den Provinzen. Das Steuerwesen und die Feuerwehr sind also Belege dafür, dass es der Volkswirtschaft auch einmal nutzen kann, wenn eine bislang privatwirtschaftlich organisierte Branche verstaatlicht wird.

Aus freigelassenen Sklaven werden neureiche Protze

Die reichen römischen Familien machten sich über die Einnahmeseite ihrer Haushaltsrechnung weit weniger Gedanken als darüber, wie sie das Geld möglichst kunstvoll ausgeben konnten. Für Hege und Pflege von Einkommen, Liquidität und Vermögen waren meist Sklaven zuständig – während ansonsten in der Weltgeschichte Sklaven die dreckigen, gefährlichen, harten Arbeiten verrichten mussten, übernahmen sie bei den Römern schlicht alle Arbeiten. Die Finanzsklaven verfügten über eine gute Ausbildung und weit reichende Entscheidungsbefugnisse. Sie waren die eigentlichen Manager der römischen Familienkonzerne. Die besten von ihnen, die Topmanager also, wurden zum Dank für geleistete Vermögensvermehrung von ihrem Herrn freigelassen. Und als Freigelassene konnten sie ihr Können und ihre Kontakte auf eigene Rechnung nutzbar machen.

Die Geschichtsschreibung hat uns weder Namen noch Vermögensaufstellungen dieser neureichen Freigelassenen hinterlassen – es war den Römern nicht so wichtig, wer gerade wie viel Geld in seinem Haus hortete, solange genügend Geld aus den Provinzen in die Hauptstadt strömte. Und dieser Strom versiegte noch lange nicht. Auf uns gekommen ist dagegen ein kleines Fragment einer großartigen Satire auf das Rom der frühen Kaiserzeit. Dieses *Satyricon* des Petronius Arbiter (27–66 n. Chr.), eines engen Beraters von Kaiser Nero, sprüht von einem boshaften Witz, den man dem Hof dieses Kaisers nicht zugetraut hätte (dass Petronius sich die Pulsadern aufschnitt, als er bei Nero in Ungnade fiel, versöhnt uns wieder mit dem Klischeebild, das wir uns von Nero machen). Aus diesem Werk stammt das »Gastmahl des Trimalchio«. Trimalchio ist eben ein solcher Freigelassener – neureich und stolz darauf. »Mein früherer Herr, er ruhe sanft, wollte, dass ich ein kultivierter Mensch unter kultivierten Menschen werde«, bekennt er der Tischrunde – das hat nicht ganz geklappt. »Mit nichts fing er an und hinterließ ein Vermögen von 30 Millionen Sesterzen. Nie folgte er irgendeinem Philosophen«, lautet sein eigener Vorschlag für seine Grabinschrift. Einer der Gäste vertraut dem Erzähler an: »Trimalchio selber hat Grundbesitz, so weit wie ein Habicht fliegt; Zaster über Zaster.« Weiter: »In seiner Portiersloge liegt mehr Silber, als ein Wohlhabender besitzt. Und erst sein Gesinde! Ich glaube, keine 10 Prozent von ihnen kennen ihren Boss. Kurz und gut, er kann jeden von den schicken Lebemännern hier ins Mauseloch hauen.«

Wie sehr Trimalchio mit seinem frisch erworbenen Reichtum angibt, zeigt sich zum Beispiel daran, dass er mitten im verschwenderischen Gastmahl seinen Buchhalter zum Rapport antreten lässt: An einem einzigen Tag seien auf Trimalchios Besitzungen 30 Knaben und 40 Mädchen geboren, 500 000 Scheffel Weizen geerntet und 500 Ochsen eingefangen worden. Die gesamten Bargeldeinnahmen desselben Tages beliefen sich auf 10 Millionen Sesterze. Selbst wenn wir diese Zahlen nicht ganz so ernst nehmen dürfen (10 Millionen Profit pro Tag wären nach einem Jahr schon mehr, als Cäsar in acht Jahren in ganz Gallien zusammenraubte), sind die Quellen damaligen Megareichtums doch hinreichend klar beschrieben: Großgrundbesitz, Land- und Viehwirtschaft, Finanzgeschäfte. Um industrielle Produktion machten die reichen Römer dagegen einen großen Bogen. Das meiste, was die Stadt benötigte, kam ohnehin aus den Provinzen, und die in Rom ansässigen Manufakturen waren großteils in kaiserlichem Besitz.

Aber auch der Fernhandel spielte eine auf den ersten Blick erstaunlich kleine Rolle. Was allerdings gar nicht mehr überrascht, wenn man die Handelsströme des Reiches betrachtet: Alle Handelsstraßen führten nach Rom, denn nur dort war genügend Kaufkraft vorhanden. Aber keine Handelsstraße führte genau genommen wieder von Rom weg – die Stadt und ihr Umland produzierten nichts, was im übrigen Reich hätte abgesetzt werden können. Jede Lastenkarawane, jedes Handelsschiff musste also für den Rückweg eine Leerfuhre in Kauf nehmen und verlor damit auch die Chance, beim Weiterverkauf dieser Waren einen zweiten Gewinn einzustreichen. Das machte den Fernhandel vergleichsweise unattraktiv und erhöhte die Profitraten der um Rom herum liegenden landwirtschaftlichen Großbetriebe, die wesentlich geringere Transportkosten hatten.

Die Großagrarier verbünden sich mit den germanischen Invasoren

Das Festhalten an der Landwirtschaft als einzig standesgemäßer Einnahmequelle für die herrschende Klasse entsprach durchaus den bäuerlichen Wurzeln des Römischen Reiches. Und während des langen Niedergangs des Reiches ab dem Ende des zweiten nachchristlichen Jahrhunderts waren die Großgrundbesitzer die meiste Zeit ein Garant der Stabilität. Denn jeder von ihnen herrschte praktisch über einen Staat im Staate. Alles, was sie brauchten, erzeugten sie selbst – und die Städte waren vom Reichtum des Landes abhängig, nicht wie heute umgekehrt. Damit konnte in weiten Teilen des Reiches *business as usual* betrieben werden, als in Rom im dritten Jahrhundert nach Christus die Zentralgewalt verfiel. Soldatenkaiser kämpften um die Macht, einzelne Armeen versuchten, ihren Feldherrn als Herrscher durchzusetzen, Kaisermord, Putsch und Chaos waren an der Tagesordnung. Selbst die starken Kaiser Diokletian und Konstantin ließen die Stadt Rom links liegen. Diokletian vierteilte 293 das Reich, aber keiner der Reichsteile wurde von Rom aus regiert. Konstantin schuf sich gleich seine eigene Hauptstadt Konstantinopel (ab 330), die mit der Reichsteilung von 395 Hauptstadt des Oströmischen Reiches wurde und später als Istanbul weiter Karriere machte.

Im Weströmischen Reich hingegen kam im vierten und fünften Jahrhundert zur inneren Auszehrung noch die Bedrohung von außen hinzu. Goten, Vandalen und andere Germanenstämme drangen von Norden und Osten in das Reich ein und konnten vom Militär nicht mehr zurückgeworfen werden. In dieser Situation beschleunigte die einseitige Machtfülle der Großagrarier den Untergang des Reiches. Als dem Land Gefahr drohte, verrieten diese bereitwillig den Kaiser, um ihre Güter zu retten, und einigten sich mit den barbarischen Kriegsherren, die sich im Weströmischen Reich häuslich einzurichten gedachten. Man arrangierte sich, gab ein Drittel des Grund und Bodens an die Zugereisten ab und verschwendete weiter keine Gedanken mehr an Rom, von dem man sich auch in den Wirren seit Anfang des dritten Jahrhunderts möglichst fern gehalten hatte.

Das Oströmische Reich baute sich ab dem sechsten Jahrhundert, vor allem in der Regierungszeit Justinians I. (482–565), ein stabileres politisches System auf. Den unzuverlässigen Grundbesitzern wurden die einflussreichsten Posten in der Bürokratie vorenthalten. Stattdessen erhielten Fachleute aus dem Mittelstand diese Ämter – die Dominanz der Juristen im öffentlichen Dienst hat ihren Ursprung im byzantinischen Reich. Sie besaßen, unabhängig von der persönlichen politischen Überzeugung, ein ganz handfestes Interesse daran, sich patriotisch zu verhalten: Bei einem Zusammenbruch des Staates drohte auch die Vernichtung ihrer beruflichen Existenz.

Aber wir greifen vor und haben das Römische Reich schon vernichtet, bevor wir seinem berühmtesten Sohn in den Geldbeutel schauen konnten. Das sollten wir nun schleunigst nachholen.

Cäsar: der Dagobert der Antike

Wer in der Schule Latein lernt, kommt an ihm nicht vorbei. *De bello Gallico*, Über den Gallischen Krieg, heißt Gaius Julius Cäsars (100 – 44 v. Chr.) Beitrag zur Weltliteratur. Der nüchterne Rechenschaftsbericht über Stämme, Schlachten und Truppenbewegungen bei seiner acht Jahre währenden Eroberung Galliens (58 – 51 v. Chr.) ist zwar nicht gerade nobelpreiswürdig, aber dafür so einfach geschrieben, dass er sich hervorragend für Lateinanfänger eignet. Vielleicht könnte es die eher mäßige Begeisterung der Schüler über die Cäsar-Lektüre steigern, wenn man ihnen erklärte, dass der Sieger im *bellum Gallicum* das größte Privatvermögen erwarb, das die Welt bis dahin gesehen hatte – wenn nicht sogar das größte Privatvermögen aller Zeiten.

Ein Milliardenvermögen aus dem Blut von Galliern und Germanen

Die Grundvoraussetzung hierfür war Cäsars unerreichte Meisterschaft in der wichtigsten Bereicherungsmethode des Altertums: Krieg, also staatlich genehmigtes Rauben und Morden. »Die großen römischen Vermögen waren ›Blutkonserven‹«, resümiert der Finanzhistoriker Ulrich Küntzel. »Pompeius hatte sein Vermögen gebildet aus dem Blut von römischen Demokraten, aufständischen Spaniern und Sklaven, kleinasiatischen Seeräubern, Bauern und Hirten. Cäsars Vermögen bestand dagegen vornehmlich aus dem Blut von Galliern und Germanen.«

Blut allein gewinnt kein Gold. Und Gold war es vornehmlich, das Cäsar aus Gallien und Germanien herausholte. Ihm kam dabei ein unschätzbarer Vorteil zugute: Diese Länder waren noch nie geplündert worden. Zwar gab es auch zwischen den gallischen Stämmen immer wieder Fehden und Kriege – aber bei diesen lokal begrenzten Ereignissen wechselten die Edelmetallschätze nur den Besitzer innerhalb des Landes, jedoch nicht das Land selbst. Wer alle Stämme des Landes unterwerfen würde, hätte damit auch Zugriff auf alle dort vorhandenen Reichtümer.

Und so geschah es. Cäsar reservierte für sich selbst die hochwertigen, leicht zu transportierenden Gold- und Silberschätze. Sie waren meist bequem zu ernten, da sie für die Dauer eines Feldzugs an einem für den Stamm heiligen Ort zusammengetragen worden waren; den Rest der Beute durften die Truppen unter sich aufteilen. Eine Zeit lang litten Cäsars Bereicherungsmöglichkeiten darunter, dass einige große Gallierstämme von Beginn des Feldzugs an seine Verbündeten waren und deshalb nicht gut ausgeplündert werden konnten. Erst die flächendeckende Erhebung der Gallier unter Vercingetorix verschaffte Cäsar das Argument, das er brauchte: Nun wurde bei den ehemals befreundeten Stämmen nicht wie bei den feindlichen Verbänden die gesamte Bevölkerung getötet oder versklavt, sondern »nur« das Vermögen konfisziert.

Das größte Geschenk aller Zeiten

Wie einträglich war es, ein Gebiet auszuplündern, das weitgehend dem des heutigen Frankreichs entsprach und von etwa 3 Millionen Menschen bewohnt war (bevor Cäsar es verheerte)? Während wir bei den meisten Superreichen der Antike vor dem Problem stehen, dass Vermögensangaben, wenn überhaupt vorhanden, nur sehr wolkig sind, haben wir bei Cäsar das Glück, dass die Höhe seines Vermögens verhältnismäßig exakt festgehalten wurde – als er es verschenkte. Denn niemand hat jemals ein größeres Vermögen verschenkt als Cäsar im Jahr 46 vor Christus: nach seinem Sieg über Pompeius, der das Ende des Bürgerkrieges markierte und damit gleichzeitig den Beginn der zwei Jahre Alleinherrschaft, die ihm noch bis zu seiner Ermordung blieben.

Ulrich Küntzel listet in *Die Finanzen großer Männer* auf:

- 320 000 minderbemittelte römische Bürger, nämlich alle Empfänger staatlicher Getreidezuschüsse, bekamen je 400 Sesterze in bar, 87 1/3 Liter Weizenkörner und ebenso viel Olivenöl. Außerdem zahlte Cäsar ihnen ein Jahr lang die Miete, im Schnitt etwa 1000 Sesterze pro Person.
- Jeder Soldat seiner etwa 40 000 Mann starken Armee erhielt zum Abschied 20 000 Sesterze in bar, die Unteroffiziere bekamen 40 000, die höheren Chargen 80 000 Sesterze.
- In den Staatsschatz legte Cäsar weitere 600 Millionen Sesterze in bar.
- Eine unschätzbare, aber bestimmt neunstellige Summe von Sesterzen gab er für Volksbewirtung und -belustigung aus. Bei den Feierlichkeiten zu seinem Triumph 46 vor Christus bewirtete Cäsar das römische Volk an 22 000 Tischen, und zwar nicht mit Brot und Öl, sondern mit dem Feinsten, das die Küche hergab. Höhepunkt der »Festlichkeiten« war eine Seeschlacht, bei der mitten in der Stadt auf einem eigens dafür ausgehobenen See 6000 Kriegsgefangene und Gladiatoren einander niedermetzeln mussten.
- Für sich selbst behielt er vergleichsweise wenig. Vielleicht 100, maximal 200 Millionen Sesterze sowie ein paar Immobilien in Rom, darunter die Villa, in der er Kleopatra und ihren Hofstaat unterbrachte.
- Zählen wir zusammen: Die Abfindungen für die Armee – etwa 1 Milliarde Sesterze; Bargeld plus Mietzuschuss an die Unterschicht – zwischen 400 und 500 Millionen Sesterze; die Naturalgeschenke – schwer zu schätzen, da keine verlässlichen Preisangaben für Cäsars Zeit existieren, aber auf keinen Fall unter 100 Millionen, eher an die 200 Millionen Sesterze. Dazu die 600 Millionen für den Staatsschatz plus zwischen 100 und 500 Millionen Sesterze für Brot und Spiele bei seiner Triumphfeier. In bar kamen also mehr als 2 Milliarden Sesterze zusammen. Inklusive Naturalgeschenke sowie Triumphkosten addiert sich Cäsars Vermögen auf an die 3 Milliarden Sesterze, von denen er mehr als 90 Prozent verschenkte.

Vierzigmal reicher als Bill Gates?

Aber wie viel ist das: 3 Milliarden Sesterze? In der damaligen Zeit entsprach es etwa dem 15fachen dessen, was der auch schon sagenhaft reiche Crassus sein Eigen nennen konnte. Aber entsprächen diese 3 Milliarden heute dem Vermögen von Bill Gates (ein paar Dutzend Milliarden Euro), von Thomas Haffa (ein paar hundert Millionen Euro) oder von allen Deutschen (ein paar Billionen Euro)? Es gibt darauf keine eindeutige Antwort, denn diese hängt ganz davon ab, wie man rechnet.

In Silber: Ein Sesterz entsprach zu Cäsars Zeit knapp einem Gramm Silber. 3 Milliarden entsprachen also 3 Millionen Kilogramm Silber. Das Kilo Feinsilber kostete Anfang 2004 etwa 160 Euro. Cäsars Vermögen erreichte demnach etwa eine halbe Milliarde Euro.

In Gold: Zu Cäsars Zeit entsprachen 3000 bis 4000 Sesterze einem römischen Pfund (= 327 Gramm) Gold. Setzen wir der Einfachheit halber ein Gramm Gold gleich 10 Sesterzen, kommen wir auf 300 000 Kilogramm Gold. Mit dem Marktwert von Anfang 2004 multipliziert (gut 10 000 Euro pro Kilogramm) ergäben sich etwa 3 Milliarden Euro Vermögen.

In Kaufkraftparitäten: Cäsars Geld- und Naturalzuwendungen an die Unterstützungsempfänger dürften etwa den Lebensunterhalt einer nicht zu großen Familie für ein Jahr gedeckt haben. 2000 Sesterze entsprächen also einem das Existenzminimum sichernden Betrag. Setzen wir dafür in einem reichen Land wie Deutschland 20 000 Euro im Jahr an. Cäsars Vermögen reichte rechnerisch für 1,5 Millionen Existenzminima, es hätte damit heute eine Kaufkraft von 30 Milliarden Euro.

In Relation zum Welteinkommen: Zu Cäsars Zeit gab es etwa 270 Millionen Menschen auf der Welt. Nehmen wir ein Durchschnittseinkommen pro Kopf und Jahr von 200 Sesterzen an, errechnete sich daraus ein Weltjahreseinkommen von 54 Milliarden Sesterzen, Cäsars Vermögen betrüge 5,6 Prozent davon. Aktuell liegt das weltweite Sozialprodukt bei etwa 30 Billionen Euro. 5,6 Prozent davon wären folglich 1,68 Billionen oder 1680 Milliarden Euro.

Je nachdem, welchen Maßstab man anlegt, wäre Cäsars Reichtum also so groß wie der eines schlichten Multimillionärs vom Kaliber Thomas Haffas oder vierzigmal so groß wie der von Bill Gates.

»Aktienoptionen« für die siegreiche Armee

Trotz solcher gravierenden Unterschiede je nach Rechenmethode ist immerhin festzuhalten, dass Cäsar auch nach unseren heutigen Maßstäben als Milliardär, wahrscheinlich sogar als Multimilliardär gelten würde. Allerdings fragt es sich zumindest bei dem an das Heer verteilten Vermögensanteil, ob man ihn überhaupt zu Cäsars Privatvermögen rechnen kann. Denn natürlich war es damals üblich, dass ein erfolgreicher Feldherr nach Kriegsende seine Soldaten reich beschenkte – warum sonst wären sie ihm treu geblieben? Faktisch handelt es sich hierbei um so etwas wie die Aktienoptionen in den Arbeitsverträgen der New Economy: Solange man auf den Erfolg hinarbeitet, kämpfen alle heftig und zu Niedriglöhnen für den Chef, aber sobald der Erfolg da ist, darf jeder Millionär werden.

Dass Cäsars Armee die Funktionsweise solcher Optionen durchaus vertraut war, zeigte sich, als es in den Tagen vor dem großen Triumphzug zu einer Meuterei unter den Soldaten kam. Angesichts der enormen Geschenke Cäsars an die römischen Bürger fürchteten einige Soldaten, dass für sie nicht genug Beute übrig bleiben würde. Cäsar ließ die beiden Rädelsführer hinrichten und erstickte den Widerstand. Würde man also das Unternehmen Cäsars nach heutigen Kriterien bilanzieren, dürften die 1 Milliarde Sesterze, die er an seine Truppen verteilte, nicht als Vermögen auftauchen, sondern als Forderungen der Belegschaft auf die Auszahlung erfolgsabhängiger Gehaltsbestandteile.

Der größte Schuldner der Antike

Während wir nicht mit Sicherheit sagen können, ob Cäsar die Auszeichnung als reichster Mensch aller Zeiten gebührt (es kommt eben darauf an, wie man rechnet), hebt er sich in einem Punkt markant von den vier weiteren Anwärtern auf diesen Titel ab, mit denen wir uns später noch beschäftigen werden: Cäsar ist der einzige dieser Dagoberts, der einen großen Teil seiner ökonomisch aktiven Zeit über verschuldet war. Wahrscheinlich gab es sogar keinen anderen Menschen in der Antike, der ähnlich hohe Schulden hatte wie Cäsar. Bei seiner Kandidatur als Ädil im Jahr 65 vor Christus zum Beispiel sprengten sein Wahlkampf und auch seine Amtsführung nach gewonnener Wahl jeden bis dahin üblichen Rahmen. Der Senat erließ ein speziell gegen Cäsar gerichtetes Gesetz, wonach bei Fechtveranstaltungen nicht mehr als 350 Paare gegeneinander antreten durften. Cäsar konterte, indem er diese exorbitant hoch erscheinende Zahl nicht überschritt – aber die Gladiatoren in silbernen Rüstungen antreten ließ!

Den Abschluss seiner traditionellen parlamentarischen Karriere leitete Cäsars Wahl zum Prätor im Jahr 62 vor Christus ein. Gegen Ende dieser Amtszeit beliefen sich nach Aussagen Appians seine Schulden auf etwa 100 Millionen Sesterze – es war abzusehen, dass er diese Summe während der bevorstehenden Zeit als Proprätor in Spanien niemals würde ausgleichen können. Dass ihn seine Gläubiger überhaupt aus Rom abreisen ließen, verdankte Cäsar dem Eingreifen Crassus': Dieser zahlte die drängendsten Gläubiger sofort aus und verbürgte sich für einen weiteren Betrag von 22 Millionen Sesterzen.

»Wenn ich sehe, dass er sich nur mit einem Finger kratzt …«

Bertolt Brecht vermutet in *Die Geschäfte des Herrn Julius Caesar*, dass Cäsar gerade aufgrund seiner hohen Verschuldung zum Weltherrscher aufsteigen musste: Nur unter dieser Voraussetzung konnte die »City«, also die reichen Geldverleiher, ihren Einsatz mit ordentlichen Zinsen zurückbekommen. Doch wahrscheinlich war es eher andersherum: Cäsar bekam so hohe Kredite, weil die Finanziers ihm etwas ganz Großes zutrauten, was auch immer es sein mochte. Es handelte sich hier, ähnlich wie heute beim Venture Capital, um ein Business, bei dem es darum geht, in die richtigen Menschen zu investieren. Da genügt es nicht, besonders talentiert zu sein – das sind viele. Es reicht nicht aus, über eine viel versprechende Technologie zu verfügen – die kann morgen schon veraltet oder von General Electric kopiert sein. Es geht darum, Menschen zu identifizieren, die darüber hinaus den Eindruck machen, dass sie dem Markt immer eine Nasenlänge voraus sein werden, egal, wohin der sich gerade entwickelt.

Cäsar war genau so jemand. Seine erste große Ausgabe musste er als Siebzehnjähriger tätigen: Er war in die Hände eines Mordkommandos von Sulla gefallen und kaufte sich frei, indem er 13 000 Sesterze zahlte – so viel, wie das Kopfgeld betrug, das sie sonst für die Ablieferung seiner Leiche bekommen hätten. Die erste große Einnahme seines Lebens bescherten ihm acht Jahre später Seeräuber, die ihn auf einer Reise nach Rhodos gefangen nahmen. Die Piraten verlangten ein Lösegeld in Höhe von 20 Talenten (knapp 500 000 Sesterze), das nach römischem Recht von der nächstgelegenen Küstenstadt aufzubringen war. Cäsar drängte sie, statt 20 lieber 50 Talente zu fordern, das sei er schließlich wert. Als das Geld aufgebracht und er freigelassen worden war, charterte er Schiffe und Soldaten, überwältigte die Piraten, ließ sie kreuzigen und kassierte das Lösegeld ein – natürlich ohne es an die Stadt zurückzugeben, die es ursprünglich gezahlt hatte.

Doch als er 70 vor Christus die politische Bühne Roms betrat, warf er nicht einfach nach Landessitte mit Geld um sich, das er damals noch nicht hatte. Er lieferte erst einmal eine Probe seines politischen Könnens ab, mit der er das Establishment und die Geldgeber auf sich aufmerksam machte: Er reorganisierte die unter Sulla scheinbar vernichtend geschlagene Volkspartei und warf deren politisches Gewicht in die Waagschale, als der damals schon schwerreiche Pompeius vom Senat militärische Vollmachten für den Kampf gegen die Seeräuber verlangte – und mit Cäsars Unterstützung auch bekam. Er muss auf seine Zeitgenossen, insbesondere auf die Finanziers unter ihnen, den Eindruck gemacht haben, zu Höherem bestimmt zu sein. Auch Cicero wusste schon früh, wozu genau: »Wenn ich sehe, dass sein Haar immer so kunstvoll zurechtgelegt ist, wenn ich sehe, dass er sich nur mit einem Finger kratzt, so erscheint es fast, als ob ihm der Umsturz der römischen Verfassung überhaupt nicht in den Sinn kommen würde.«

Auf einen, der diesen Eindruck, zu Höherem bestimmt zu sein, nicht nur erweckt, sondern auch bestätigt, kommen Dutzende, die enttäuschen. Auf einen Cäsar kommen zehn Catilinas, auf einen Bill Gates hundert Stephan Schambachs. Aber selbst ein Cäsar kann versagen, wenn er nicht zur rechten Zeit am rechten Platz steht. Er hatte Glück, dass Alexander der Große bei seiner Geburt schon über 200 Jahre tot war. Er hatte Glück, dass er Sullas Säuberungen entging und die Piraten ihn nicht erschlugen. Er hatte Glück, dass es ein noch ungeplündertes Gallien gab. Und Pompeius, der selbst so gerne Alleinherrscher in Rom gewesen wäre, hatte das Pech, dass es Cäsar gab.

Arabien: Ali Baba und die untreuen Wesire

Im Römischen Reich führten alle Wege nach Rom, im Byzantinischen Reich nach Byzanz (Konstantinopel) und im Arabischen Reich nach – Bagdad. Gut 500 Jahre lang, von 750 bis 1258, war die Stadt am Tigris das politische und ökonomische Zentrum der fortschrittlichsten Kultur der damaligen Zeit: der islamischen Welt. Das abgelegene Mekka hingegen wurde auf den Status des religiösen Zentrums zurückgestutzt, den es sich bis heute erhalten hat.

Ein Reich von Spanien bis zum Indus

Der Siegeszug des Islams hatte auf der Arabischen Halbinsel begonnen: 610 empfing der Kaufmann Mohammed aus dem arabischen Mekka auf dem Berg Hira seine erste Offenbarung, angeblich aus dem Munde des Erzengels Gabriel, 622 verjagten ihn die Mekkaner, 630 eroberte er sich und seiner neuen Religion erst die Stadt Mekka und dann ganz Arabien. Aber schon 635, drei Jahre nach Mohammeds Tod, verlegten seine Nachfolger das politische Zentrum des Reiches aus der arabischen Wüste in die traditionelle Handels- und Kulturregion der Levante. Omar I. entschied sich für Damaskus als Residenz, Abul Abbas verlegte 750 den Sitz des Kalifats nach Bagdad – nachdem er bis auf einen sämtliche Angehörige der herrschenden Omaijaden-Dynastie hatte umbringen lassen. Der eine Überlebende, Abd Ar-Rahman, schlug sich nach Spanien durch, löste das dortige Reich aus dem Kalifat heraus und führte es von Bagdad unabhängig weiter.

Der Umzug der Kalifen nach Bagdad markiert gleichzeitig den Übergang von der Phase der islamischen Expansion in die Epoche der Konsolidierung. 732 war der Vormarsch im Westen gestoppt worden: Bei Tours und Poitiers unterlagen die islamischen Truppen dem Frankenheer unter Führung Karl Martells und zogen sich auf die Iberische Halbinsel zurück. Und 751 klärte sich die Situation an der Ostgrenze: Am Fluss Talas in Usbekistan stießen die Araber auf ein chinesisches Heer – und besiegten es. Die Chinesen zogen sich daraufhin aus Mittelasien zurück und überließen es den Mohammedanern.

Seit dem Beginn der islamischen Zeitrechnung im Jahr 622 waren gerade einmal 130 Jahre vergangen, doch das Reich der neuen Religion erstreckte sich bereits von Spanien im Westen bis zum Indus im Osten. Diesen großen militärischen Erfolg verdankten die Araber zum guten Teil den aggressiven Seiten ihrer missionarischen Religion: Jesus Christus bezeichnete sein Reich als »nicht von dieser Welt«, seine Nachfolger verfügten noch jahrhundertelang über keinerlei weltliche Machtposition; Mohammed hingegen gelang der Durchbruch für seine Religion durch einen militärischen Sieg.

Die Arbeit wurde den frühen islamischen Anführern durch das Machtvakuum erleichtert, in dem sich die Welt zwischen Indischem Ozean und Atlantik gerade befand. Rund ums Mittelmeer wurden die Reste der römischen Infrastruktur von Germanenstämmen genutzt, die es im Zuge der Völkerwanderung bis nach Nordafrika verschlagen hatte – leichte Beute für eine entschlossene Streitmacht, die Allah auf ihrer Seite wähnte. Auch die alten Kernlande der abendländischen Kultur, Iran, Mesopotamien und Palästina, boten den Eroberern kaum Widerstand. Einzig das Oströmische beziehungsweise Byzantinische Reich war, wenn schon nicht umzuwerfen, so doch immerhin kleinzukriegen: Der byzantinische Vorposten in Alexandria fiel 642, damit war für die Araber der Weg bis zur Straße von Gibraltar frei, und Byzanz musste sich fürs Erste auf die Türkei und den Balkan beschränken.

Die Erfolgsformel: neue Religion plus alte Handelskultur

Als das Römische Reich nicht mehr weiter wuchs, Anfang des zweiten nachchristlichen Jahrhunderts, begann sein Untergang: Roms weitgehend unproduktiv wirtschaftende, dem Luxuskonsum verfallene Militärdiktatur war auf den beständigen Zustrom von neuer Beute und neuen Sklaven angewiesen. Die Ausplünderung des Reiches zugunsten der Hauptstadt hatte vielerorts zu ökonomischem Niedergang geführt und damit zu einem Verfall von Wirtschafts- und Steuerkraft. Wäre das mohammedanische Reich weiter von Mekka aus gelenkt worden, fernab aller Handelsstraßen und fernab ökonomischen Denkens, hätte ihm Ähnliches passieren können. Die Verlagerung ins Zweistromland jedoch verband die innovativen Impulse der neuen Religion mit den traditionellen Zentren orientalischer Hochkultur und einer geografisch günstigen Lage im Schnittpunkt wichtiger Handelsstraßen. Das Reich konsolidierte sich – und die Hauptstadt blühte auf.

Auf den Märkten in Bagdad verkauften die arabischen Fernhändler chinesische Waren wie Seide, Porzellan und Fayence, exportierten sie aber auch in nördliche und westliche Länder. Von dort wiederum strömten andere Kostbarkeiten zurück in die Stadt am Tigris. Es gab hauchdünne Seidenstoffe aus Indien, Affen, Papageien und Sklaven aus Afrika, Türkise aus Persien, Bernstein aus dem Baltikum und Zobelfelle aus den ostslawischen »Landen der Rus«. Die Araber selbst fügten den Handelswaren von den Rändern der damaligen Welt nur wenig selbst Produziertes hinzu. In der Waffenproduktion immerhin besaßen die Erzeugnisse aus dem Nahen Osten Weltmarktniveau: Die Damaszener Klingen waren das Beste, was man sich für sein Messer oder Schwert leisten konnte. Und bei der Eroberung Samarkands im Jahr 712 fiel den Arabern eine funktionsfähige Papierfabrik in die Hände, sodass sie bei diesem ursprünglich chinesischen Produkt ebenfalls als Hersteller auftreten konnten.

»Den Weg wird dir der Name Barmek weisen«

Während üblicherweise der jeweils amtierende Herrscher den Ruhm für ein solches Aufblühen einstreicht, ehrte schon das zeitgenössische Bagdad diejenigen, die eigentlich für den Aufschwung verantwortlich waren. Auf einem Stadttor fand sich damals die kühne Inschrift: »Du kannst aus jedem Land der Welt her reisen / den Weg wird dir der Name Barmek weisen.« Die Familie der Barmekiden, deren »Freigebigkeit und Großmut« auch in den Geschichten aus *Tausendundeine Nacht* gerühmt werden, stellte von der Mitte des achten Jahrhunderts bis 802 den Großwesir des Kalifen von Bagdad und damit die eigentliche Macht im Staate. Ohne die politische und diplomatische Arbeit seines Großwesirs Dschafar würde zum Beispiel der uns als so glanzvoll übermittelte Harun al-Raschid (Kalif von 786 bis 809) in der Geschichte einen weit ruhmloseren Platz einnehmen: als ein dem Alkohol und hübschen Knaben ergebener Herrscher, der im Alter von 45 Jahren an Leberzirrhose starb.

Sieben Jahre vorher ließ Harun jedoch seinen Großwesir köpfen, und die übrigen männlichen Mitglieder der Barmekiden-Familie traf das gleiche Schicksal. Es wurde niemals aufgeklärt, was die Ursache für diese Vernichtung der reichsten und mächtigsten Familie der damaligen Zeit war. Plante der Großwesir einen Putsch, ähnlich wie im Frankenreich der karolingische Hausmeier Pippin, der 751 den merowingischen König Childerich III. stürzte, kastrieren ließ und ins Kloster schickte? Oder war es für den Kalifen der bequemste Weg, sich seiner Schulden bei den Barmekiden zu entledigen? Nach 50 Jahren faktischer Herrschaft über das Arabische Reich überstieg deren privates Vermögen den Staatsschatz, und Harun hatte Dschafar schon oft um eine Finanzspritze bitten müssen. Oder nutzte eine rivalisierende Clique im Palast einen Vollrausch des Kalifen, um von ihm die Unterschrift unter Dschafars Todesurteil zu bekommen? Wie dem auch sei: Es führt jedenfalls immer wieder zu unhaltbaren Zuständen, wenn in einem Staat oder einem Unternehmen die Nummer zwei unter Beweis stellt, dass sie für Führungsaufgaben weit besser geeignet ist als die offizielle Nummer eins – und anders als im Frankenreich setzte sich hier die Nummer eins durch.

Ali Baba war Bankdirektor

Eine Generation vor Dschafar hatte eine andere uns gut bekannte Person diesen Konflikt erfolgreich vermieden. In dem Märchen aus *Tausendundeine Nacht* erfährt Ali Baba zufällig das Zauberwort, das den Zugang zur Schatzhöhle der 40 Räuber öffnet, und wird dadurch zur reichsten aller Märchenfiguren: »Bei Kassims Heimkehr sagte seine Frau zu ihm: ›Kassim, du denkst ein reicher Mann zu sein, allein du irrst dich: Ali Baba ist unendlich reicher als du, er zählt sein Geld nicht etwa wie du, sondern misst es mit Maßen.‹« Wie viele andere Figuren aus der Geschichtensammlung lehnt sich auch diese an eine reale Person an. Der echte Ali Baba kam im Bagdad des achten Jahrhunderts unter Kalif al-Mansur ebenfalls zu märchenhaftem Reichtum, allerdings auf weit weniger märchenhafte Weise: als Direktor der Staatsbank. Zu seinen wichtigsten Aufgaben gehörte der Kampf gegen Münzfälschungen, die insbesondere aus dem christlichen Europa ins Land strömten. Als erfolgreichste Maßnahme erwies es sich, die Silbermünzen alljährlich auszutauschen – über Gold, das wichtigste Zahlungsmittel in Arabien, verfügten die Europäer seit geraumer Zeit nicht mehr. Denn Ende des siebten Jahrhunderts hatte der Kalif Abd al-Malik für sein Herrschaftsgebiet einen Umtauschkurs von Gold zu Silber von 1:14 festgelegt. Da in Westeuropa ein Verhältnis von 1:12 galt, war es profitabel, das Gold aus Europa abzuziehen und im Orient gegen Silber einzutauschen. Und auch wenn es so gut wie keine direkten Handelsverbindungen zwischen beiden Welten gab – das Gold fand seinen Weg aus Europa heraus.

Ali Baba verdiente sich durch Insidergeschäfte aller Art ein so reichhaltiges Zubrot zu seinem Beamtengehalt, dass er nach 20-jähriger Amtszeit den richtigen Moment zum Ausstieg aus der Finanzwelt gekommen sah: Er besaß, so Hans-Georg Behr, »nur fünf Gramm Gold weniger als der Kalif, und er wollte seinen Herrn nicht dadurch reizen, dass er reicher war.« Aufs Gramm genau wurde das Gold damals sicherlich nicht gezählt, aber die Methode, nicht über denjenigen emporzuwachsen, dem man seinen Aufstieg verdankt, haben nach Ali Baba noch viele Beamte und Manager praktiziert, denen ihr Leben lieber war als die Ausübung der alleinigen Macht.

Arabische Militärhilfe für die Franken und den Papst

Die Europäer des frühen Mittelalters kamen mit der fremden arabischen Welt nur selten in Kontakt. Das erste Mal auf reichlich unfreundliche Weise zwischen 714 und 732, als die islamische Eroberungswelle erst Spanien überrollte und dann über die Pyrenäen hinweg die fränkischen Kernlande bedrohte. Der zweite, diesmal weit friedlichere Kontakt ergab sich wenig später in den Anfängen der Karolinger-Dynastie. Der Kalif von Bagdad bedrängte die Franken nicht mehr als potenzieller Angreifer, sondern versuchte, sie als Verbündete zu gewinnen – gegen die muslimischen Glaubensbrüder in Spanien, die sich unter dem letzten Omaijaden Abd Ar-Rahman weigerten, die Oberhoheit Bagdads anzuerkennen. Ein Vertrag von 767 versprach dem Frankenkönig Pippin Militärhilfe und die nördliche Hälfte Spaniens, wenn er den dortigen Emir besiegte. Zudem sollte er mit Bagdad ewige Freundschaft halten und einen Handelsboykott gegen Byzanz beschließen.

Nun konnte es den Byzantinern reichlich egal sein, ob die vergleichsweise unzivilisierten Franken mit ihnen handeln wollten oder nicht. Aber der Zangengriff von Ost und West war ihnen nicht gleichgültig. In heftiger Geheimdiplomatie wurden daraufhin diverse weitere Bündnisse geschlossen: Das spanische Emirat verbündete sich 768 mit Byzanz und dem norditalienischen Königreich Lombardei gegen Araber und Franken, der Papst wiederum versicherte dem Kalifen, er werde bei einem Angriff Bagdads auf Byzanz aufseiten des Islams gegen die oströmischen Christen kämpfen – unter der Voraussetzung, dass Bagdad auch ihm ausreichend Militärhilfe leiste.

Dass es 768 nicht zum Angriff der Franken auf Spanien kam, lag wohl vor allem daran, dass Pippin in diesem Jahr starb. 777 überfiel sein Sohn und Nachfolger Karl, später der Große genannt, Spanien überstürzt und unkoordiniert und unterlag mit Pauken und Trompeten – das Rolandslied ist bis heute Beleg für diese Niederlage des fränkischen Heeres. Wahrscheinlich erfuhr Karl erst kurz vorher von dem Geheimvertrag, den sein Vater mit Bagdad abgeschlossen hatte, und ließ sich von der Aussicht auf reiche Beute blenden. Bei einem wesentlich besser vorbereiteten Einmarsch 795 entriss er den Muslimen den ersten Streifen Nordspaniens.

In den folgenden Jahren verdichteten sich die diplomatischen Beziehungen zwischen dem Kalifen und dem fränkischen Herrscher. Karl eröffnete eine ständige Vertretung in Bagdad, und Harun al-Raschid (also eigentlich Dschafar, der Barmekide) entsandte wiederholt Delegationen zur Kaiserpfalz in Aachen. Das sensationellste Gastgeschenk, das sie mitbrachten, war 800 ein leibhaftiger indischer Elefant namens Abul Abbas, an dem Karl nach anfänglicher Begeisterung schnell die Lust verlor. Er schob den Elefanten ins Kloster Lippenheim ab, wo er 810 das Zeitliche segnete. Des Kalifen Begeisterung über ein Bündnis mit dem Reich Karls des Großen war in der Zwischenzeit jedoch ebenso abgekühlt wie die Karls über den Elefanten: Erst hatte der Franke Beziehungen zur byzantinischen Kaiserin Irene geknüpft, dann sich vom Papst zum Kaiser krönen lassen – und alles, ohne Bagdad vorher zu konsultieren. Die diplomatischen Beziehungen schliefen ein, und erst in der Zeit der Kreuzzüge kamen Mitteleuropa und der Nahe Osten wieder in engeren Kontakt.

Der Islam als Religion der Toleranz

Die Araber waren nicht der einzige nomadische Volksstamm, der auf Eroberungszüge ging. Verschiedene Germanenstämme hatten es vorher getan, die Hunnen ebenfalls, die Wikinger und die Ungarn nach ihnen. Deren Kriegszüge gingen vor allem als furchtbare, aber vergängliche Sturmwinde in die Geschichte ein. Wer wie die Hunnen nur auf Beute aus ist, kann Strukturen zerstören, jedoch keine neuen aufbauen; wer dagegen, wie die Araber, eine Religion mit dem Schwert verbreiten will, ist darauf angewiesen, dass das Leben nach seinem Abzug weitergeht. So war der fulminante Siegeszug, in dem die Araber halb Asien und ganz Nordafrika überrannten, von Anfang an darauf angelegt, fruchtbaren Boden statt verbrannter Erde zu hinterlassen. Dass sich aus diesen Eroberungskriegen heraus jedoch tatsächlich das wissenschaftlich fruchtbarste und ökonomisch fortschrittlichste Reich seiner Zeit entwickelte, verdankt sich einer Tugend, die wir aus heutiger Sicht gerade bei dieser Religion am wenigsten vermuten würden: der Toleranz.

Die islamischen Eroberer ließen in ihrem Machtbereich jeden nach seiner Fasson selig werden. Sie waren nicht einmal richtig glücklich, wenn die Unterworfenen zum Islam konvertierten. Aus einem ganz einfachen Grund: Rechtgläubige mussten weniger Steuern zahlen. Dhimmi, die Ungläubigensteuer, war eine der ergiebigsten Finanzquellen der muslimischen Staaten. Ohnehin empfahl der Religionsstifter Mohammed im Koran, die »Schriftbesitzer«, also die Anhänger der anderen monotheistischen Religionen Christentum und Judentum, milde zu behandeln. In Kombination führte dies letztendlich dazu, dass die arabisch dominierten Staaten während unseres zu Recht finster genannten Mittelalters eine Epoche wirtschaftlicher und kultureller Blüte genossen.

Den größten Beitrag zur Wirtschaftsförderung leisteten die islamischen Herrscher dadurch, dass sie für Planbarkeit und Investitionssicherheit sorgten. Mochten sich auch die Kalifen und Emire im Kampf um den Thron immer wieder gegenseitig umbringen, auf das Gesellschaftsmodell des islamischen Reiches war Verlass. Große ökonomische Genialität der Kalifen oder ihrer Wesire war nicht vonnöten, um die Wirtschaft anzukurbeln: Den bedeutendsten Wohlstandssprung im Zweistromland erreichten die Kalifen, indem sie ab der zweiten Hälfte des achten Jahrhunderts die jahrtausendealten Bewässerungssysteme wieder instand setzten. Generationenlang waren sie vergessen und dem Verfall preisgegeben gewesen; die Bauern hatten die trockenen Flächen veröden lassen, denn »wo das Wasser zu Ende ist, da ist es auch mit dem Lande zu Ende«, sagt ein arabisches Sprichwort. Doch durch Reparatur und Ausbau der Kanäle wurde binnen weniger Jahrzehnte Mesopotamien wieder zu dem fruchtbaren Landstrich, der es schon unter den Sumerern, Babyloniern, Assyrern, Persern und Seleukiden war.

Der Rückfall in die Verwüstung ging 500 Jahre später noch schneller. 1257 marschierte Dschingis Khans Enkel Hulagu mit etwa 600 000 Mongolen ins Zweistromland. Sein Großvater hatte im Krieg gegen Bagdad die einzige Niederlage seines Lebens erlitten – das sollte Hulagu nicht passieren. Neben der weit überlegenen Streitmacht hatte er auch Ibn Alkami auf seiner Seite, den verräterischen Großwesir des Kalifen Mustasim. Nach einem Jahr mongolischer Besatzung war von den Bewässerungsanlagen im Land zwischen Euphrat und Tigris nichts mehr übrig. Und wenige Tage nach der Kapitulation Bagdads am 10. Februar 1258 erging es der Hauptstadt genauso. Fünf Jahre zuvor hatte man in Bagdad knapp 2 Millionen Einwohner registriert – im August 1258 zählten die Mongolen noch genau 972 Personen.

China: der Beamtenstaat

Jeder Grashalm gehört dem Kaiser

Ginge es nach seiner eigenen Rechtsauffassung, kann niemand jemals reicher gewesen sein als der mongolische Großkhan Kubilai, dank seiner ausgiebigen Eroberungstätigkeit seit 1280 auch offiziell Kaiser von China und Begründer der Yüan-Dynastie. Denn dann wäre jeder Grashalm in China sein Eigen gewesen. Der Venezianer Marco Polo (1254–1324), Ende des 13. Jahrhunderts unser Mann in Peking, erzählt davon: »Der gegenwärtige Großkhan hat alle Glücksspiele, denen die Leute dieses Landes mehr als alle anderen in der Welt zugetan sind, streng verboten, und um sie davon abzuschrecken, sagte er: Ich habe euch durch die Gewalt meines Schwertes unterworfen, und folglich gehört mir alles, was ihr besitzt; wenn ihr also spielt, so spielt ihr um mein Eigentum.« Bei damals etwa 60 Millionen Einwohnern in Kubilais Machtbereich würde sich daraus ein Vermögen von fast Dagobert'schen Dimensionen errechnen.

Diesmal ersparen wir uns das Rechenexempel, denn der sehr weit gefasste Eigentumsbegriff wird hier eindeutig eher aus volkspädagogischen Gründen verwendet als zur Durchsetzung eines Rechtsanspruchs. In der Praxis beschränkte sich Kubilai wie die meisten anderen Herrscher auf die Erhebung von Steuern und Abgaben aller Art, um daraus die kaiserliche Hofhaltung, den bürokratischen Apparat und Investitionen in die Infrastruktur zu finanzieren.

Die direkten Einkünfte Kubilais, also die Aufwendungen für den Kaiserhof im engeren Sinne, bezifferte Marco Polo auf zehn bis 15 Millionen Golddukaten pro Jahr. Davon mussten allein im Palastbezirk Pekings bezahlt werden: 12 000 Mann kaiserliche Leibwache, etwa die gleiche Anzahl an Dienern sowie 5000 kaiserliche Beamte – vom Astrologen bis zum Schreiblehrer. Die 25 000 Prostituierten, die Polo in der Millionenstadt Peking zählte, dürften nur zum geringsten Teil direkt aus der Staatskasse bezahlt worden sein.

Die gesamten Staatseinnahmen übertrafen nach den Schätzungen des Venezianers die Ausgaben der Hofhaltung um mindestens das Zehnfache: »Allein aus der Stadt Quinsai[1] und den Städten unter ihrer Gerichtsbarkeit flossen dem Großkhan an Einkünften zu: 6,4 Millionen Golddukaten durch die Salzsteuer und 16,8 Millionen Dukaten durch alle anderen Steuern und Zölle.«

Konfuzius sagt: Privater Grundbesitz ist verboten

Doch auch wenn wir Kubilai Khans Eigentumsbegriff nicht so wörtlich nehmen, dass wir alle Schätze Chinas seinem Privatkonto gutschreiben, müssen wir noch einmal auf ihn zurückkommen. Denn er repräsentiert nicht einfach die merkwürdige Vorstellung einer barbarischen Besatzungsmacht, sondern eine seit Urzeiten in China verbreitete Auffassung: Alles Land gehört dem Kaiser. Und diese ist wiederum Ausfluss der sozialen Gesinnung des Konfuzianismus: Die Bibel und der Koran verbieten es, Zinsen zu nehmen – der Konfuzianismus verbietet das Privateigentum an Grund und Boden. Der Herrscher als oberste irdische Autorität kann Lehen vergeben, und die Lehnsherren können Teile ihres Lehens anderen gegen Bezahlung zur Bearbeitung überlassen, aber Grundbesitz selbst ist nicht vorgesehen.

Diese Vorschrift ist natürlich gut gemeint. Die Landwirtschaft stellt das ökonomische Herzstück Chinas dar: »Wenn du die Bauern gewinnst, kannst du Herrscher über alle werden«, schrieb der Philosoph und Konfuzius-Schüler Mencius den Kaisern ins Stammbuch, und die meisten hielten sich daran – einschließlich des roten Kaisers Mao Tse-tung. Jegliche Wirtschaftsordnung, die sich an den Existenzgrundlagen der Landwirtschaft vergriffe, wäre eine tödliche Bedrohung für das Reich, und die

Institution des Privateigentums an Grund und Boden könnte durchaus eine ökonomische Dynamik in Gang setzen, die zugunsten einiger superreicher Familien die Existenz von Millionen Kleinbauern gefährdet.

Aber gut gemeint bedeutet mitunter das Gegenteil von gut gemacht. Denn so recht im konfuzianischen Sinn funktionieren kann dieses System nur, wenn es ein zentrales Anliegen des Herrschers ist, die Lebensbedingungen der einfachen Bauern zu verbessern oder zumindest ihre Verschlechterung zu verhindern. Solche wohltätigen Anwandlungen hatten die Kaiser allerdings nicht oft. Und wenn, dann nicht lange. Dafür sorgten im Allgemeinen Hofstaat und Bürokratie, bei deren Mitgliedern es sich definitionsgemäß eben nicht um Bauern handelte. Während der Hofstaat die Probleme der Landbevölkerung möglichst fern vom Herrscher hielt, konnten sich die Bürokraten in der Provinz als fast allmächtige Stellvertreter des allmächtigen Kaisers aufspielen. Trotz des theoretischen Absolutheitsanspruchs des Staates bildete sich dadurch in ganz China eine Klasse von Großgrundbesitzern heraus, deren gemeinsames Charakteristikum darin bestand, dass sie Beamte waren.

Kaufleute wurden diskriminiert

China ist das einzige der großen Reiche der Welt, in dem über viele Jahrhunderte hinweg die reichsten Menschen des Landes der Beamtenschaft angehörten. Warum konnten ausgerechnet Beamte Vermögen anhäufen? Zuerst einmal, weil niemand anders dafür infrage kam:

- Private Unternehmer gab es über lange Strecken der Reichsgeschichte praktisch nicht: Die wichtigen Rohstoffindustrien der Eisen- und Salzgewinnung waren verstaatlicht, die Warenproduktion kam trotz der schon früh sehr beachtlichen Einwohnerzahl über das handwerkliche Stadium nicht hinaus.
- Militärs spielten gesellschaftlich kaum eine Rolle, denn die humanitären Lehren des Buddhismus und des Konfuzianismus hatten nicht viel für Soldaten übrig. So war die militärische Ausbildung nicht besonders

angesehen, es konnte sich keine eigene Kriegerkaste entwickeln. Oft nahmen sogar Nicht-Chinesen die wichtigsten militärischen Funktionen ein.

◇ Händler hatten einen schlechten Leumund: Der Beruf des Kaufmanns war etwa so angesehen wie bei uns der Beruf des Staubsaugervertreters. Unter Liu Pang, dem Begründer der Han-Dynastie (um 250 –195 v. Chr.), wurde den Kaufleuten sogar verboten, Seide zu tragen – dafür mussten sie unterschiedlich gefärbte Schuhe anziehen, um schon auf den ersten Blick als Händler erkennbar zu sein. Denn während die Erzeugnisse des Bauern der übrigen Menschheit Nutzen und dem Staat Einnahmen bescherten, seien die Kaufleute nur dazu da, von ihren Mitmenschen Profit zu ziehen oder gar ihr Vermögen auf Kosten des Staates zu mehren.

Die chinesische Gesellschaftsphilosophie zementierte solche Wertungen durch einen beruflichen Dualismus. Sie achtete die Tätigkeiten, die fundamental waren (*ben*), und schätzte all das gering, was es an sonstigen Erwerbsmöglichkeiten gab (*mo*, Schluss, äußerstes Ende). Nun bestehen in vielen Gesellschaften ideologisch oder religiös motivierte Rangstufen der Berufe. Mal sind, wie im hinduistischen Kastenwesen, die Priester ganz oben, mal, wie in der kommunistischen Ideologie, die Arbeiter. Aber die chinesische Kombination war einzigartig. *Ben* waren zum einen die Bauern, weil sie den nationalen Reichtum produzierten, und zum anderen die Beamten, weil sie das Funktionieren der Gesellschaft garantierten.

In einem so definierten Beamten- und Bauernstaat blieb sowohl für Kaufleute als auch für Handwerker nur noch *mo* übrig, weil sie keine eigenen materiellen Werte hervorbrachten. Was die Kaufleute angeht, so gibt es in unseren Breiten am rechten und linken Rand des politischen Spektrums eine ähnliche Position, die zwischen »schaffendem« und »raffendem« Kapital unterscheidet. Aber die Auffassung, dass Handwerker keine Werte hervorbringen, ist uns völlig fremd. Die chinesische Begründung dafür: Handwerker würden nichts Neues schaffen, sondern lediglich bereits Vorhandenes transformieren.

Der Kaiser versenkt die eigene Flotte

Die Geringschätzung jeglicher kaufmännischen Aktivität galt sogar für den Fernhandel, und das, obwohl China stets über begehrte Exportprodukte verfügte. Bis zur Expedition des Offiziers Zhang Qian, der 126 vor Christus bis an die Ostgrenze des persischen Partherreiches vorstieß, hatten die chinesischen Kaiser überhaupt keine Ahnung, auf welche Weise einheimische Produkte das Land verließen und ausländische Produkte nach China hereinkamen. Und auch als sie es wussten, interessierte es sie nicht weiter. Die Warenströme entlang der Seidenstraße flossen zwar nicht gegen den Willen der chinesischen Herrscher, aber doch ohne deren Anteilnahme. Nicht zuletzt auf dieses Desinteresse an Handel und Kulturaustausch geht die Entscheidung der Ming-Kaiser zurück, Mitte des 15. Jahrhunderts die eigene, gerade erfolgreich zurückgekehrte Flotte zu zerstören. Admiral Cheng Ho, der chinesische Kolumbus, war auf sieben Reisen unter anderem nach Java, Sumatra, Ceylon, Indien, Arabien und Ostafrika gelangt – und das nicht, wie die europäischen Entdecker ein halbes Jahrhundert später, mit ein paar Schiffen, die eher Nussschalen glichen: Seine fünfte Reise zum Beispiel unternahm er mit 200 Schiffen und einer Besatzung von insgesamt 27 800 Mann. Gegen solche Konkurrenten hätte ein Vasco da Gama den Kürzeren gezogen; aber als sich die Portugiesen den Seeweg nach Indien erschlossen, hatte sich China bereits wieder von der Entdeckung ferner Welten verabschiedet. Was sollte einem die Welt noch bieten können, wenn man China hatte?

Nun kam es zwar sogar in China gelegentlich vor, dass ein Händler es durch seine Tätigkeit zu Reichtum brachte. Aber dieser Reichtum verhalf ihm nicht automatisch zu einem besseren Image, weil die Reihenfolge falsch war: Ansehen sollte zu Reichtum führen, nicht umgekehrt. Also bemühten sich reich gewordene Kaufleute schleunigst darum, auf die Seite der geachteten Mitglieder der Gesellschaft zu wechseln. Sie legten ihr Vermögen in Grundbesitz an, ergingen sich im Studium der klassischen Literatur, und vor allem: Sie setzten alles daran, einen ihrer Nachkommen in die Beamtenlaufbahn zu katapultieren. Innerhalb von spätestens zwei Generationen verwandelte sich damit ein unternehmerisch gewonnenes Vermögen in einen bürokratischen Status.

Der chinesische Traum: vom Schweinehirten zum Bürokraten

Wer etwas auf sich hielt, wer etwas werden wollte, wer Möglichkeiten zur Bereicherung suchte, ging also in den Staatsdienst. Wenn er denn die Prüfungen bestand. Und die hatten es in sich: Die traditionelle Ausbildung für den Staatsdienst hob auf die Beherrschung der schönen Künste, der Schriften der Ahnen und der Kalligraphie ab. Ob die über mehrere Jahre in immer neuen Examen geprüften Anwärter etwa Fähigkeiten hatten, die sie in ihren zukünftigen Positionen gebrauchen konnten, wurde nicht geprüft, geschweige denn, dass die Vermittlung solcher Kenntnisse Teil der Ausbildung gewesen wäre. Lediglich für Ärzte und Juristen enthielt der Lehrplan auch die Vermittlung von Fachkenntnissen. An den entscheidenden Abschlussprüfungen, deren Fragen vom Kaiser selbst ausgesucht wurden, nahm die Bevölkerung ähnlich regen Anteil wie die Deutschen an der Fernsehsendung »Wer wird Millionär?«.

Die Chinesen zogen sich so über die Jahrhunderte eine Führungsschicht heran, deren Bildungsniveau weltweit beispiellos war – nirgends kam Platons Traum vom Philosophenkönigtum der Verwirklichung so nahe wie in China. Die Chinesen waren stolz darauf, dass ihr System es theoretisch jedem Schweinehirten erlaubte, durch Studium und Begabung bis zu den höchsten Ämtern im Staate aufzusteigen. So wie in den USA theoretisch jeder Tellerwäscher Millionär werden kann.

Faktisch funktionierte das System natürlich anders. Welcher Bauer konnte es sich schon leisten, seinem begabten Sohn mehrere Jahre Literaturstudium zu finanzieren? Für Beamtenkinder hingegen existierten eigene Schulen, die auf die Beamtenlaufbahn vorbereiteten. Es entstand so eine Art Kaste, deren Angehörige es als selbstverständlich ansahen, dass der Staat zwar auf dem Papier dem Kaiser, in der Realität aber ihnen gehörte.

Chinas Robin Hood kämpfte gegen Korruption und Vetternwirtschaft

Selbst wenn ein Kaiser dies ändern wollte, waren ihm die Hände gebunden. Denn wie kann ein Herrscher seinen Willen anders durchsetzen als mithilfe seiner ausführenden Organe, also der Beamten? Und wer würde erwarten, dass diese ihren Amtseid auch dann noch ernst nehmen, wenn sie sich ihre eigenen Privilegien beschneiden sollen?

Dieses Schicksal prägte zum Beispiel die letzten Jahre der Westlichen Han-Dynastie in der Zeit um Christi Geburt. Im Jahre sechs vor Christus wurde ein kaiserlicher Erlass verkündet, der die Größe des Landes, das ein Einzelner besitzen durfte, einschränkte. Aber die Durchführung dieses Erlasses lag in den Händen ebenjener Verwaltungsbeamter mit Großgrundbesitz, gegen deren private Interessen er gerichtet war. Deshalb blieb das Dekret ein totes Papier, bis im Jahre neun nach Christus die Dynastie abgelöst wurde.

Die klassischen Nebeneffekte jeder bürokratischen Organisation, also Korruption und Vetternwirtschaft, machten auch China immer wieder zu schaffen. Es wurde versucht, durch Gesetze gegenzusteuern: Kein Beamter durfte in seiner Heimatprovinz tätig sein, auch ein Posten in der Heimatprovinz seiner Ehefrau war ihm verboten. Außerdem durften nicht mehrere Mitglieder einer Familie hohe Ämter in einer Provinz oder in einer Zentralabteilung innehaben.

Wir dürfen allerdings davon ausgehen, dass sich mit solchen Maßnahmen Korruption genauso wenig verhindern ließ, wie uns das heute gelingt. Wie wenig das tatsächliche Auftreten der Bürokratie mit den hehren Idealen gemein hatte, zeigt sich schon daran, dass auch der traditionelle Volksheld der Chinesen ein Beamter ist. Bao Zheng (999 – 1062) brachte es als unbestechlicher und unbeugsamer Richter und Provinzpräfekt zu Berühmtheit, sein Leben und seine Taten wurden in Büchern, Filmen und Opern verarbeitet. Dabei vereinigt er in sich die Qualitäten von Robin Hood und Sherlock Holmes: Bao Zheng löst die kompliziertesten Kriminalfälle und verhilft dem Gesetz ohne Ansehen der Person zu seinem Recht. Er setzt korrupte Beamte in Serie ab und lässt (natürlich nur in einer Oper) sowohl den Schwiegersohn des Kaisers als auch seinen eigenen Neffen hinrichten, weil das Gesetz es so will. Wenn alle Beamten sich an die Vorschriften gehalten hätten, ohne auf ihren eigenen Vorteil zu achten, hätte China wohl kaum einen solchen Helden gebraucht.

He Shen: Der Favorit des Kaisers beutet das Reich aus

Wie weit es ein Beamter bei der Mehrung seines Reichtums bringen konnte, bewies am Ende des 18. Jahrhunderts ein gewisser He Shen (1750 – 1799), der Besitzer des größten dokumentierten Privatvermögens der chinesischen Kaiserzeit. He Shen war ein hübscher, begabter junger Mann, als 1775 der vier Jahrzehnte ältere Kaiser Qian-Long (1711–1799) auf ihn aufmerksam wurde. Manche flüsterten damals, der sehr feminin wirkende Jüngling erinnere den Kaiser an ein Mädchen, dem er sich in seiner Jugend zu ungestüm genähert habe und das sich ob dieser Schmach erhängte. Andere flüsterten zurück, dass der Kaiser keinen Umweg über eine solche Erinnerung machen müsse, um sich für einen jungen Mann zu begeistern.

Sei dem, wie es wolle, He Shen errang das blinde Vertrauen Qian-Longs – und nutzte die nächsten 20 Jahre, um das Reich nach allen Regeln der Kunst auszubeuten. Er wurde der höchste Beamte am Kaiserhof, unter anderem zuständig für das Finanzwesen, die Verwaltung des Kaiserhofs, die Innen- und die Außenpolitik. Er erhöhte die Steuern und leitete den Mehrertrag in seine Kasse um, er kassierte Provisionen für jeden staatlichen Auftrag und ließ sich für die Ernennung jedes höheren Beamten bezahlen.

Besonders ergiebig waren dabei für ihn die Ämter der Flussinspektoren. Da diese über den Etat für Hochwasserschutz verfügten, setzte He Shen den Kaufpreis für diese Ämter so hoch an, dass den Inspektoren gar nichts anderes übrig blieb, als sich durch Veruntreuung dieser Gelder zu refinanzieren. Die unvermeidliche Folge: Die Dammbauten entlang dem Gelben Fluss wurden vernachlässigt und konnten der nächsten großen Überflutung nicht standhalten – 1798 brachen viele der Dämme, und He Shens Maß war voll. Solange Qian-Long noch lebte, war sein Favorit zwar in Sicherheit, aber direkt nach dessen Tod wurde He Shen aller Ämter enthoben und vor Gericht gestellt.

800 Millionen Taels (1 Tael entsprach etwa 200 Gramm Silber) habe er so zusammengerafft, befand 1799 der staatliche Untersuchungsrichter. 800 Millionen Taels, das wären 160 Millionen Kilogramm Silber und damit mehr als das Fünfzigfache dessen, was Cäsar an Beute aus Gallien mitgebracht hatte – und auch zehnmal mehr, als die gesamten chinesischen Staatseinnahmen pro Jahr ausmachten. Ganz so viel dürfte es denn doch nicht gewesen sein: Wenn es darum geht, ein Exempel an einem Emporkömmling zu statuieren, kann es schon einmal passieren, dass auch der entstandene Schaden eher exemplarisch als realistisch angegeben wird. Das zeigt sich zum Beispiel am 17. der 20 Vorwürfe, die gegen He Shen zusammengetragen wurden: »Er hat Hunderttausende von edlen Kleidungsstücken«, hieß es dort, wobei das Zahlwort lediglich eine Umschreibung für »viel mehr, als sich für einen Menschen gehört« darstellen dürfte.

Durch die Anklageschrift zieht sich der Vorwurf, He Shen habe den Kaiser an Reichtum übertrumpft. Er besitze »200 Perlenketten, ein Dutzend mal so viele wie im Kaiserhof«, ja, manche Perlen seien sogar »noch größer als die auf der Krone des Kaisers«, und er habe »zahlreiche große Edelsteine, die es selbst im Kaiserhof nicht gab«. Besonders deutlich, im chinesischen Sinn, war der 16. Anklagepunkt: »Seine Amtshüte waren mit großen Edelsteinen geschmückt, was sich aber nicht gehörte.« Und weil sich so etwas nicht gehörte, wurde He Shen selbstverständlich zum Tode verurteilt. Kaiser Jiaqing milderte das Urteil großmütig ab: Der reichste Mensch, den China je hervorbrachte, musste nicht auf den Scharfrichter warten – er durfte sich selbst umbringen.

Die Hanse: Wenn Kaufleute Krieg führen

Am 24. Mai 1370 wurde in Stralsund einer der merkwürdigsten Friedensverträge der Weltgeschichte unterzeichnet. Der Besiegte, der dänische König Waldemar IV., verpflichtete sich, seinem Gegner vier Festungen im Sund zu überlassen, ihn in seine alten Rechte wieder einzusetzen und ihm ein Mitspracherecht bei der Wahl seines Nachfolgers einzuräumen. Doch dieser Gegner war kein König, kein Staat und auch kein ehrgeiziger Revolutionär. Es war eine Vereinigung nordeuropäischer Städte, die deutsche Hanse. Mit der Waffe in der Hand erkämpfte sie sich das Privileg zurück, ohne Störung durch die hohe Politik Handel zu treiben.

Während das klassische China die größte je erreichte Annäherung an eine Gelehrtenrepublik darstellte, war die Hanse der Idealtypus einer Kaufmannsrepublik. Keine Grenzen, keine Steuern, keine unsachgemäße Einmischung der Politik in das Wirtschaftsgeschehen, denn es gab keine vom Wirtschaftsgeschehen getrennte Politik. Die Fernhandelsherren schufen sich die Gesellschaftsordnung nach ihren eigenen Erfordernissen; denn als sie im zwölften Jahrhundert in die Geschichte eintraten, gab es keine andere Ordnung, die mit ihren Vorstellungen hätte konkurrieren können. Und als ihnen ab dem 14. Jahrhundert die erstarkenden Nationalstaaten ihr Handelsmonopol streitig machen wollten, schlugen sie zurück. Die Kölner Konföderation von 1367, faktisch als Kriegserklärung an den Dänenkönig, fand dafür äußerst undiplomatische Worte: »Um mancherlei Unrecht und Schaden, den die Könige dem gemeinen Kaufmann tun und angetan haben«, heißt es da, »wollen die Städte ihre Feinde werden und eine der andern treulich helfen.«

Am Anfang stand der Hering

Waldemar hatte den unverzeihlichen Fauxpas begangen, die beiden Keimzellen der Hanse für sich zu beanspruchen: Gotland und Schonen. 1161 hatte nämlich alles mit der Gründung der »Genossenschaft der Gotland besuchenden Deutschen« begonnen. Und Gotland besuchten die Deutschen, weil dort der zentrale Marktplatz für das seinerzeit lukrativste Handelsgut Nordeuropas war: Heringe.

In der Ostseemeerenge zwischen Seeland und Schonen gab es sie in Massen. Der dänische Geschichtsschreiber Saxo Grammaticus berichtet davon Ende des 12. Jahrhunderts: »Der ganze Meeresraum füllt sich gewöhnlich so mit Fischen, dass manchmal die Schiffe feststehen und kaum mit angestrengtem Rudern herauszubringen sind und die Beute nicht mehr mit der künstlichen Vorrichtung gefangen, sondern ohne weiteres mit der Hand gegriffen wird.« Ebenfalls in Massen gab es in Deutschland eine Nachfrage nach Fisch – als Fastenspeise. Bei damals 140 Fastentagen im Jahr gehörten Fische zu den wenigen Produkten, für die im damals ärmlichen, auf primitive Selbstversorgung ausgerichteten Deutschland eine breite Zahlungsbereitschaft existierte.

Die Heringe zu fangen war also kein Problem. Sie in Deutschland auf den Marktplätzen zu verkaufen auch nicht. Sie mussten nur in genießbarem Zustand dorthin gebracht werden. Und dieses Problem löste die Hanse. Mit ihren Handelsschiffen, den legendären Hansekoggen, wurde Lübecker und Lüneburger Salz herangeschafft, um die frischen Fische zu pökeln und damit haltbar zu machen; die Städte Pommerns lieferten Hunderttausende hölzerner Tonnen für den Abtransport. Und die Kauffahrer aus den Hansestädten luden die mit Hering gefüllten Tonnen auf ihre Koggen, transportierten sie in ihre Heimathäfen und verkauften sie dort auf den Großmärkten. Kleinhändler versorgten dann die Wochenmärkte in der Stadt selbst und in der näheren Umgebung, und andere Fernhändler verteilten die Fische bis weit ins Landesinnere.

Mit diesem zwar schmalen, aber sicheren ökonomischen Fundament konnten sich die Hansekaufleute daran machen, über den Fischnetzrand hinauszublicken. Denn im Norden Europas gab es praktisch keine funktionierenden Handelsstraßen zu Lande. Das Land war dünn besiedelt, die Wälder kaum zu durchdringen, und obendrein drohte Gefahr von räuberischen Völkern, etwa den Litauern. Doch auf dem Seeweg entlang den Küsten von Ost- und Nordsee konnten große Warenmengen relativ schnell und gefahrlos über weite Strecken transportiert werden. Und je weiter die Strecke, desto größer die Profitspannen: Zwischen Lübeck und Rostock gab es nicht viele Güter, die den Transport gelohnt hätten – was der eine hatte, darüber verfügte der andere auch. Aber wenn man zwischen Russland und Flandern unterwegs war, sah das schon ganz anders aus. Die vier mächtigen Außenposten, mit klassisch hanseatischem Understatement »Kontore« genannt, standen auch für vier der damals wichtigsten Handelsgüter: Nowgorod am russischen Ilmensee war der Umschlagplatz für Pelze, Bergen in Norwegen lieferte Stockfisch, London Wolle und Brügge feines Tuch.

Die Brügger Bürger trugen zu feine Hosen

Wie Lübeck im 13. und 14. Jahrhundert die wichtigste Handelsstadt Nordeuropas war, so avancierte Brügge in dieser Zeit zum wichtigsten Handelszentrum in ganz Europa. Die Stadt war das Zentrum der Produktion von flandrischem Tuch, dem hochwertigsten der damaligen Zeit. Sie war der wichtigste Nachfrager für Wolle und für Getreide – die hohe Bevölkerungsdichte machte eine Selbstversorgung mit Getreide unmöglich. Aber durch die hoch entwickelte Textilbranche erübrigte sich das auch, es war Geld genug da, um den Bedarf über den Markt zu decken. Schon 1276 sah sich der Rat von Brügge genötigt, eine Verordnung gegen das Zurschaustellen von Reichtum zu erlassen, denn das Hosenmachergewerbe der Stadt kleidete die Beine der Herren in allerfeinstes (für den Rat: viel zu feines) Tuch.

Zudem war Brügge der einzige Ort, an dem die Handelsströme aus dem Norden und die aus dem Süden Europas aufeinander stießen. Der gesamteuropäische Waren- und Geldaustausch kam langsam in Gang. Ein

1984 in der Lübecker Altstadt gefundener Münzschatz zeigt, wie weit er sich in der späten Hansezeit schon ausdifferenziert hatte. Der zwischen 1533 und 1537 versteckte Schatz stellte wahrscheinlich die Wechselkasse eines reichen Hansekaufmanns dar. Er enthielt 865 verschiedene Münzsorten aus mindestens 84 europäischen Münzstätten von Ungarn bis Spanien, von Italien bis Finnland.

Doch ganz anders als in China funktionierte dieser Austausch in Europa nicht über die Mitte des Kontinents, sondern über die Ränder. China war immer ein Reich der Mitte, und zwar nicht nur ein Reich, das sich als den Mittelpunkt der Welt sah, sondern auch ein Reich, das selbst eine Mitte hatte: die riesigen, fruchtbaren Löss-Ebenen im Gebiet des Gelben Flusses. Europa war hingegen die meiste Zeit ein Reich der Ränder: In der Antike lagen die Zentren an seinem Südrand, entlang dem Mittelmeer. Im Zeitalter der Entdeckungen fielen die Entscheidungen an seinem Westrand, an den Küsten des Atlantiks. Und in der Hansezeit schlug erstmals die Stunde des europäischen Nordrands – der Städte im Einzugsbereich von Nord- und Ostsee.

Hamburg perfektioniert die Steuervermeidung

Die Gefahr, dass ihnen die Regierung die Geschäfte stören könnte, reduzierten die Kaufleute der norddeutschen Hansestädte auf ebenso einfache wie effiziente Weise: Sie regierten selbst. Landesherren oder gar Könige hatten weder in Hamburg noch in Lübeck etwas zu suchen. Hamburg schaffte es eine Zeit lang sogar, die Zahlung der Reichssteuern zu umgehen, die eigentlich mit dem Status der freien Reichsstadt verbunden waren – man gehöre ja eigentlich zum dänischen Territorium. Kamen allerdings die Dänen auf die Idee, von Hamburg Steuern zu verlangen, wurde ihnen ebenfalls die Tür gewiesen – schließlich gehöre Hamburg zum Heiligen Römischen Reich Deutscher Nation. Kaiser Maximilian I. beschwerte sich deshalb einmal, die Hamburger »wollten aus ihm wohl einen Waldesel machen«.

Von gelegentlichen Volksaufständen abgesehen, war die Stadtverwaltung über Jahrhunderte fest in der Hand der Kaufleute. Zwischen den Interessen der Stadt und den Interessen der Wirtschaft gab es damit schlicht keinen Unterschied.

Nun kann man prinzipiell dagegen sein, dass Gesellschaftsordnungen nach den Bedürfnissen der Wirtschaft konstruiert werden, weil damit das Trachten nach materiellen Werten, nach Geld eben, quasi staatlich genehmigt werde, das Streben nach inneren Werten wie Glück und Liebe aber zu kurz komme. Eine solche Einstellung ist sicher moralisch gesehen ehrenwert, doch hat sich gezeigt, dass Ordnungen, die den Bedürfnissen der Wirtschaft zuwiderlaufen, nicht lange halten – es sei denn, sie sind wie im Falle Roms auf eine überlegene Militärmaschinerie gestützt.

Faktisch orientieren sich Ordnungen nicht einfach an den Bedürfnissen der Wirtschaft (sie werden auch gerne die Verwertungsinteressen des Kapitals genannt), sondern an den Bedürfnissen *eines Teils* der Wirtschaft, also an den Verwertungsinteressen *einiger* Kapitalisten. Dabei können strukturkonservative Ordnungen herauskommen, wie sie zum mittelalterlichen Zunftwesen oder zur realsozialistischen Planwirtschaft passen, aber auch dynamische à la Silicon Valley. Es können Staaten um einzelne Produktionsunternehmen herum aufgebaut werden, wie Honduras um die United Fruit Company, oder als Marketingmaschinen fungieren, wie in Monaco.

Es geht also darum, an welchem Teil der Wirtschaft sich eine Gesellschaftsordnung orientiert. Besonders er- und einträglich ist es für alle Seiten, wenn der genannte Teil, so wie im Fall der Hanse, der Fernhandel ist. Denn diese Branche floriert am besten,

- wenn es überall leistungsfähige Industrien gibt, die an den Kernkompetenzen der eigenen Länder oder Regionen ansetzen und somit einen Austausch unter den Regionen ermöglichen;
- wenn Arbeitsteiligkeit und Offenheit vorherrschen, weil dadurch eine Steigerung der Produktivität und eine dynamische Entwicklung möglich werden, und

◇ wenn überall nicht nur Angebot, sondern auch Nachfrage existiert. Denn obwohl, einer alten Händlerregel zufolge, der Gewinn im Einkauf liegt: Realisiert werden kann er erst im Verkauf, und verkaufen kann man nur, wo Kaufkraft vorhanden ist.

So machten damals weder Hamburg noch Lübeck, weder Nowgorod noch Bergen noch Brügge den Eindruck, als seien sie mit der Hanse schlecht gefahren. In einer Zeit ohne funktionierende staatliche Ordnung produzierte die Hanse nicht nur Wohlstand, sondern auch Stabilität. Was sie hingegen nicht produzierte, waren einzelne, herausragende Reichtümer. Reiche Hansekaufleute besaßen im 15. Jahrhundert ein Vermögen von 20 000 bis 40 000 Mark Lübische, vergleichbar mit 1 bis 2 Millionen Euro heute. Aber keiner stach aus der Gruppe dieser einfachen Millionäre hervor. Dabei spielte sicher die egalitäre Gesinnung der Hanseaten eine Rolle; aber es gehört auch zu den Konstruktionsmerkmalen einer auf Fernhandel ausgerichteten Wirtschaft, dass sie Reichtum fördert, Superreichtum hingegen verhindert. Denn die einträglichste unternehmerische Strategie, die Schaffung eines Monopols, war unter dem Dach der Hanse nicht möglich – die Hanse selbst war das Monopol. Sie bot den Rahmen, innerhalb dessen die Kaufleute geschützt vor Konkurrenten von außen agieren konnten. Als Preis dafür mussten die hansischen Kaufleute die Konkurrenz von innen, also von anderen hansischen Kaufleuten, akzeptieren.

Die schärfste Waffe war der Handelsboykott

Während andere Kaufmannsrepubliken, wie zum Beispiel Milet, schon bald unter das Joch einer benachbarten Großmacht kamen, blieb die Hanse zu Wasser und zu Lande unbesiegt. Zu echten kriegerischen Auseinandersetzungen kam es dabei nur selten: 1402 besiegte die Hanse die in der Ostsee ihr Unwesen treibenden Seeräuber Klaus Störtebeker und Godeke Michels. 1426 erklärte der Städtebund dem Dänenkönig Erich den

Krieg, weil der es gewagt hatte, von den Hanseschiffen Zoll für die Durchfahrt durch den Sund zu verlangen.

Die schärfste Waffe der Hanse war jedoch der Handelsboykott. Gegen Brügge musste er gleich mehrmals verhängt werden, weil diese Stadt, anders als die meisten übrigen Handelspartner, auch stark von nicht hanseatischen Händlern frequentiert wurde und deshalb immer wieder auf die Idee kam, die Privilegien der Norddeutschen zu beschneiden. Die Hanse verlegte deshalb erstmals 1358 ihr Kontor von Brügge ins nahe gelegene Dordrecht und verbot allen Mitgliedern, Brügge anzusteuern – nach zwei Jahren gab die Stadt klein bei.

Das Ende der Hanse war ebenso außergewöhnlich wie die gesamte Existenz dieses Reiches ohne Grenzen: kein verlorener Krieg, keine feierliche oder erzwungene Auflösung – sie ist sanft entschlafen. 1669 trafen sich gerade noch neun Delegierte zum Hansetag in Lübeck, gingen ohne Ergebnis wieder auseinander, und niemand machte sich danach mehr die Mühe, noch einmal die Hansestädte zusammenzurufen. Es gibt eine ganze Reihe von Gründen, die erst zum Niedergang und dann zum Ende der Hanse führten:

- das Erstarken der Nationalstaaten, die es sich im 16. Jahrhundert einer nach dem anderen leisten konnten, die Privilegien der Hanse einzukassieren;
- der Ausfall Nowgorods und der baltischen Städte nach der Eroberung durch Russland beziehungsweise Schweden;
- die religiöse Spaltung der Hansestädte nach der Reformation sowie
- die Verlagerung der Handelsströme nach der Entdeckung Amerikas.

All das scheinen spezifische Ereignisse zu sein, die dieser spezifischen Kaufmannsrepublik ein Ende bereiteten. Doch nachdem wir gerade noch die Konstruktion einer auf Fernhandel ausgerichteten Gesellschaft als besonders wohlstandsfördernd hervorgehoben haben, müssen wir nun eingestehen, dass eine allein hierauf aufgebaute Gesellschaft nur eine begrenzte Lebensdauer hat. Denn sie weist eine große Schwäche auf: Sie fesselt die Menschen nicht. Ökonomische Prosperität wurde zu allen Zeiten von den Menschen gerne mitgenommen. Aber man kann sich darüber nicht die Köpfe heiß reden. Sie ist viel zu vernünftig, als dass man sich darüber wirklich streiten könnte. Ökonomische Prosperität kann deshalb nur zum obersten Ziel einer Gesellschaftsordnung werden, wenn diese Gesellschaft über keine wirklich brennenden Fragen zu entscheiden hat. Gegen die Sprengkraft, die eine nationale Aufwallung oder gar ein religiöser Konflikt entwickelt, kann sich ein Konzept der ökonomischen Vernunft nicht behaupten.

So bleibt zuletzt nur ein Grund für die Schwächung der Hanse, der nichts mit ihrem Ökonomismus zu tun hat: die Verlagerung der Heringsströme. Denn das Handelsgut, das im zwölften Jahrhundert den Grundstein zum Aufstieg der Hanse gelegt hatte, ging ihr im 16. Jahrhundert verloren – die Heringe verlegten ihre Laichplätze aus der Ost- in die Nordsee.

Von Klaus Störtebeker bis Pablo Escobar: die Räuberbarone

Im Sonntagsstaat zum Scharfrichter

Der Angeklagte plädierte auf »nicht schuldig«. Er habe doch nur als »tapferer Kämpfer« das Faustrecht zur See ausgeübt, genau das, was sich zu Lande die Rittersleut »zur Ehre anrechnen«. Und als Ziel für seine Kämpfe habe er sich immer nur das ausgesucht, was »mit Krämergeist errafft« worden sei. Mancherorts wäre Klaus Störtebeker mit dieser Verteidigungslinie freigesprochen worden. Doch das Gericht, vor dem er sich 1402 verteidigte, hatte seinen Sitz in Hamburg und war damit fest in der Hand jener Krämer, denen Störtebeker in den Jahren zuvor so ausgiebig die Profite verdorben hatte. Und so war an dem Todesurteil für ihn und seine 150 »Vitalienbrüder« von vornherein nicht zu zweifeln.

Immerhin: So ganz unbeeindruckt ließ der stolze Seeräuber die Hamburger nicht. Anstatt ihn wie einen gewöhnlichen Schwerverbrecher in Ketten gefesselt zum Hinrichtungsplatz zu schleifen, erfüllten sie ihm seinen letzten Wunsch, im Sonntagsstaat zum Richtblock laufen zu dürfen. »Sauber und prächtig angezogen in seidenen Wämsern, Schuhen und Hüten« marschierten die Piraten zum Richtplatz, von Trommlern und Pfeifern geführt und schließlich vom zweischneidigen Schwert des Henkers enthauptet.

Wollten wir dem Fugger-Buchhalter Matthäus Schwarz folgen, hätte Klaus Störtebeker nicht so ganz Unrecht: »Gewinn ist höflich gestohlen«, meinte der oberste Zahlenknecht des reichsten deutschen Kaufmanns an der Schwelle zur Neuzeit. Dann wären, im Umkehrschluss, ein Pirat wie Klaus Störtebeker oder ein Raubritter wie Götz von Berlichingen nur besonders unhöfliche Kaufleute. Geschäftsmänner, die nicht wie sonst üblich in den Wareneinkauf investierten, sondern in die Bewaffnung ihrer Truppen.

Wir sträuben uns gegen eine solche Sichtweise. Schließlich fehlt den Handlungen eines Raubritters ein zentrales Element, das die Kaufleute zu allen Zeiten ausgezeichnet hat: die Freiwilligkeit des Tausches. Ein Handel findet definitionsgemäß nur statt, wenn beide Seiten sich davon einen Vorteil versprechen. Die Grenze zwischen Räuber und Kaufmann ist also scheinbar klar gezogen – ebenso wie die Grenze zwischen dem Räuber und, sagen wir, dem Steuereintreiber, da dieser im staatlichen Auftrag unterwegs ist und seine Einnahmen, die in den Staatshaushalt fließen, letztlich wieder den Staatsbürgern zugute kommen.

Doch ganz so einfach, wie sich die Abgrenzung aus heutiger Sicht und in einem funktionsfähigen Rechtsstaat darstellt, ist sie beileibe nicht. Denn sowohl in der historischen als auch in der aktuellen Perspektive sind die Übergänge zwischen ordentlicher ökonomischer oder staatlicher Aktivität und unordentlichem Räubertum reichlich fließend:

- ◇ In vielen Regionen war beziehungsweise ist es strittig, welche staatliche Autorität dort überhaupt gilt, weil sie von mehreren Autoritäten beansprucht werden oder von keiner, weil sich die Bewohner von der Zentralgewalt losgesagt haben oder weil die Zentralgewalt gar nicht bis in diese Regionen reicht. Ist ein paschtunischer Warlord im Süden Afghanistans nun ein simpler Räuberhauptmann oder die afghanische Variante dessen, was andernorts Föderalismus heißt? Hatte Götz von Berlichingen ein Recht darauf, den durch sein Gebiet reisenden Kaufleuten einen Wegezoll abzuverlangen? Konnte sich Robin Hood darauf berufen, im Sinne des legitimen, nur leider gerade im Ausland gefangenen Herrschers Richard Löwenherz zu handeln?
- ◇ Die Freiwilligkeit, die jedem Handel zugrunde liegen sollte, ist ein dehnbarer Begriff. Wenn in der tiefsten indischen Provinz der einzige Geldverleiher weit und breit die Zinsen so hoch ansetzt, dass den Bauern von ihrer Arbeit nur genug für das nackte Überleben bleibt, ist er dann ein Räuber oder ein Bankier? Und wenn die Hanse jeden, der ihre Privile-

gien beschneiden wollte, mit einem Handelsboykott oder gar mit einem Krieg zur Räson brachte, kann von Freiwilligkeit auch keine Rede sein.

◇ Ein Handel, den zwei Parteien zum gegenseitigen Vorteil abschließen, geht oft auf Kosten Dritter. Wenn diese sich dagegen wehren: Kämpfen sie dann für soziale Gerechtigkeit oder gegen Recht und Gesetz?

Vor allem aber haben immer wieder Herrscher räuberisches Verhalten ihrer Untertanen toleriert oder gar bewusst gefördert, wenn sie sich davon einen Vorteil versprachen. Das Steuersystem der römischen Republik beispielsweise war, wie schon gesehen, ein zumindest halbräuberisches System. Ein Steuerpächter oder ein Gouverneur in den Provinzen, der direkt in seine private Kasse wirtschaftete, unterschied sich von den damals üblichen Räubern in erster Linie dadurch, dass seinen Forderungen bei Bedarf die römische Militärmacht Nachdruck verlieh. Verklagen konnte man ihn wegen seiner Exzesse erst nach Ablauf seiner Amtszeit – aber das kam so häufig vor, dass es in Rom dafür einen eigenen Gerichtshof gab.

Der Börsenboss finanziert den Kaperkapitän Francis Drake

Einen neuen Höhepunkt erreichte die Symbiose zwischen Banditentum und Finanzpolitik im England der Frühen Neuzeit. Denn genau das, was Störtebeker den Kopf gekostet hatte, die Seeräuberei, wurde im 16. Jahrhundert eines der wirksamsten Instrumente englischer Wirtschaftspolitik. Die Spanier, die Portugiesen und die Holländer beherrschten die Weltmeere, England musste sich im Verdrängungswettbewerb durchsetzen, wenn es diese Staaten ein- oder überholen wollte, und verfiel hierzu auf die Förderung des Piratentums durch die Ausgabe von Kaperbriefen. Diese enthielten die Genehmigung, Schiffe aller Nationen aufzubringen und auszurauben – außer natürlich die englischen. Als Gegenleistung mussten die Kaperkapitäne die Krone an den Erträgen ihrer Raubzüge beteiligen. Auf diese Weise legalisiert, konnten die Seeräuber sogar eine ordentliche Vorfinanzierung für ihre Projekte erhalten.

Besonders gut gelang dieses Zusammenspiel zwischen Sir Thomas Gresham und Francis Drake. Gresham war der Begründer der Londoner Börse und trug den Titel eines »königlichen Kaufmanns«, Drake (1540 – 1596) war ein aufstrebender Kapitän, der auf sich aufmerksam machte, als er mit nur 80 Mann und zwei Schiffen den Hafen Nombre de Dios einnahm und ratzekahl ausplünderte. Das war genau der richtige Mann für den großen Coup. Gresham suchte sich Partner und brachte genug Kapital auf, um Drake mit erstklassigen Schiffen und einer ebensolchen Mannschaft auszurüsten. Über den Leiter der geheimen Kanzlei der Königin, auch einer der Investoren, bekam Francis Drake den Kaperbrief und machte sich auf große Fahrt.

Auf allen Weltmeeren lauerte er von da an in erster Linie spanischen Schiffen auf, und vor allem natürlich den Gold- und Silbertransporten. Als er nach drei Jahren und einer Erdumsegelung 1580 wieder nach London kam, erhielten die Teilhaber für jeweils 100 investierte Pfund 4700 Pfund ausbezahlt – nach Abzug der Beuteanteile für Königin, Kapitän und Besatzung, versteht sich. Auf seinen nächsten Raubzug konnte Drake schon als »Sir« gehen: Königin Elisabeth I. hatte ihn für seine Verdienste um das Vaterland zum Ritter geschlagen. Am Sieg über die spanische Armada 1588 war er schon als Admiral beteiligt, also als einer der ranghöchsten Offiziere der englischen Flotte.

Die Legendenwelt der meisten Staaten ist voll von solchen schillernden Figuren zwischen Verbrecher und Volksheld: Robin Hood in England, Schinderhannes in Deutschland, Fra Diavolo in Italien, Billy the Kid in den USA, Zorro in Mexiko, um nur einige Namen zu nennen. Erwiesen ist jeweils, dass sie ihre Beute von den Reichen genommen haben – von wem auch sonst? Weit weniger zahlreich sind natürlich die Beweise dafür, dass sie ihre Beute mit den Armen geteilt hätten. Aber auch ohne derartige philanthropische Anwandlungen erzielten sie mit ihren Raubzügen eben diesen umverteilenden Effekt. Denn ein richtiger Räuber vergräbt seine Schätze nicht bei Vollmond unter einer alten Eiche, sondern gibt das Geld mit vollen Händen aus, schließlich kann morgen schon alles vorbei sein. Von dieser zusätzlichen Kaufkraft profitieren die örtlichen

Händler und Gastronomen, und da sich die Räuberscharen üblicherweise an äußerst abgelegenen und ärmlichen Orten aufhalten, wird die Beute, wenn schon nicht den Armen gegeben, so doch bei den Armen ausgegeben.

Reichtümer jedoch sammeln Räuberbanden nur an, wenn sie nicht damit rechnen müssen, am nächsten Tag schon auf dem Schafott zu landen. Erst dann gibt es einen Anreiz, die Beute nicht sofort zu verprassen, sondern in den Aufbau von Strukturen und Infrastrukturen zu investieren. Diese Räuberbarone müssen dafür also einen eigenen Staat haben oder zumindest einen Staat im Staate, in dem sie im Großen und Ganzen ungefährdet agieren können.

Henry Morgans einmalige Karriere: vom Superpiraten zum Vizegouverneur

In der ganzen Welt berüchtigt war die Piratenrepublik in der Karibik. Etwa ab 1580 agierten dort mehr als 100 Jahre lang ganze Flotten von Seeräubern. Es gab reiche Beute – vor allem spanische Galeonen, die Gold und Silber aus Amerika nach Europa transportieren sollten. Aber auch die Küstenstädte blieben nicht ungeschoren. So überfiel der Holländer van Horn mit 5200 Mann die mexikanische Hafenstadt Veracruz und plünderte sie restlos aus. Der Franzose François Lolonnois verwüstete auf einem seiner Streifzüge das gesamte Küstengebiet der Bucht von Honduras.

Zudem herrschte kein Personalmangel, denn in der Neuen Welt gab es gescheiterte Glücksritter und entlaufene Sklaven zuhauf, die mit Freuden bei den Piraten anheuerten. Die staatlichen Autoritäten waren schwach und zum Teil durchaus geneigt, mithilfe der Seeräuber ihre politischen Gegner zu schwächen. Van Horn etwa hatte seine Karriere mit einem Kaperbrief der französischen Seefahrtsbehörde begonnen, dann aber so sehr Freude an seiner Tätigkeit gefunden, dass er auch französische Schiffe nicht mehr verschonte.

Den umgekehrten Weg beschritt der bekannteste der karibischen Piraten, Henry Morgan (1635–1688). Der aus Wales stammende Morgan hatte neben seiner klassischen Seeräubertätigkeit auch Landüberfälle als Spezialität. Sein größter Erfolg dabei war die Eroberung und Einäscherung der Stadt Panama sowie die völlige Vernichtung der dort stationierten spanischen Truppen. Die spanischen Gouverneure der Inseln Kuba und Hispaniola erklärten ihm förmlich den Krieg und verhandelten später mit ihm über Frieden.

Nach Kräften gefördert wurde er hingegen von dem englischen Gouverneur der Insel Jamaika, Thomas Modyford: Wer gegen die Spanier war, war für England – und wenn Morgan und seine Flotte von Zeit zu Zeit in Jamaika Station machten, um hier ihre Schiffe instand zu setzen und die Beute zu verprassen, konnte das auch nicht schaden. 1671 kam Morgan ganz nach Jamaika. Ohne seine Kumpane, aber mit einem riesigen Vermögen. Der Gouverneur ernannte ihn zu seinem Stellvertreter, ein Posten, den Morgan noch 17 Jahre bis zu seinem Tod innehatte. Besondere Verdienste erwarb er sich bei der Verfolgung der Piraten – und wurde deshalb in den Ritterstand erhoben.

Siziliens Schattenregierung erobert die US-Unterwelt

Das bekannteste zeitgenössische Beispiel für einen solchen Staat im Staat ist die sizilianische Mafia. Aus einer mittelalterlichen Geheimgesellschaft für gegenseitige Hilfe entstanden, agierte sie seit der italienischen Staatsgründung 1860/61 als Parallelregierung der Insel. Mochten die Zentren des Landes, mochten Rom, Mailand, Turin und Venedig auf die Kräfte von Markt und Gesetz vertrauen – Sizilien vertraute auf die Macht von Familie und Tradition. Die Mafia sorgte für Sicherheit (wenn man genügend Schutzgeld bezahlte), sie schaffte Ordnung und Arbeitsplätze. Sowohl das eine als auch das andere bewegten sich zwar weitgehend außerhalb des Rahmens staatlicher Gesetze, aber da die Mafia ihre eigenen Gesetze hatte, fiel das nicht weiter ins Gewicht.

Da nicht nur Sizilien, sondern der gesamte Süden des neuen Staates weitgehend sich selbst überlassen blieb, bildeten sich in Kampanien, Kalabrien und Apulien ähnliche Ordnungsstrukturen heraus, die die Ausführung besonders profitabler, weil illegaler Aktivitäten ermöglichten: Waffen-, Drogen- und Alkoholschmuggel, Prostitution und Glücksspiel, all das eben, was gesellschaftlich geächtet ist.

Zu Weltruhm brachten es die Mafiosi jedoch erst, als sie ihre in der Provinz so erfolgreiche Organisation in die fortschrittlichsten Metropolen der Welt exportierten – nach New York und Chicago. In den Zwanzigerjahren des 20. Jahrhunderts waren sie zur rechten Zeit am rechten Platz, als in den USA eine der zentralen abendländischen Kulturtechniken gesetzlich verboten wurde: das gemeinschaftliche Konsumieren alkoholischer Getränke. Sowohl Al Capone als auch Lucky Luciano schossen sich in dieser Zeit der Prohibition den Weg an die Spitze frei und landeten im Gefängnis, als nach der Aufhebung des Alkoholverbots in den USA die Vergnügungsviertel aus dem Untergrund wieder an die legale Oberfläche zurückkehrten. Al Capone sollte den neuerlichen Aufschwung der Organisation nach dem Zweiten Weltkrieg nicht mehr erleben: Er starb 1947 an Herzinfarkt. Aber Lucky Luciano war noch einmal an führender Stelle dabei, als ein Weltmarkt für Drogenhandel etabliert wurde.

Die Mafiabosse konnten sich jedoch nie lang genug eines Platzes an der Spitze der Organisation erfreuen. Die Vielzahl miteinander rivalisierender Familien – und hin und wieder sogar ein polizeilicher Fahndungserfolg – führte zu einem so häufigen Machtwechsel, dass sich die Höhe der individuell angesammelten Reichtümer in Grenzen hielt. Zudem brachte gerade die Globalisierung des Verbrechens, die vor allem vom Drogen- und vom Waffenhandel ausgelöst wurde, die Mafia unter Druck: Die Untergrundkartelle anderer Kulturkreise traten zu denen Süditaliens in Konkurrenz. Ein blutiger Kampf um Weltmarktanteile entbrannte, und kein Kartellamt war da, um die Spielregeln des Wettbewerbs zu definieren.

Pablo Escobar: Kolumbiens Kokainkonzern-Schmied

Einer der wichtigsten dieser Konkurrenten etablierte sich im kolumbianischen Medellín. Dort wurden ab Anfang der Siebzigerjahre Herstellung und Vertrieb eines weltweit ebenso begehrten wie verbotenen Produkts organisiert: Kokain. Und an der Spitze der Organisation stand eine einzige Person, Pablo Escobar (1949–1993), den das weiße Pulver im Jahr 1989 auf Platz sieben der *Forbes*-Rangliste der reichsten Menschen der Welt katapultierte. Er hatte erkannt, dass sich für die Erzeugnisse aus der traditionell in Kolumbien angebauten Kokapflanze ein schnell wachsender Weltmarkt bildete – und dass die Profite umso stattlicher würden, je größere Teile der Wertschöpfungskette unter einem Dach zusammenfielen. Escobar errichtete ein Vielzahl von Kokainlabors in und um Medellín und brachte den pflanzlichen Rohstoff mit einem einfachen Trick unter seine Kontrolle: Er zahlte den Kokabauern doppelt so viel wie seine Konkurrenten. Die Refinanzierung für diese Investition erfolgte durch den Aufbau einer Vertriebsorganisation, die über Zwischenstationen in der Karibik und in Mexiko den US-Markt eroberte, das wichtigste Kokainabsatzgebiet der Welt.

Auf diese Weise kamen große Teile Kolumbiens unter Pablo Escobars Einfluss (und es wäre für die dort ebenfalls ansässigen staatlichen Organe äußerst ungesund gewesen, sich diesem Einfluss zu widersetzen). Und die meisten Bewohner profitierten davon, denn die Gewinne aus dem Kokainexport wurden wiederum größtenteils in Kolumbien investiert und zum Teil sogar zugunsten der Unterschichten Medellíns gespendet. Das Robin-Hood-Image, das Escobar sich aufbaute, brachte ihm 1982 sogar die Wahl zum Parlamentsabgeordneten ein.

Anders als der Handel mit Opium und Haschisch aus Asien war der Welthandel mit Kokain eine vergleichsweise neue Branche. Zwar galt Kokain schon in den Zwanzigerjahren des vorigen Jahrhunderts als Schickeria-Stimulans, und bereits Sherlock Holmes spritzte sich Kokain, wenn er gerade keinen Kriminalfall hatte, der ihm Nervennahrung gab, aber der Handel mit dem Pulver aus dem Kokastrauch war eher kleingewerblich organisiert. Doch dann entwickelte sich Kokain zur Modedroge der amerikanischen Yuppies: »In Los Angeles und New York ist eine Prise Kokain jetzt de rigueur, so wie Dom Pérignon und Belugakaviar«, schrieb das US-Magazin *Newsweek* im Mai 1977. »Einige Partygastgeber reichen es auf Silbertabletts herum … es erzeugt ein Gefühl von Potenz, Selbstvertrauen und Energie.«

Die massenhafte Nachfrage, die solche Artikel mehr auslösten als beschrieben, verlangte geradezu nach einer Industrialisierung der Branche. Escobar erhörte den Ruf. Mit den Kokabossen Gacha, Ochoa und Carlos Lehder formte er 1981/82 das Medellín-Kartell, eine Art OPEC für Kokain, und durch einen Deal mit Panamas Staatschef Noriega sicherte er den Transportweg: Für jeden Kokaintransport durch sein Land kassierte Noriega 100 000 Dollar.

England kämpfte für den Opiumhandel, die USA gegen die Kokabosse

Sein Produkt, das Kokain, hätte durchaus das Potenzial gehabt, Escobar bis ganz an die Spitze der Weltrangliste für Reichtum zu bringen. Stark steigendes Marktvolumen, hohe und stabile Gewinnspannen sowie ebenso zweifelhafte wie effektive Methoden, die Konkurrenz auszuschalten, zeichneten sein Geschäftsmodell aus. Anderthalb Jahrhunderte zuvor waren die Illegalität und das Suchtpotenzial von Rauschgift noch kein Problem gewesen. Als der südchinesische Provinzgouverneur Lin Tse-su 1839 im Hafen von Kanton 19 179 Kisten und 2119 Säcke voller Opium verbrennen ließ, nahm England dies zum Anlass, den Chinesen den Krieg zu erklären: Wie konnte auch der Kaiser von China auf die Idee kommen, er dürfe ein Produkt verbieten, mit dem englische Händler sein Reich überschwemmten? 1842, beim Friedensschluss, erhielt England Hongkong und Kanton und behielt das Recht, in China nach Belieben Opium zu verkaufen.

1842 zwangen die Engländer den Chinesen ihre Gesetze auf, 1981 die

USA den Kolumbianern. Pech für Pablo Escobar. Denn völlig gegen alle völkerrechtlichen Normen gestand Kolumbien zu, des Drogenhandels verdächtige Landsleute an die USA auszuliefern. Die kolumbianischen Drogenbosse machte diese Regel so nervös, dass sie sich schließlich bereit erklärten, sich zu ergeben – wenn sie in einem kolumbianischen Gefängnis inhaftiert würden. Im September 1990 ergaben sich die Ochoa-Brüder, im Juni 1991 auch Escobar. Nach einigen Monaten in einem von ihm selbst gebauten Privatgefängnis floh er und wurde schließlich im Dezember 1993 in Medellín erschossen: Mit technischer Unterstützung der USA war es gelungen, ihn zu lokalisieren, als er gerade bei einem Radiosender anrief, um sich über die ungerechte Behandlung seiner Familie zu beschweren.

Timur: »70 000 Schädel brachte Isfahan …«

Auf der Suche nach einem Räuberbaron, der es geschafft hat, zum reichsten Menschen seiner Zeit zu werden, müssen wir den Blick von den Anden zum Himalaya wenden und vom 20. ins 14. Jahrhundert zurückgehen – zu dem 1336 in der Nähe von Samarkand (Usbekistan) geborenen Turkmenen Timur. Mit 17 bereits wusste er, »dass es keine Person auf Erden gibt, die mir überlegen ist, und keine Schwierigkeit, die ich nicht meistern kann. So wusste ich auch, dass mich Gottes Wille zur Herrschaft über die Welt berufen hatte.« Tatsächlich jedoch betrachtete er, der sich als Nachkomme Dschingis Khans ausgab, es in der Folge nicht so sehr als seine Aufgabe, die Welt zu beherrschen, sondern sie zu zerstören. »Wahrlich, wohin ein König auch kommt, ruiniert er das Land«, schrieb Timur, und in dieser Beziehung war er der König der Könige. Von Litauen im Westen über Ägypten im Süden bis nach Delhi, der damals reichsten Stadt Indiens, reicht die Spur der Verwüstung, die seine Horden hinterließen. Die Städte: dem Erdboden gleichgemacht. Ihre Bewohner: Frauen und Kinder versklavt, die Männer geköpft. Die Gesamtzahl seiner Opfer wird auf 7 Millionen Menschen geschätzt. »70 000 Schädel brachte Isfahan,

45 000 Schiras, 53 000 Täbris«, verzeichnet Timurs eigene Chronik über eine seiner Verheerungen Persiens. Die Perser beteten zu Allah, wenn er sie unbedingt strafen wolle, solle er einen Heuschreckenschwarm schicken, aber bitte nicht Timur.

Doch auch Beten half nichts. Von 1382 bis in sein Todesjahr 1405 schien Timur darauf aus zu sein, jede Stadt zu zerstören, deren er habhaft werden konnte. Außer Samarkand natürlich, seine Residenzstadt an der altehrwürdigen Seidenstraße. Die Beute, soweit sie nicht an die Soldaten fiel, kam nach Samarkand. Ebenfalls dorthin schickte er die Künstler und Kunsthandwerker aus den zerstörten Städten, denn diese Berufszweige waren von dem sonst üblichen Blutbad ausdrücklich ausgenommen.

Wie er bei der Planung seiner Raubzüge vorging, hat Timur selbst in seinen Memoiren sehr anschaulich am Beispiel Indiens geschildert, das er 1398/99 heimsuchte. Bei den vorangegangenen Debatten im Kriegsrat hatte sich sein Enkel Pir Mohammed für Indien als nächstes Ziel ausgesprochen: »Indien ist voll von Gold und Juwelen; sein Herrscher besitzt 17 Goldbergwerke, etliche für Silber, Diamanten, Rubine und Smaragde, ferner für Zinn, Eisen, Kupfer und Quecksilber. Es ist also der Wille des Propheten, dafür einen Glaubenskrieg zu führen.« Dass Indien damals ein muslimisches Land war, für einen Glaubenskrieg also kein Anlass bestand, störte Timur angesichts der Zahlen wenig. »Mein Finanzminister bestätigte mir, dass der Jahresertrag Indiens sechs Arb betrage, und nun ist ein Arb 100 Kror und jedes Kror 100 Lakhs, ein Lakh aber 100 000 Tola Silber.« Ein Tola Silber entsprach 11,6 Gramm, der Jahresertrag Indiens wurde also auf 70 000 Tonnen Silber geschätzt. Zum Vergleich: Das bis dahin größte Privatvermögen der Welt, das von Julius Cäsar, belief sich auf nicht einmal ein Zwanzigstel davon.

Doch die Rechnung mit dem Jahresertrag hatte einen Haken, auf den im Kriegsrat hingewiesen wurde – sie klang so, als ob die Kuh gemolken, aber nicht geschlachtet werden sollte: »Wenn wir uns in Indien häuslich niederlassen, wird unsere Rasse degenerieren, und nach einigen Generationen werden unsere Kinder wie die Einheimischen sein.« In der Tat ein typischer Verlauf, wenn wilde Steppenvölker eine alte Kulturnation überrannten. Aber nicht bei Timur: »Wir wollen doch nur eine Expedition gegen die Ungläubigen Indiens unternehmen. Auf diese Weise werden wir Gott wohlgefällige Glaubensstreiter und streichen nebenbei als natürlichen Tribut die Reichtümer dieses Erdteils ein.«

Drei Kilo Edelsteine für jeden Gast der Siegesfeier

Und so geschah es. Man kann zwar davon ausgehen, dass Timur nur einen Teil des potenziellen Ertrags tatsächlich aus Indien herausholte. Außerdem dürfte der größte Teil davon unter seinen Truppen verteilt worden sein, den von ihm selbst so benannten Moguln (auf die wir noch zurückkommen werden). Aber für Timur blieb jedenfalls genug übrig: Als er 1404 zwei Monate lang in Samarkand seine gesammelten Eroberungen feierte, gab er jedem der Botschafter, die von den noch verbliebenen Königshöfen der Welt entsandt worden waren, zum Abschied einen drei Kilogramm schweren Sack voller Edelsteine mit auf den Weg.

Viele Kriege haben verbrannte Erde hinterlassen. Aber nicht in den Dimensionen wie bei Timur. Die über Jahrtausende gewachsenen Strukturen im Mittleren Osten und in Zentralasien waren so gründlich vernichtet, dass es mehrere Generationen dauerte, um sie wieder notdürftig zum Leben zu erwecken. Besonders folgenreich war die faktische Zerstörung der längsten Handelsroute der Welt – der Seidenstraße. Für die Händler aus Europa war damit der Landweg nach Indien und China blockiert oder zumindest extrem erschwert, schon ein halbes Jahrhundert, bevor 1453 mit der Eroberung von Konstantinopel durch die Türken auch der letzte Brückenkopf auf dem Weg nach Asien fiel.

Dies galt zwar im Prinzip auch für den umgekehrten Weg, den Landweg von China oder Indien nach Europa. Aber das fiel nicht weiter ins Gewicht: Was hatten die Europäer schließlich, das für die Inder so wichtig gewesen wäre wie umgekehrt die indischen Gewürze für die Europäer? Für die asiatischen Hochkulturen, soweit sie der Zerstörung entgingen, war die Blockierung der Seidenstraße kein Grund zur Sorge. Für die Europäer bildete sie einen der wichtigsten Anlässe, um über neue Handelswege nachzudenken. Als Alternative zum Landweg nach Indien bot sich der Seeweg an. Und um den zu finden, machten sich nun diejenigen auf, die geografisch dafür am besten geeignet waren: die Spanier und die Portugiesen.

Hätte also Timur nicht halb Asien zertrümmert, wäre es weit weniger wichtig gewesen, einen Seeweg nach Indien und China zu finden. Dann hätten die Portugiesen nicht über viele Jahre ihre besten Seeleute auf den Weg um Afrika herum geschickt, und die Spanier hätten nicht diesen merkwürdigen Genueser finanziert, der ihnen erzählen wollte, dass man am besten nach Osten kommt, indem man nach Westen segelt. Den Aufstieg Europas zur Weltmacht verdanken wir demnach nicht zuletzt dem Sohn eines turkmenischen Bürgermeisters aus einem Dorf im heutigen Usbekistan.

Conquista: die Lizenz zum Töten

Eine neue Welt – aber kein einziges Gewürz

Die Kalkulation des weit gereisten Admirals war ganz einfach:

Einkaufs- und Transportkosten für den jährlichen Versand von je 4000 Sklaven und 4000 Zentner Holz von Santo Domingo nach Sevilla: 6 Millionen Maravedi

Verkaufserlös: 40 Millionen Maravedi

Reingewinn: 34 Millionen Maravedi, also 85 Prozent des Erlöses, oder, in einer heute gern gebrauchten Kennzahl, 567 Prozent Rendite auf das eingesetzte Kapital.

Eine schier unglaubliche Rendite. Alles über 15 Prozent lässt heute die Augen der Börsianer leuchten, alles über 100 Prozent ist mit an Sicherheit grenzender Wahrscheinlichkeit gelogen. Doch die gut 500 Jahre alte Kalkulation für den Kolonialhandel dürfte in etwa der damaligen Realität entsprochen haben. Der Admiral musste es ja wissen, schließlich hatte er wenige Jahre zuvor praktisch den Kolonialhandel erfunden – denn er, Christoph Kolumbus, war es, der die Kolonien entdeckt hatte, die nun so profitabel ausgebeutet werden sollten.

Dass Kolumbus sich 1498, also sechs Jahre nach der vermeintlichen Entdeckung des Seewegs nach Indien, mit solchen Kalkulationen beschäftigte, zeigt allerdings, wie wenig die ursprünglich angestellte Rechnung aufgegangen war. Die Neue Welt, in die Kolumbus vorgestoßen war, bot kein einziges der Gewürze, die in Europa so begehrt und teuer waren. Sie bot auch sonst keine hochwertigen Handelswaren, die auf den heimischen Märkten für Begeisterung gesorgt hätten. Und sie stellte, bei Licht betrachtet, enttäuschend wenig Gold und Silber in Aussicht. Statt ergiebiger Adern da und dort ein paar oberflächliche Goldseifen, die bei gezielter Ausbeutung innerhalb weniger Jahre erschöpft sein würden. Von den gewaltigen Kupfer- und Silberlagerstätten in den Anden war zu diesem Zeitpunkt noch nichts bekannt.

Keine Spur also von den sagenhaften Schätzen Indiens, Chinas und des Goldlandes Zipangu (Japan), mit denen Kolumbus die spanischen Könige gelockt hatte, ihm die Reise nach Westen zu finanzieren. Sein Werben für die Exportgüter Holz und Sklaven war denn auch eher eine bemühte PR-Kampagne, um Kaufleute für den Handel mit der Neuen Welt zu interessieren. Vergebliche Liebesmüh: Wer den Weg von Europa nach Amerika auf sich nahm, wollte nicht kaufen oder verkaufen und schon gar nicht etwas tun für sein Geld – ohne Arbeit schnell reich werden, das war die Verlockung, mit der Amerika die vielen Hasardeure aus dem Abendland anzog.

Der profitabelste Vertrag aller Zeiten – auf dem Papier

Dem Entdecker selbst gelang das nicht. Er wurde um den größten Teil seines ausgehandelten Lohnes betrogen. Wenn Kolumbus tatsächlich das bekommen hätte, was ihm das spanische Königshaus vor Antritt seiner ersten Entdeckungsreise zugesichert hatte, wäre er für den Rest seines Lebens frei von Sorgen über irgendwelche Profitraten gewesen. Er hätte einfach nur kassiert. Die »Kapitulation von Granada«, in der am 17. April 1492 Kolumbus' Ansprüche aus den Erträgen der noch zu entdeckenden Gebiete festgelegt wurden, war – auf dem Papier – der wohl profitabelste Vertrag, den je ein Privatmann einem Staat abgerungen hat. Denn Kolumbus hatte für sämtliche neuen Gebiete Anspruch auf:

- die oberste Rechtsprechung zu Land (als Vizekönig) und zur See (als Admiral),
- das Vorschlagsrecht für alle in diesen Gebieten tätigen Beamten der spanischen Krone,

- die Hälfte aller Einnahmen, die der Krone aus den Erträgen der Kolonien zustanden, sowie
- ein Achtel aller Profite, die spanische Unternehmer aus diesen Kolonien erzielten.

Und das alles galt natürlich nicht nur auf Lebenszeit, sondern als erbliche Titel.

Der Krone stand das »Königsfünftel« zu, also 20 Prozent aller Gewinne der Hochseefahrer – die Hälfte davon entsprach demnach 10 Prozent des Gesamtgewinns. Von den verbleibenden Profiten (= 80 Prozent des Gesamtgewinns) ein weiteres Achtel macht noch einmal 10 Prozent des Gesamtgewinns. Die Bestechungssummen, die Kolumbus als oberstem Gerichtsherrn und Herrn über alle Beamtenkarrieren zugeflossen wären, sind mit weiteren 5 Prozent aller Erträge aus den Kolonien eher gering geschätzt. Summa summarum stand Kolumbus und seiner Familie damit mindestens ein Viertel aller Profite zu, die in den zu Spanien gehörenden Kolonien gemacht wurden!

Niemand hat jemals berechnet, wie viel Geld diese Ansprüche tatsächlich wert gewesen wären, wenn sich Ihre allerkatholischsten spanischen Majestäten über die Jahrhunderte daran gehalten hätten. Vielleicht noch nicht Kolumbus selbst, aber zumindest sein Sohn Diego wäre damit zum reichsten Mann der Welt geworden. Um eine kleine Vorstellung davon zu geben: Zwischen 1500 und 1520 wurden auf der Insel Hispaniola (die heutigen Staaten Haiti und Dominikanische Republik) etwa 700 Kilogramm Gold pro Jahr gefördert. Ziehen wir, sehr großzügig, davon 200 Kilogramm für die Unkosten und Verluste beim Transport ab, bleiben 500 Kilogramm Profit übrig. Allein von dieser einen Insel wären der Familie Kolumbus also mehr als 100 Kilogramm Gold pro Jahr zugeflossen, ohne dass jemand auch nur einen Handschlag dafür hätte tun müssen.

Leere Versprechungen für den Start-Upper

Natürlich kam es anders. Das spanische Königspaar Isabella und Ferdinand hatte vermutlich ohnehin niemals vor, sich an die Buchstaben der »Kapitulation von Granada« zu halten. Sie statteten, ganz wie heutige Risikokapitalgeber, den hoffnungsvollen Start-Upper mit gerade genug Geld und Vollmachten aus, damit er loslegen konnte – und ließen ihm erst einmal so viel finanziellen Anreiz, dass er sich frohgemut in das Wagnis stürzte, von dem alle Beteiligten profitieren sollten, bei dem aber nur Kolumbus sein Leben aufs Spiel setzte. Hätte er die Fahrt auf sich genommen, wenn er gewusst hätte, dass das spanische Königshaus ihm nur 2 Prozent des jenseits des Atlantiks geförderten Edelmetalls zahlen würde anstatt der vertraglich vereinbarten 20? Wohl kaum.

Aber es gab damals für einen Privatmann kein Mittel, einen Staat zur Einhaltung einmal gegebener Versprechen zu zwingen. 1536, 30 Jahre nach Kolumbus' Tod, verzichteten seine Erben nach langem juristischem Hin und Her endgültig auf alle Ansprüche aus dem Vertrag von 1492. Als Abfindung erhielten sie Leibrenten, die ihnen ein bequemes Leben in Wohlstand ermöglichten. Von dem Superreichtum, der ihnen laut Vertrag zugestanden hätte, träumten längst schon andere.

Die Methoden, dieses Ziel zu erreichen, waren immer die gleichen: Raub, Mord und Sklavenarbeit. Die verwegensten Abenteurer machten sich auf die Suche nach noch unentdeckten Indianerstämmen mit möglicherweise märchenhaften Goldschätzen, die Sesshafteren zwangen die Indianer zum Goldwaschen, und als es keine Indianer mehr gab, importierten sie Negersklaven.

Und wenn Kolumbus kein Gold mitgebracht hätte?

Gold, das unzerstörbare Edelmetall, das so viele Menschenleben auf dem Gewissen hat. Das Zauberwort, das erwachsene Männer zu Hunderttausenden in Eiswüsten, Dschungelhöllen und Schlammgruben lockte. Der

Treibstoff, der 1848/49 die Erschließung der amerikanischen Westküste um mindestens ein Jahrhundert beschleunigte – und im 16. Jahrhundert die Eroberung des amerikanischen Kontinents möglich machte.

Denn wer hätte sich auf den Weg nach Amerika gemacht, wenn Kolumbus auf seinen Reisen kein Gold gefunden hätte? Wäre er auf seinem ursprünglichen Kurs etwas weiter nördlich geblieben, hätte es ihn an die Küsten Floridas verschlagen – unwegsame und unbewohnte Gegenden ohne Gold. Der Seeweg nach Indien um die Südspitze Afrikas herum war gerade von den Portugiesen entdeckt worden. Er führte immer in der Nähe des Festlandes entlang, war also sicher und einfach zu steuern, und er führte genau zu dem erhofften Ziel: Indien. Wäre Kolumbus ohne Gold zurückgekehrt, die Aufregung über die neuen Kolonien hätte sich schnell gelegt, das Interesse sich anderen, vermeintlich lohnenderen Zielen zugewandt.

Für die Eroberung des neuen Kontinents war Spanien auf den Einsatz von Abenteurern angewiesen, die in der Heimat nichts mehr zu verlieren hatten und in der Fremde auf den Gewinn ihres Lebens hofften. Nur wenn eine neue Kolonie gleich hinter der bisherigen Grenze anfängt und weitgehend menschenleer ist, kann sie mit der Pflugschar erschlossen werden – so wie bei der von Deutschland ausgehenden Kolonisation Osteuropas im Hochmittelalter oder bei der Besiedlung der meisten Südseeinseln durch polynesische Seefahrer. Für alle anderen Fälle braucht man das Schwert und Menschen, die damit umgehen können. Diese wiederum brauchen die Aussicht auf reiche Beute. Und zwar auf glitzernde, greifbare, transportable Beute: Eine Kalkulation wie die von Kolumbus angestellte mag unternehmerisch denkende Menschen anziehen. Aber die setzen ihr Leben nicht im Kampf gegen Azteken aufs Spiel. Niemand setzt für so etwas wie »Rendite auf das eingesetzte Kapital« sein Leben ein. Aber verteufelt viele tun das für Gold.

Zwei der zu allem entschlossenen Abenteurer hatten tatsächlich Erfolg. Eine schlagkräftige Mischung aus Gier, Rücksichtslosigkeit, überlegener Waffentechnik und Glück brachte Hernán Cortés 1521 den Sieg über die mexikanischen Azteken und Francisco Pizarro 1532 den über die peruanischen Inka – die beiden ausgeprägtesten und damit reichsten Hochkulturen des Kontinents.

Der mysteriöse Aussetzer der Azteken

Cortés fiel der Erfolg nicht in den Schoß. Schließlich waren die Azteken ein kriegerisches, kampferprobtes Volk, das seine Siege vor allem dadurch zu feiern pflegte, dass den gefangenen Gegnern von den Priestern des Kriegsgottes Huitzilopochtli bei lebendigem Leib das Herz aus der Brust geschnitten wurde. Nachdem es eigentlich keine Kriege mehr zu führen gab, weil ganz Mexiko unterworfen war, erfanden die Azteken die »Blumenkriege« – als Krieg getarnte Menschenjagden, die dem Kriegsgott Nachschub liefern sollten.

Wir müssen deshalb nicht allzu viel Mitleid mit den von Cortés vernichteten Azteken haben. Einmal immerhin waren sie ganz nahe daran, die Spanier zu besiegen. Im Juni 1520 spitzte sich die Lage der 600 Mann starken spanischen Streitmacht in der aztekischen Hauptstadt Tenochtitlan zu. Die Spanier benahmen sich so sehr daneben, dass ihnen auch ihr Faustpfand, der als Geisel festgehaltene Herrscher Montezuma II., nichts mehr nutzte: Als er vom Balkon des spanischen Quartiers aus die aufgebrachte Bevölkerung beruhigen wollte, wurde er mit einem Steinhagel empfangen und getötet. Cortés entschloss sich zum Ausbruch aus der inmitten eines Sees gelegenen Stadt – bei dem in der Nacht zum 1. Juli 1520 mehr als die Hälfte seiner Truppen umkam und praktisch die gesamte Ausrüstung verloren ging. Hätten die Azteken den Resten dieses Heeres nachgesetzt, keiner der Spanier wäre aus ihrem Reich entkommen.

Sie setzten nicht nach, und niemand weiß warum. Als Cortés ein Jahr später mit massiv verstärkten Truppen wiederkam, vernichteten er und die ihm folgenden katholischen Priester innerhalb zweier Jahrzehnte die Elite und die Kultur der Azteken. Danach gab es niemanden mehr, der über die Zeit vor den Spaniern hätte berichten können, und die schriftlichen

Zeugnisse waren von eifernden Missionaren als heidnisches Machwerk verbrannt worden.

Zwei Räuber und ein Priester suchen das Gold des Südens

Die Eroberung Mexikos sorgte für Aufregung unter den spanischen Abenteurern. Was Cortés konnte, musste doch auch für jeden anderen möglich sein. Man brauchte nur eine ähnlich reiche Kultur wie die der Azteken (gerne etwas friedfertiger) und jemanden, der den Raubzug finanzierte. Und genau diesem Ziel diente der Vertrag, den zwei Räuber und ein Priester am 10. März 1526 in Panama schlossen. Francisco Pizarro und Diego de Almagro verpflichteten sich, eine Expedition in Richtung Süden durchzuführen, Seine Hochwürden Hernando de Luque organisierte die beachtliche Summe von 20 000 Goldpesos für die Finanzierung des Projekts.

Es gab vage Nachrichten über ein großes Indianerreich tief im Süden, und Pizarro schien der richtige Mann für dessen Entdeckung zu sein: Unter den ohnehin rauen und menschenverachtenden spanischen Bewohnern des damaligen Mittelamerika hatte er sich den Ruf erarbeitet, der verwegenste und unmenschlichste zu sein. Mit einer Schar von 160 Mann ging er auf Erkundungstour in Richtung Ecuador und kam mit sicheren Informationen darüber zurück, dass es dort ein großes Reich und damit ein lohnendes Ziel gebe.

Der Sonnengott liebte gelb glänzendes Metall

In der Tat: Für jeden, der davon erfuhr, musste das Inkareich so attraktiv erscheinen, wie es Gallien für Cäsar war – noch nie geplündert, die Edelmetallschätze leicht zugänglich, eine saftige Frucht am Baum der Weltkulturen. Die Masse der Bevölkerung lebte in Armut und arbeitete friedlich in einer typischen klassenlosen Gesellschaft: »Es gab keine Klassen, mit Ausnahme der Oberklasse.« (Wolf Schneider) Und was diese Oberklasse, also der Inka und seine Priester, von den erwirtschafteten Produkten nicht für Lebensunterhalt und Hofhaltung brauchte, wanderte zum höheren Dienst am Sonnengott in die Tempel des Reiches. Weil aber der Sonnengott besondere Freude an gelb glänzendem Metall hatte, waren die Inkatempel aus Sicht eines Eroberers nichts anderes als offene Schatzkammern.

Das Inkareich wies gegenüber dem der Gallier einen großen Vorzug auf: Es war praktisch völlig ungeschützt, da keinerlei äußere Feinde es bedrohten. Hoch in den Anden, fernab von jeder anderen Zivilisation, waren die einzigen Kämpfe, die stattfanden, Bürgerkriege. Irgendwann musste ein Eroberer kommen und diese Frucht pflücken. Überzeugende Argumente hatte Francisco Pizarro genug, um sie dem spanischen König Karl V. bei Hof vorzutragen. 1529 bekam er seine Lizenz zum Töten: die Genehmigung, Peru zu entdecken und zu erobern. Im Falle seines Erfolges winkte außerdem der Titel des Vizekönigs – natürlich nur gegen entsprechende Gewinnbeteiligung für den König: Ein Zehntel aller in Peru geförderten Edelmetalle und ein Fünftel des durch »Tauschhandel oder Gewalt« gewonnenen Goldes und Silbers seien direkt an die königlichen Schatzkammern zu überweisen.

Der Rest lief nach bewährtem Muster. Am 12. November 1532 gewann Francisco Pizarro mit 167 spanischen Abenteurern die »Schlacht« von Cajamarca gegen 80 000 Krieger der Inkas, weil der Inka Atahualpa dumm genug war, sich in einer Sänfte vor seinem Heer hertragen zu lassen. Pizarro nahm ihn gefangen, und kurz darauf war die Schlacht gewonnen und der Untergang des Inkareiches besiegelt.

Wie viel sind 37,5 Kubikmeter Gold?

Die Plünderung des Reiches gelang Pizarro auf ebenso einfache Weise. Er verlangte als Lösegeld für die Freilassung Atahualpas ein ganzes Zimmer voller Gold: fünf Meter lang, drei Meter breit und so hoch, wie er mit dem Säbel reichen konnte, also etwa zweieinhalb Meter. Macht nach Adam Riese 37,5 Kubikmeter Gold. Lastträger schafften die Schätze in endlosen Kolonnen aus Tempeln und Palästen in das Gefängnis ihres Herrn. Als das Zimmer noch nicht voll war, löste Atahualpa sein Versprechen mithilfe von 700 Goldplatten aus dem Sonnentempel von Cuzco ein. Pizarro ließ ihn und den gesamten Hochadel trotzdem umbringen.

Wie viel sind 37,5 Kubikmeter Gold? Würde es sich um einen massiven Goldwürfel mit diesem Volumen handeln, er wöge knapp 750 Tonnen. Aber so eng gepackt war das Gold natürlich nicht, da es in Form von Tempelschätzen und -kunstwerken angeliefert wurde, sodass ein großer Teil des Zimmers immer noch mit Luft gefüllt war. Außerdem bestand das Lösegeld aus etwa doppelt so viel Silber wie Gold. Insgesamt ergab sich aus den Abrechnungen Pizarros, dass er quasi über Nacht in den Besitz von 17 Tonnen Edelmetall kam, die dem Materialwert von etwas mehr als sechs Tonnen Gold entsprachen und damit nach heutigen Goldpreisen etwa 60 Millionen Euro wert wären. Auf jeden Fall war das mehr als hundertmal so viel wie die gut 45 Kilogramm Gold, die Kolumbus von der spanischen Krone ausgezahlt bekommen hatte. Für ein Zimmer voller Gold klingen diese Summen zwar etwas niedrig gegriffen, aber wer würde seine Hand dafür ins Feuer legen, dass Pizarro in der Abrechnung für den spanischen König alle einkassierten Reichtümer angab – schließlich handelte es sich dabei um so etwas wie eine Steuererklärung, da ein Fünftel allen registrierten Edelmetalls die Krone für sich beanspruchte.

Aber ob nun 6, 16 oder 60 Tonnen: Was macht man mit einem Zimmer voller Gold? Wenn Francisco Pizarro seinen Widersacher Atahualpa um mehr als nur ein paar Tage überleben wollte, konnte es darauf nur eine Antwort geben: Er musste es unter seinen Männern verteilen. Um dabei gerecht vorzugehen, ließ Pizarro das Gold einschmelzen und wies jedem seiner Leute Goldbarren im Gewicht von etwa 40 Kilogramm (Reiterei) beziehungsweise 20 Kilogramm (Fußtruppen) zu, dazu etwa die doppelte Menge an Silber. Nach heutigen Marktpreisen würde das zwar nicht einmal zur Euro-Million reichen, aber für diejenigen, die es mit ihrer Beute bis zurück in die abendländische Zivilisation schafften, genügte das wohl für einen aufwändigen Lebensstil. Die Gold- und Silbermengen, die Pizarro für sich behielt, bringen es auf einen heutigen Marktwert von gerade einmal 4 Millionen Euro. Doch selbst wenn er tatsächlich neben der offiziellen Abrechnung nichts auf die Seite geschafft haben sollte, war er damit immer noch der am besten Verdienende unter all den Glücksrittern, die nach Amerika geströmt waren.

Die Reichtümer, die Hernán Cortés bei den Azteken und Francisco Pizarro bei den Inka erbeutet hatten, machten Amerika zum Kontinent der unbegrenzten Begierden. Wo so viel Gold so einfach zu bekommen war, musste noch mehr zu holen sein. Heerscharen von Abenteurern zogen los, um dem Land seine Schätze abzuringen. Immer wieder stießen sie dabei auf Geschichten von dem sagenhaften Goldland Eldorado, das irgendwo im Dschungel, in den Bergen versteckt liegen musste. Den größten Teil dieser Geschichten dürften die Eingeborenen, die sie erzählten, gerade in dem Moment erfunden haben, als eine Horde schwer bewaffneter Weißer auf dem Dorfplatz auftauchte, mit Waffen herumfuchtelte und Gold verlangte. Schon immer war es in solchen Fällen ein probates Mittel, die Eindringlinge mit der Aussicht auf nur ein paar Tagesreisen entfernt verborgene Schätze zum schnellstmöglichen Weiterziehen zu bewegen. Da wäre es geradezu eine Überraschung gewesen, wenn tatsächlich jemand im Dschungel nicht den Tod, sondern ein Goldland gefunden hätte.

Die Privatkolonie der Augsburger Millionäre

An der Goldgier scheiterte übrigens auch die Privatkolonie, die sich die damals zweitreichste Familie Deutschlands (von der reichsten handelt das übernächste Kapitel) in Südamerika zulegte. Es handelt sich um die Familie Welser, die Kolonie hieß Venezuela, und sie war ein Geschenk Kaiser Karls V. von Spanien. Ein nicht ganz freiwilliges Geschenk. Der Habsburger Kaiser hatte bei den Welsern hohe Schulden, und weil ihm trotz der unaufhörlich fließenden Einnahmen aus der Neuen Welt deren Rückzahlung nicht immer leicht von der Hand ging, tauschte er sie 1527 gegen ein Stück Land von der Größe halb Europas ein.

Kein schlechtes Geschäft für die Augsburger Millionärsfamilie, sollte man meinen. Schließlich hatten die Welser ihr Vermögen mit Bergbau und Fernhandel gemacht. Schon 1505, acht Jahre nach den Portugiesen, schickten sie das erste deutsche Schiff um die Südspitze Afrikas herum nach Indien. Sie unterhielten Büros in Antwerpen, Lissabon und auf Hispaniola und besaßen, für eine tief im Binnenland ansässige Familie eher überraschend, die größte Privatflotte der damaligen Zeit. Und trotzdem wurde das Abenteuer Venezuela für die Welser zum Fiasko. Denn das Land hatte scheinbar außer Sumpf und Regenwald gar nichts zu bieten. Weder gab es Gold, Gewürze oder sonstige Handelsgüter, noch hatte irgendeiner der dort ansässigen Indianerstämme auch nur ansatzweise eine Hochkultur hervorgebracht, die man hätte berauben können. Die Gegend am Maracaibo-See, in der sich die Abgesandten der Welser niederließen, war vor allem schwül und fieberschwanger. Das Einzige, was einem dort auf Schritt und Tritt begegnete, war eine schwarze, schmierige Masse, die aus dem Boden austrat. Was war damit schon anzufangen? Nach gerade einmal 18 Jahren beorderten die Welser die Reste ihrer dort ansässigen Belegschaft zurück und beendeten so ihr privates Kolonialkapitel.

Hätten sie noch ein paar Jahrhunderte durchgehalten, hätte sich der Einsatz am Ende doch ausgezahlt. Denn rund um den Maracaibo-See befinden sich die größten Lagerstätten für Erdöl in Südamerika, das schwarze Gold des Landes.

Von Cesare Borgia bis Leo Kirch: die Scheinreichen

Der Papst finanziert die Armee seines Sohnes

Für Francesco Matarazzo schien die Sache klar. In seiner Chronik der Stadt Perugia in den Jahren 1492 bis 1503 ernannte er Cesare Borgia zum reichsten Mann Italiens. »Er hatte so viele Schätze und Besitzungen angehäuft, dass man meinen konnte, es gebe kein zweites Mal so viel in Italien, noch gab es in Italien anderswo so viele Soldaten, die so gut ausgestattet waren mit Pferden und Goldbrokat in unendlicher Zahl.«

Ein klassisches Beispiel dafür, wie sehr man daneben liegen kann, wenn man von der Größe des Aufwands auf die Größe des Reichtums schließt. Cesare Borgia galt als extrem vermögend, weil er auf großem Fuß lebte und das Geld mit vollen Händen ausgab – doch das Gegenteil war der Fall. Cesare brauchte mindestens 1000 Dukaten täglich, um während seiner Feldzüge die Soldaten bezahlen zu können, doch anders als sein Namensvetter und Vorbild Julius Cäsar hatte er keinen Kredit: Im Italien der Renaissance war die politische und militärische Lage noch unübersichtlicher als im Rom der späten Republik, und die vermögenden Familien wie die Medici in Florenz oder die Sforza in Mailand machten keinerlei Anstalten, einem Emporkömmling die Mittel zu verschaffen, damit er ganz Italien in seine Hand bekäme. Sie verfolgten lieber ihre eigenen, lokalpolitischen Interessen.

Also war Cesare Borgia auf die Kasse seines Vaters Rodrigo angewiesen. Und der stammte immerhin nicht nur aus einer wohlhabenden spanischen Familie, sondern war auch noch als Papst Alexander VI. seit 1492 Herrscher der Christenheit. Doch obwohl der Papst aus seinem Amt herausholte, was möglich war, obwohl er sich jede Kardinalsernennung teuer bezahlen ließ, obwohl er Spenden an seinen Sohn weiterleitete, die eigentlich für einen Kreuzzug gegen die Türken gesammelt worden waren, blieb nie etwas übrig: Was immer er an Geld heranschaffte, der Feldherr gab es sofort aus.

Die Neigung, Menschen für superreich zu halten, die mit dem Geld um sich werfen, ist seit Jahrtausenden weit verbreitet. Und ebenso verbreitet sind deshalb die Blender, die Scheinreichen sozusagen, die ihrer Umgebung, ihren Kunden und der Öffentlichkeit einen Reichtum vorgaukeln, über den sie gar nicht verfügen. So wie der Scheinriese Tur-Tur immer kleiner wird, je dichter Jim Knopf und Lukas der Lokomotivführer an ihn heranfahren, verliert sich auch das Vermögen der Scheinreichen, je näher man es sich betrachtet.

Scheinreichtum kann sich auf zwei verschiedenen Ebenen äußern: auf der privaten Ebene als luxuriöser Lebensstil, der nicht vorhandenes Vermögen vortäuschen soll, und auf der unternehmerischen Ebene als übermäßige Investition, die zwar betriebswirtschaftlich gesehen hochgradig irrational ist, aber zumindest theoretisch am Ende möglicherweise zu einem realen Profit führt.

Cesare Borgia beherrschte beide Disziplinen. Dass er seine Soldaten so prächtig ausstaffierte, war nicht einfach pure Verschwendung, sondern überlegtes Geschäftsgebaren. Italien wimmelte damals von Söldnern und Condottieri. Wer am meisten zahlte oder die größte Aussicht auf Beute versprach, dem liefen die besten Soldaten zu. Wir können uns das etwa so vorstellen wie heute den Arbeitsmarkt für Fußballprofis oder den für Investmentbanker. Eine andere von Matarazzos Behauptungen entsprach denn auch schon eher der Wahrheit: »Die ganze Blüte des Soldatenstandes war bei ihm, denn er hatte alle berühmten Condottieri auf seiner Seite, und er hatte großen Zulauf unter den Soldaten.« Wenn Cesare Borgia jemals an ein Ende seiner Feldzüge gelangt wäre, hätte er womöglich in Cäsar'scher Manier Reichtümer anhäufen können. Aber so weit kam es nie. Mit dem Tod seines Vaters im Jahr 1503 war auch Cesares Karriere beendet. Der neue Papst Julius II. zwang ihn, die Herrschaft über die Romagna wieder aufzugeben, sein Vermögen wurde beschlagnahmt, um seine Gläubiger zu befriedigen, und schließlich wurde er gefangen genommen und 1504 nach Spanien deportiert. Dort engagierte ihn der König von Navarra, Cesares Schwager, noch einmal als Heerführer, und bei der Niederschlagung einer Rebellion starb er 1507 in der Schlacht, gerade 31 Jahre alt.

Versailles, das Zentrum der Pompkultur

Vor 300 Jahren, in der Blütezeit des Absolutismus, stand auch der Scheinreichtum in vollem Glanz. Überall in Europa meinten mächtige Landesherren ebenso wie schlichte Duodezfürsten der Welt demonstrieren zu müssen, dass sich auch ein Herrscher von Preußen oder von Holzwickede ein Schloss im Stil von Versailles leisten konnte. Dabei stellte genau die Pompkultur am Hof Ludwigs XIV. (1638–1715) bereits einen Reichtum zur Schau, der in diesem Ausmaß weder in Frankreich noch bei seinen Adligen wirklich vorhanden war. »Wie leicht bildet man sich doch eine falsche Meinung, geblendet vom Glanz der äußeren Erscheinung«, seufzte schon Molière. Der Glanz des Sonnenkönigs zerrüttete nicht nur die Staatsfinanzen, sondern auch die gesamte ökonomische Basis der Aristokratie. Die Rechnung wurde 1789 präsentiert. Ludwig XVI., der Urenkel des Hauptverantwortlichen, bezahlte mit seinem Leben, das französische Volk mit einer galoppierenden Inflation, wie sie in der Weltgeschichte ihresgleichen sucht.

Vor knapp 40 Jahren haben einige der reichsten Länder der Erde wieder einmal eine ähnliche Politik eingeführt – unter dem Namen Keynesianismus. Durch massiven Ausbau der Staatsverschuldung wird bei den Bürgern des eigenen Landes der Eindruck eines Wohlstands erweckt, der in diesem Ausmaß eigentlich gar nicht mehr existiert. Jedem verantwortlichen und sogar jedem unverantwortlichen Politiker ist bewusst, dass das nicht ewig so weitergehen kann und dass am Ende irgendjemand dafür bezahlen muss. Doch solange das Ende noch fern erscheint, solange man noch Kredit hat, bestimmt das Bewusstsein eben in keiner Weise das Sein. Zwischen dem festlichen Beginn der Pompkultur und ihrem blutigen Ende in der Französischen Revolution lagen etwa 150 Jahre – da hätten wir also noch gut ein Jahrhundert Zeit, um uns ungeniert weiter zu ruinieren.

Onassis: üppiger Luxus, knappe Liquidität

Wie man nicht als Staat, sondern als Einzelperson den Einstieg in die Klasse der Scheinreichen schafft, verriet einst der Tankerkönig Aristoteles Onassis: »Wenn du Erfolg haben willst: Kultiviere einen bronzenen Teint, wohne in einem eleganten Haus – und wenn es im Keller ist –, lasse dich in den angesagtesten Restaurants sehen – und wenn du nur ein Glas Wein trinkst –, und wenn du borgst, borge viel.«

Wir können denn auch vorsichtig vermuten, dass der größte Teil von Onassis' sagenhaftem Reichtum genau das war: eine Sage. Schon zu seinen Lebzeiten machten sich die Spezialisten der US-Zeitschrift *Forbes* Sorgen um seine Liquidität: Sie schätzten Onassis' Ausgaben für Lebenshaltung in der Zeit seiner Ehe mit Jackie, verwitwete Kennedy, auf 20 Millionen Dollar pro Jahr, nach heutiger Kaufkraft etwa 100 Millionen Euro, was auch ein florierendes Unternehmen erst einmal verdienen muss. Und seine Tankerflotte sei im Gefolge der Ölkrise 1972/73 eben gerade kein florierendes Unternehmen gewesen: »Niemand glaubt, dass Onassis abgebrannt ist«, schrieb *Forbes* im Februar 1974, »aber sein Lebensstil ist eine konstante Belastung für seine Finanzen.« Die Veräußerung wichtiger Unternehmensbeteiligungen in dieser Zeit diente ihm nicht zuletzt dazu, die Aura des Milliardärs zu wahren: So brachte ihm 1975 der Verkauf seiner Fluglinie Olympic Airways an den Staat Griechenland 68 Millionen Dollar ein.

In den heutigen Milliardärslisten von *Forbes* taucht die Onassis-Enkelin Athina denn auch nicht auf: Die stark geschrumpfte Tankerflotte und alle Luxusliegenschaften zusammengenommen sind bei weitem noch keine Dollarmilliarde wert. Von den etwa 300 weiteren Unternehmen, die auf die eine oder andere Weise mit Onassis in Verbindung gebracht wurden, war er an vielen nachweislich nie beteiligt.

Wer protzt, ist verdächtig

Wenn heutzutage ein Unternehmer einen Lebensstil à la Onassis pflegt, ist mit hoher Wahrscheinlichkeit davon auszugehen, dass er ihn sich eigentlich nicht leisten kann. Es mag noch hier und da jemanden wie den Waffenhändler Adnan Kashoggi (*1935) geben, der glaubt, seiner Kundschaft ein Jetset-Ambiente schuldig zu sein. Doch in fast allen anderen Branchen, in denen man es zu ansehnlichem Reichtum bringen kann, verbietet es sich im Grunde von selbst, ihn demonstrativ vor sich herzutragen. Sowohl Kunden und Lieferanten als auch Mitarbeiter könnten dadurch schließlich auf die Idee kommen, in der nächsten Verhandlungsrunde etwas kräftiger an den Gewinnmargen des offenbar allzu gut verdienenden Unternehmers zu nagen. Weder die Aldi-Brüder Albrecht noch ein Brillenkönig Fielmann, ein Schlecker oder ein Otto stolzieren mit Gold und Brillanten behängt durchs Leben und vor die Fernsehkameras.

Getan hat das hingegen in der jüngeren Vergangenheit ein gewisser Werner Metzen, dessen Imperium, eine Kette von Ramschläden, nach seinem Tod hoffnungslos überschuldet von der Bildfläche verschwand. Ebenfalls wenig Zurückhaltung zeigte ein Ettlinger Unternehmer namens Manfred Schmider, der mit einem höchst originellen Verfahren zum grabungsfreien Leitungsverlegen zu dem Geld gekommen sein wollte, das er so demonstrativ zum Fenster hinauswarf. Dass das Originellste an Schmiders Firma Flow-Tex die frei erfundenen Bilanzen waren, beschäftigte ein paar Milliarden Euro später den Staatsanwalt. In mindestens der gleichen Höhe dürfte sich nach Ende der Aufräumarbeiten der Schaden bewegen, den Calisto Tanzi, der Gründer des italienischen Milchkonzerns Parmalat, durch Bilanzbetrug angerichtet hat. Der langjährige Sponsor von Niki Lauda hatte sich sein Krösus-Image vor allem dadurch erworben, dass er Multimillionen dafür ausgab, seinen Heimat-Fußballklub AC Parma zu einem europäischen Spitzenverein zu machen.

Wesentlich realer wirken da die Vermögen der Scheinreichen, die nicht so sehr durch überbordenden Konsum glänzen, sondern durch ebensolche Investitionen. Diese Überinvestierer gelten den Zeitgenossen als unerhört reich, weil sie über immense Werte verfügen. Aber wehe, wenn sie den Beweis erbringen müssen, dass dieses Vermögen tatsächlich so werthaltig ist, wie sie ihren Gläubigern beziehungsweise Aktionären gegenüber behaupten!

Donald Trump: der Baulöwe im Schweinezyklus

Geradezu als Berufskrankheit lässt sich diese Variante des Scheinreichtums in der Baubranche bezeichnen. Denn die Baulöwen sind nur wirklich reich, wenn sie ihre Großprojekte tatsächlich mit Gewinn verkauft haben. Sonst steht der Reichtum nur auf dem Papier. Wer Immobilien mit einem Marktwert von 10 Milliarden Euro hat, die mit Hypotheken in Höhe von 7 Milliarden Euro belastet sind, hat rein rechnerisch ein Vermögen von 3 Milliarden Euro. Wenn aber der Immobilienmarkt zusammenbricht und der Marktwert auf 5 Milliarden Euro sinkt?

Dass genau dieses immer wieder passiert, liegt an einem Phänomen, das sich Schweinezyklus nennt: Wenn Schweinefleisch teuer ist, züchten die Bauern mehr Schweine; kommen die auf den Markt, steigt das Angebot, und der Preis sinkt; also züchten die Bauern weniger Schweine, das Angebot sinkt, der Preis steigt wieder, und der Zyklus beginnt von vorn. Genauso wie die Bauern verhalten sich traditionell die Bauunternehmer: Wenn Wohn- oder Büroflächen nachgefragt werden und damit teuer sind, bauen sie eifrig, um die Nachfrage zu befriedigen, nur um dann, wenn ihre Neubauten fertig sind, festzustellen, dass die Nachfrage längst zurückgegangen und das Preisniveau in den Keller gesunken ist. Weil aber die Neubauprojekte mit den Preisen aus der Boomzeit kalkuliert sind, geht die Rechnung nicht auf, und aus dem eben noch stolzen Milliardär kann im Handumdrehen ein Minus-Milliardär werden.

So erging es zum Beispiel Donald Trump (*1946), Bauunternehmer in New York und Casinobetreiber in Atlantic City. Nachdem die Renaissance Manhattans Ende der Siebziger-, Anfang der Achtzigerjahre ihn in schwindelnde Höhen getragen hatten, stand er schon am Ende des Jahrzehnts vor dem Zusammenbruch. Damals (so erzählt er heute) lief er mit einem Finanzberater über die Fifth Avenue und zeigte auf einen Obdachlosen, der vor seiner Unterkunft aus Pappe saß: »Der Penner hat keinen Cent in der Tasche, aber er ist besser dran als ich, weil er auf null ist und mir gegenüber 5 Milliarden Vorsprung hat.«

Trump überlebte, weil die Banken ihn überleben ließen – hätten sie ihre Kredite zurückgefordert, wären sie auf den Verlusten sitzen geblieben. So bekamen sie zumindest die Chance, dass ein etwas geläuterter Trump wieder auf die Füße kommen und seine Schulden zurückzahlen würde. Auf die Füße ist er tatsächlich wieder gekommen, aber nach seiner aktuellen Performance zu urteilen, droht er erneut die Bodenhaftung zu verlieren. Wo im deutschen Fernsehen Dieter Bohlen den Nachwuchs an Superstars aussucht und gleich mit Kompositionen versorgt, darf Donald Trump in Amerika in ähnlicher Manier den Supermanager der nächsten Generation auswählen – der ihm dann ein Jahr lang assistieren kann. Jede Nation hat eben die Medienstars, die sie verdient.

Dr. Schneiders abgekartete Häuser

Der deutsche Trump wartete nicht ab, bis die Banken ihm den Kredithahn abdrehten. Ein Toupetträger mittleren Alters, auf dessen Konto Ende der Achtziger-, Anfang der Neunzigerjahre die vielleicht schönsten, vielleicht auch nur pompösesten, auf jeden Fall aber aufwändigsten Gewerbeneubauten und Altbaumodernisierungen der Republik gingen: Jürgen Schneider (*1934), Bauunternehmer aus dem noblen Frankfurter Vorort Königstein. Er kaufte Immobilien zu den höchsten Preisen, hatte die höchsten Baukosten, zahlte die höchsten Gehälter und repräsentierte auf höchstem Niveau. Und weil die Einnahmen aus Mieten und Immobilienverkäufen weit davon entfernt waren, diese Kosten jemals zu decken, manipulierte er die Bauunterlagen und bekam so auch die höchsten Kredite. Als der Einsturz seines imperialen Kartenhauses nicht mehr aufzuhalten war, verabschiedete er sich grußlos nach Florida und hinterließ die größte Pleite der deutschen Nachkriegsgeschichte.

»Wer im Rolls-Royce durch Frankfurt fährt, kriegt von mir keinen Pfennig Kredit«, hatte das Urgestein der Deutschen Bank Hermann Josef Abs einmal gesagt und damit die richtige Strategie für den Umgang mit Reichtumsdarstellern verraten. Der Lebensstil eines Superreichen erfordert es, auch superreich zu sein, ihn also aus eigener Tasche bezahlen zu können. Dass Jürgen Schneider von der Deutschen Bank sogar viele Milliarden Pfennige Kredit bekam, mag zum einen daran liegen, dass Abs schon so lange tot ist. Zum anderen fuhr Schneider schlauerweise nicht Rolls-Royce, sondern Mercedes S-Klasse.

Leo Kirch: der überinvestierte Filmhändler

In Deutschland ist gerade ein weiteres Schein-Reich implodiert. Es nannte sich Kirch-Gruppe, und die Filmrechte, die den Kern des Konzerns bildeten, bedeuteten in der Tat einen Schatz. Sie zusammenzutragen und zu verwerten war das Lebenswerk des Münchner Unternehmers Leo Kirch (*1926), dem noch im Jahr 2002 sowohl die US-Zeitschrift *Forbes* als auch das deutsche *manager magazin* Milliardärsstatus bescheinigten. 1956 hatte er seine Karriere mit dem Ankauf der deutschen Rechte an Fellinis Meisterwerk »La Strada« begonnen, und Anfang 2003 gehörten ihm die Verwertungsrechte an 3,6 Millionen Filmminuten. Nur lasteten auf diesem Milliardenvermögen Schulden, die einen noch höheren Milliardenbetrag ausmachten. Zudem konnten die Schulden nicht durch die Erträge der Kirch-Firmen abgebaut werden, ganz im Gegenteil, denn das Konglomerat fuhr hohe laufende Verluste ein. Als Anfang 2002 der damalige Deutsche-Bank-Chef Rolf-E. Breuer öffentlich die Kreditwürdigkeit Kirchs infrage stellte, war die Insolvenz nicht mehr zu vermeiden.

Über die wahren Hintergründe der Kirch-Pleite ist so kurz danach noch keine hinreichende Klarheit herzustellen. Aber einer der Gründe ist sicherlich, dass Leo Kirch sich und andere über den wahren Wert seiner

Filmrechte getäuscht hatte. Um die sich bereits 2001 anbahnende Pleite abzuwehren, hätte er durchaus die Gelegenheit gehabt, Teile seines Filmschatzes zu verkaufen und damit Bargeld in die Kasse zu bekommen. Doch lagen die dabei erzielbaren Kaufpreise weit unter dem Preis, mit dem diese Rechte in der Bilanz verzeichnet waren. Das hätte wiederum die ohnehin schon nervösen Gläubiger getroffen, deren Kredite durch die Filmrechte gesichert waren – eine Wertminderung der Sicherheiten hätte in der Konsequenz bedeutet, die Kredite fällig zu stellen, wenn Kirch nicht anderweitig für Ausgleich sorgte, was ihm nicht möglich war. Als einzige Rettung erschien also, jemanden zu finden, der für Kirchs Filme so viel zahlen würde, wie sie laut Bilanz wert sein sollten. Aber das hätte ihm allenfalls im Boom der New Economy von 1999/2000 gelingen können. 2001 und 2002 war dieser Zug bereits abgefahren. Auch die guten Kontakte zu vor allem christdemokratischen Politikern, die Leo Kirch über viele Jahre hindurch mit gut dotierten Beraterverträgen aufgebaut hatte, konnten ihm nun nicht mehr helfen – es regierten eben nicht mehr die Christ- sondern die Sozialdemokraten.

Das regelte ein anderer Unternehmer aus dem heutigen Bayern 500 Jahre früher weit eleganter. Ihm konnte ein Machtwechsel in Deutschland nichts anhaben. Er zahlte schließlich dafür, dass der richtige Fürst zum Kaiser gewählt wurde.

Jakob Fugger: der Dagobert der Renaissance

Das erste Anti-Monopol-Verfahren der Welt

Im März 1522 war Deutschland dem Rest der Welt 400 Jahre voraus. Da beschäftigte sich nämlich der Nürnberger Reichstag mit den Geschäftspraktiken deutscher Großkonzerne – und veranstaltete, Lichtjahre vor der Erfindung von Monopolkommissionen und Anti-Trust-Gesetzen, geradezu ein Tribunal gegen das Big Business.[2] Ein Mitglied des Kleinen Nürnberger Untersuchungsausschusses wetterte beispielsweise, die großen Firmen würden der Volkswirtschaft mehr Schaden zufügen »als alle anderen Straßenräuber und Diebe zusammen«. Die Konzerne, so die Nürnberger Ankläger, würden »allenthalben den Kern für sich ziehen und die Spreu den anderen lassen«. Man müsse deshalb den Monopolgeschäften »ein Deckel und Hütlein aufsetzen«, denn nur »viele Verkäufer bringen guten Kauf und wohlfeile Waren« – ein Satz, der die Philosophie des erst Ende des 19. Jahrhunderts erfundenen Kartellrechts vorwegnimmt.

Gemeint war mit dieser Anklage vor allem einer: der Chef des größten der Großkonzerne, der Augsburger Jakob Fugger (1459–1525), genannt der Reiche. Auf dem Höhepunkt seiner Macht war er, so der Fugger-Biograf Günter Ogger, »einer der größten Grundbesitzer im Reich, der bedeutendste Bankier der Welt, das mit Abstand wichtigste Handelshaus, wichtigstes Bergbauunternehmen, bedeutendster Arbeitgeber des Handwerks, Waffenproduzent, Münzverwalter und eine politische Großmacht ersten Ranges«. Er konterte die so modern klingenden Vorwürfe mit einer ebenso modernen Verteidigung: einer PR-Offensive.

Jakob Fugger war kein Mann großer Worte, aber er hatte Geld genug, um solche Männer für sich einzuspannen, wenn das opportun erschien. Auf dem Reichstag schickte er seinen Hausintellektuellen an die Front, den Humanisten Konrad Peutinger, der als Nürnberger auch noch mit Heimvorteil ausgestattet war. Dessen Argumentation ähnelt im Kern derjenigen heutiger Monopolisten, ist allerdings etwas unverblümter: Nur hohe Preise, beispielsweise für das damals besonders umstrittene Kupfer, erlaubten es den Unternehmen, die Bodenschätze ordnungsgemäß auszubeuten. Peutinger über die Metalle: »Je teurer sie verkauft und je höher sie im Preis gehalten werden, umso besser können die Bergwerke als eine große und einzige Gottesgabe instand gehalten werden.« Ein Monopol auf ein Produkt führt also nicht so sehr zur Bereicherung des Monopolisten, sondern vor allem zur Verbesserung der Arbeitsbedingungen jener Arbeiter, die mit seiner Herstellung befasst sind. Man könne deshalb getrost »die reichen Gesellschaften preisen«, anstatt sich über sie zu beschweren. Ob es die Kraft des Wortes allein war oder ob die Fugger auch die Macht des Geldes einsetzten, um die Gegenseite zu besänftigen, in jedem Fall ging der Untersuchungsausschuss des Nürnberger Reichstages wieder auseinander, ohne den Handelskonzernen auch nur ein Haar gekrümmt zu haben – womit nicht nur Anklage und Verteidigung, sondern auch das Ergebnis in diesem Anti-Monopol-Verfahren sehr an aktuelle Pendants erinnern.

Ein erschreckend moderner Unternehmer

Es mag uns vieles aus dieser Zeit der Renaissance heute merkwürdig fremd erscheinen: ein Papst, der seinem leiblichen Sohn einen Eroberungskrieg finanziert; eine Kaiserkrone, die an den Meistbietenden verkauft wird (wie wir noch sehen werden); eine Welt voller Teufel, Hexen und Geister, in der unter dem Deckmantel der Verbreitung des christlichen Glaubens Mord, Massenmord und Völkermord begangen werden. Fast ebenso merkwürdig ist es jedoch, wie sehr uns die Methoden dieses einen Unternehmers vertraut vorkommen. Jakob Fugger ist in geradezu erschreckender Weise modern. Denn er betrieb nicht nur als erster Unternehmer aktive PR-Arbeit, um die Vorwürfe seiner Gegner abzuwehren. Er

- erkannte und nutzte als Erster die ökonomischen Vorteile einer konsequenten Steigerung der Arbeitsproduktivität,
- benutzte als Erster Strohmänner, um sich ein Monopol zu verschaffen,
- schuf den ersten multinationalen Konzern, der diesen Namen verdiente,
- baute als Erster eine eigene Kommunikations-Infrastruktur auf, um mit dem systematisierten Informationsvorsprung Profit zu erzielen, und
- erfand das Social Sponsoring.

Der Mann, der für all dies verantwortlich zeichnete, war ein Jahrhundertereignis. Dabei sollten nach den Modellen der Ökonomen alle sein wie er – denn Jakob Fugger war bis zum Auftritt John D. Rockefellers der einzige *homo oeconomicus* der Weltgeschichte.

»... wolt ich groß guott und gelt erlangt haben ...«

Ein homo oeconomicus ist jemand, der sich bei all seinen Entscheidungen vom klassischen ökonomischen Prinzip leiten lässt: Was bringt bei gegebenem Einsatz den höchsten Ertrag beziehungsweise was erfordert bei gegebenem Ertrag den geringsten Einsatz? So zu leben oder auch nur zu arbeiten hält jedoch niemand durch. Oder fast niemand. Denn bei Jakob Fugger gibt es keinen Hinweis darauf, dass er jemals auf etwas anderes als auf Profitmaximierung geachtet hätte. Einzig ein Brief aus seiner eigenen Feder enthält die Behauptung, er habe einmal uneigennützig gehandelt. Es handelt sich dabei um ein Mahnschreiben an Kaiser Karl V., den Fugger an die 545 585 Gulden erinnert, die er für ebendessen Kaiserwahl 1519 aufbrachte, die zurückzuzahlen der Habsburger aber noch nicht die Güte hatte. Fugger preist hier seine fast altruistische, Habsburg freundliche Gesinnung: »Es ist wissentlich und ligt am tag, dass Ew. Kay. Majestät die Römisch Cron außer mein nicht hette erlangen können … So hab ich auch hierin mein aign nutz nit angesehen denn wo ich von dem hauß Österreich abstehen und Frankreich hette fördern wollen, wolt ich groß guott und gelt erlangt haben …«

Tatsächlich jedoch konnte bei Fugger in der Kaiserfrage von Uneigennützigkeit keine Rede sein. Auch hier ganz *homo oeconomicus,* hatte er sich gegen einen kurzfristig möglicherweise höheren Profit entschieden, den ihm eine Unterstützung des französischen Bewerbers gebracht hätte. Ihm erschien der Gesamtnutzen größer, den er aus einer Fortsetzung der langfristigen, gedeihlichen Geschäftsbeziehung seines Hauses mit dem Hause Habsburg erzielen konnte. Und siehe da: Aufgrund dieses Briefes erhielt Fugger den Vertrag über die Silber- und Kupferförderung in Tirol erneuert, außerdem wurden ihm in Spanien die Einkünfte riesiger Ländereien zugesprochen und schließlich die Silberminen und die Quecksilbergruben von Almadén.

Aus dem Kloster auf den Chefsessel

Als Jakob Fugger 1478 im Alter von 19 Jahren die väterliche Handelsfirma übernahm, war diese noch weit von solchen Verwicklungen in die hohe Politik entfernt. Tuchhandel en gros und en detail, das war das Geschäft der Familie Fugger, Finanzgeschäfte mit Fürstenhäusern gab es nicht. Für Jakob kam die Übernahme der Verantwortung völlig überraschend: Als jüngster von fünf Söhnen war er für den Eintritt ins Kloster vorgesehen. Aber da alle seine älteren Brüder früh verstarben, wurde Jakob kurz nach dem Empfang der niederen Weihen aus dem mittelfränkischen Kloster Herrieden nach Augsburg zurückgeholt. Wäre er der jüngste und zugleich ehrgeizigste Sohn eines Königs gewesen, man könnte argwöhnen, dass er dem Ableben seiner Geschwister nachgeholfen hatte – aber in mittelmäßig erfolgreichen Augsburger Handelsfamilien war so etwas nicht üblich.

Jakob kam sehr schnell mit einem aufstrebenden Fürsten ins Geschäft, mit dem Erzherzog von Tirol aus dem Hause Habsburg, der 1508 als Maximilian I. zum Römischen Kaiser gewählt werden sollte. Bis es allerdings so weit war, musste Maximilian viel Geld ausgeben. Geld, das er nicht besaß. Aber dafür hatte sein Stammland Tirol reiche Kupfer- und vor allem Silbervorkommen. Und das war genau die Art von Sicherheit, die damals gern akzeptiert wurde: Wer Fürsten oder Königen ein Darlehen gab, musste stets damit rechnen, dass sie ihren Kredit nicht in bar zurückzahlen konnten. In diesem Fall erhielt der Gläubiger stattdessen die ihm verpfändeten Vermögenswerte seines hochwohlgeborenen Schuldners zuerkannt. Die gängigste Sicherheit stellten zeitlich begrenzte Konzessionen für ein bestimmtes Bergwerk dar oder, bei größeren Summen, gleich für eine ganze Förderregion. Schon für relativ kleine Finanziers war deshalb der Einstieg in den Bergbau im 15. Jahrhundert eine normale Karriere.

Silbergeld für Maximilian gegen Silberschürfrechte in Tirol, ein recht einfaches Geschäft, an dem sich deshalb auch einige andere Finanziers versuchten, etwa die Familien Vöhlin aus Memmingen, Gossembrot aus Augsburg und Baumgartner aus Kufstein. Dass die Welt von diesen Familien weiter nichts mehr gehört hat, hingegen umso mehr von den Fuggern, liegt an zwei Methoden, die Jakob besser als die Konkurrenten beherrschte: In den Fugger-Bergwerken war die Arbeitsproduktivität weit höher als damals üblich. Insbesondere gelang es ihm, durch Ingenieur- und Organisationsleistung die unproduktiven Stillstandszeiten stark zu verkürzen. Damit konnte er dem Habsburger besonders gute Konditionen gewähren und trotzdem noch mehr Profit machen als seine Rivalen.

Showdown zwischen Fürst und Kaufmann

Fuggers zweite Methode wäre mit dem Wort »Korruption« etwas zu plump beschrieben. Es handelte sich eher um eine »Pflege der politischen Landschaft«, wie sie Friedrich Karl Flick in den Siebzigerjahren des 20. Jahrhunderts betrieb. Jeder, der in Maximilians Finanzbehörde, der Innsbrucker Raitkammer, etwas zu sagen hatte, und viele von Maximilians persönlichen Beratern standen in der einen oder anderen Form auf Jakob Fuggers Lohnliste. Das mag im Zweifelsfall schon einmal den Ausschlag zugunsten eines Fugger-Angebots gegeben haben, auch wenn ein anderes Angebot für den Herrscher billiger gekommen wäre. Dieser Sachverhalt war aber besonders hilfreich, als es 1492 zum Showdown zwischen dem Kaufmann und dem Fürsten kam. Fugger verweigerte Maximilian ein neues Darlehen, weil ihm die Konditionen nicht behagten und die Solidität des Habsburger Finanzgebarens zu wünschen übrig ließ. Anstatt mit dem Augsburger Emporkömmling zu feilschen, wandte sich Maximilian an Fuggers alte, inzwischen weitgehend abgedrängte Konkurrenten. Jakob Fugger erfuhr davon früher als die Konkurrenten selbst und drohte damit, sich sofort und endgültig ganz aus Tirol sowie aus sämtlichen Geschäften mit dem Haus Habsburg zurückzuziehen – und sorgte dafür, dass diese Botschaft als Erstes in der Innsbrucker Raitkammer ankam. Dass in diesem Fall auch sämtliche Nebeneinkünfte der dortigen Beamten von heute auf morgen versiegen würden, brauchte er gar nicht extra zu erwähnen. Auf intensives Drängen der Raitkammer und seiner Berater hin blieb Maximilian gar nichts anderes übrig, als die Geschäftsbeziehung mit dem Hause Fugger zu neuen, verschlechterten Konditionen fortzusetzen.

Mindestens ebenso aktuell mutet die Methode an, mit der sich Fugger die Herrschaft über die ungarischen Kupfervorkommen sicherte: Er schickte einen Strohmann vor, den in Finanzkreisen völlig unbekannten Ingenieur Johann Thurzo. Mit Fugger'schem Geld kaufte sich Thurzo, ohne Aufsehen zu erregen, in alle größeren Kupfergruben Ungarns ein, oder er schloss mit den Besitzern langjährige Pachtverträge ab. Hätte Fugger von vornherein mit offenem Visier gekämpft, hätte er erstens weit höhere Preise zahlen müssen und zweitens wohl kaum fast das gesamte Karpatenkupfer in seine Hand bekommen.

Nach diesem erfolgreichen Ausflug in die Finanzwelt wandte sich Thurzo den Aufgaben zu, für die Jakob Fugger ihn eigentlich engagiert hatte. Er übernahm das Grubenmanagement und verdoppelte und verdreifachte den Ertrag der Gruben innerhalb kürzester Zeit. Zwar nicht die

Grubenarbeiter, aber doch der Topmanager partizipierte reichlich an den Profiten aus dieser Produktivitätssteigerung: Obwohl die Fugger das Unternehmen mit dem seltsamen Namen »Gemeiner Ungarischer Handel« praktisch allein finanzierten, war Johann Thurzo gleichberechtigter Teilhaber, also zu 50 Prozent an den Gewinnen beteiligt.

Ein überregional aktives Handelsunternehmen, das zusätzlich in großem Stil in den Erzabbau einsteigt – das war genau die Kombination, die ohne den Aufbau eines multinationalen Konzerns nicht hätte funktionieren können. Schon der Erzhandel erforderte ein international aufgestelltes Unternehmen. Allein 1492 holte Jakob Fugger für eine halbe Million Gulden Silber aus den Tiroler Gruben, etwa 20 Tonnen. Welchem Fremdspediteur hätte man zur damaligen Zeit den Transport von Hunderten Wagenladungen Silber anvertrauen sollen, welchem Partner die Abwicklung des Handels? Nein, das mussten die Fugger schon selbst machen. Und so errichteten sie in ganz Europa Handelsniederlassungen.

Auch hierbei hatte Jakob seine ganz eigene Methode entwickelt. Erst machte er einen alteingesessenen, aber finanziell bedrängten Kaufmann ausfindig. Dem bot er großzügigen Kredit gegen stille Teilhaberschaft an, um so alles Wissenswerte über das Geschäft zu erfahren. Sobald auf diese Weise Informationen und Kontakte unter das Firmendach gelangt waren, kaufte Fugger den Partner auf oder ließ ihn Pleite gehen. Als Statthalter wurde schließlich ein Faktor installiert (heute würde man Area Manager sagen), der nicht nur mehr als ordentlich zu arbeiten hatte, sondern auch überdurchschnittlich gut bezahlt wurde: Das Gehalt lag zwei- bis dreimal so hoch wie bei den damals schon besser verdienenden Universitätsprofessoren.

Der beste und schnellste Nachrichtendienst Europas

Unverzichtbar für solche Transaktionen ist eine herausragende Informationsbasis. Ein Fugger musste alles wissen, was für das Geschäft in irgendeiner Form von Nutzen sein konnte, und er musste es früher wissen als die Konkurrenz. Also brauchte das Unternehmen besondere Methoden zur Informationsbeschaffung. Und in der Tat konnte es niemand, ob Kaiser, König, Papst oder Unternehmer, in Bezug auf seine Kuriere mit der Qualität und der Schnelligkeit des Fugger'schen Nachrichtendienstes aufnehmen – die Mitteilung über den Tod Papst Julius' II. zum Beispiel erhielt Kaiser Maximilian durch einen Fugger-Kurier sechs Tage, bevor sein eigener Nachrichtendienst sie überbrachte.

Besonders schnell reisten die Fugger'schen Nachrichten, wenn die Sonne schien. Denn auf für das Unternehmen strategisch wichtigen Strecken, wie der von den spanischen Quecksilberminen zur Augsburger Zentrale, wurden Informationen mithilfe von Spiegeln durch Lichtsignale übertragen. Die nicht verbürgte, aber durchaus zu schaffende Übertragungszeit von zwei Stunden für die Strecke Almadén–Augsburg wurde mehr als 300 Jahre lang nicht wieder erreicht.

Um die Qualität der Informationen auf einem ähnlich hohen Niveau zu halten wie die Übertragungsgeschwindigkeit, unterhielten die Fugger ein ausgedehntes Netz von Informanten in ganz Europa. Zu diesem Netz gehörten nicht nur die offiziellen Fugger-Faktoren und deren Geschäftspartner, sondern auch getarnte Agenten, von denen niemand annehmen konnte, dass sie mit dem Haus Fugger in Verbindung standen. Jakobs Nachfolger Anton zum Beispiel engagierte hierfür besonders gerne auf dem Kontinent umherziehende Zigeunersippen. Darüber hinaus besaß er eine Geheimkartei, in der 626 Namen aus Europas High Society vermerkt waren – sowie vertrauliche Informationen, die bei Bedarf gegen die Betreffenden verwendet werden konnten.

So ganz nebenher erfanden die Augsburger Handelsherren dabei ein Produkt, das sich zwei Jahrhunderte später als lukrativ und nach weiteren 200 Jahren als Goldgrube erweisen sollte – die Zeitung. Denn aus der Fülle der eingehenden Nachrichten wurden solche, die breites Interesse fanden und nicht speziell für eigene Zwecke benötigt wurden, ausgewählt und publiziert. So gelangten beispielsweise Zwischenberichte von der Weltumsegelung des Fernão de Magalhães (1519–1521; die zum großen Teil von den Fuggern finanziert worden war) auf diesem Weg an die Öffentlichkeit. Doch obwohl Jakob Fugger durchaus ein Händchen für den Umgang mit der Volksmeinung hatte, das Potenzial, das in diesem neuen Medium steckte, erschloss sich ihm nicht. Vielleicht war es so kurz nach der Erfindung des Buchdrucks mit beweglichen Lettern für dieses Produkt einfach ein paar Generationen zu früh.

Etwas anderes hingegen wurde durch die Fugger salonfähig gemacht: das Social Sponsoring. Während bis dahin die Fürsten und die Finanzmagnaten sich als Mäzene, also als Förderer der schönen Künste, hervortaten, lag das dem nüchternen Jakob überhaupt nicht. Aber einen kleinen Teil der eigenen Profite in irgendeiner Form dem Volk zurückzugeben, das wurde schon erwartet. Er löste das Problem 1516 durch die Stiftung der Fuggerei: Unverschuldet in Not geratene Augsburger Familien sollten in den einfachen Häusern mietfrei und angenehm wohnen können. Diese älteste Sozialsiedlung der Welt mit 147 Wohnungen in 67 Häusern, einer Kirche und einem Brunnen existiert noch heute. Die Jahresmiete ist immer noch ein rheinischer Gulden, also knapp ein Euro, und im Vergleich mit den Sozialwohnungen aus den Sechzigerjahren des 20. Jahrhunderts können sich die Sozialbauten des 16. Jahrhunderts durchaus sehen lassen; nur dass man in den modernen Großsiedlungen nicht von der Hausordnung verpflichtet wird, täglich ein *Vater unser*, ein *Gegrüßet seist du Maria* und ein *Glaubensbekenntnis* für die Stifter zu beten.

Ein Fürstbischof als Großinvestor

Ihre folgenschwerste Methode zur Steigerung der Produktivität entwickelten die Fugger jedoch in einer Branche, der sie sich erst relativ spät, etwa 1501, zuwandten: der Religionswirtschaft. Bis dahin hatten die Augsburger das Geschäft mit dem Glauben nur am Rande gestreift. Wie viele andere engagierten sie sich bereits früh in der damals boomenden Reliquienproduktion – wenn jeder Landesfürst einen garantiert originalen Nagel vom Kreuz Christi haben wollte, sollte er ihn eben bekommen. Und weil der Lieferant die Reliquien selbst hergestellt hatte, konnte er jederzeit für deren Echtheit garantieren. Zudem betätigte sich das Handelshaus als Vermögensverwalter für hohe kirchliche Würdenträger. Diesen war es strikt untersagt, ihr Vermögen zinsbringend anzulegen, aber sie durften in Unternehmen investieren und dann an den Gewinnen partizipieren. Und welches Unternehmen hätte sich besser für eine Investition in großem Stil geeignet als das der Fugger? Allein der Brixener Fürstbischof Melchior von Meckau vertraute den Augsburgern rund 300 000 Gulden an, die er im Laufe der Jahre aus seinem Südtiroler Erzbistum herausgezogen hatte.

Einen rasanten Aufschwung nahm das Geschäft mit dem Glauben jedoch ab 1501, als Johannes Zink zum Faktor der Fugger in Rom ernannt wurde. Zink, ein hochbegabter und skrupelloser Zyniker, Intrigant und Geschäftemacher, stieg rasch in der päpstlichen Hierarchie auf – und ebenso rasch wuchs der Marktanteil der Fugger am Geschäft mit dem Vatikan. Der deutsche Ritter Ulrich von Hutten schildert dessen Wirken: »Ich habe den alten Zink mit großem Eifer am Werke gesehen. Die Fugger verdienen, die Fürsten der Kurtisanen zu heißen. Sie haben dort ihren Markttisch aufgeschlagen und kaufen vom Papste, was sie später höher verkaufen; nicht allein Benefizien, auch dauernde Gnaden; man findet bei ihnen Bullen, und Dispense gehen durch ihre Bank; und es ist auf keine Weise leichter, das Priestertum zu erreichen, als wenn du die Fugger zu Freunden hast. Sie sind die Einzigen, durch die man in Rom alles erreichen kann.«

95 Thesen gegen den Fugger'schen Ablasshandel

Aus diesen gedeihlichen Geschäftsbeziehungen heraus entwickelte sich die Methode der Fugger zur Modernisierung des Ablassgeschäfts, also der Vergebung von Sünden gegen Barzahlung. Nachdem Fugger'sches Geld, insgesamt 48 236 Goldgulden, im Jahr 1514 Albrecht von Brandenburg die Erzbistümer Magdeburg und Mainz verschafft hatte, sollte ein groß angelegter Ablasshandel die Refinanzierung sichern. Johannes Zink hatte dem für alle Ablassgenehmigungen zuständigen Papst Leo X. von vornherein klar gemacht, dass der großzügige Kaufpreis für die beiden Erzbistümer einen ebenso großzügigen Ablass erforderlich mache. Und damit die 48 236 Gulden nicht ganz allein im Raum standen, half Zink der Entscheidungsfindung des Papstes durch eine ebenfalls generöse Gewinnbeteiligung nach: Üblicherweise floss bei päpstlich genehmigten Ablässen ein Drittel der Einnahmen in die Kasse des Vatikans, in diesem Fall sollte es die Hälfte sein.

Da zögerte der Papst nicht lange: Leo X. räumte Albrecht von Brandenburg das Recht ein, in einem Gebiet, das fast die Hälfte des Deutschen Reiches bedeckte, den zahlungsbereiten Gläubigen die Vergebung ihrer Sünden zu bescheinigen. Die Umsetzung dieses Privilegs, man kann es auch Monopol nennen, oblag dann dem anerkannten Spezialisten für hohe Produktivität, Jakob Fugger. Und in der Tat: Das, was die berüchtigten Ablassprediger in den folgenden Jahren in Deutschland veranstalteten, war hervorragend geeignet, um die Einnahmen aus diesem Geschäftszweig in ungeahnte Höhen zu treiben.

Die Fugger hatten an alles gedacht. Der Ablass-Erlass war auf acht Jahre befristet und nicht vorzeitig kündbar. Zudem wurden durch die Verkündung dieses Ablasses alle anderen Ablasse automatisch ungültig: Jeder, der Sündenvergebung verkaufen wollte, brauchte die Genehmigung des Erzbischofs. Und die Konsumenten hatten keine Chance, dem Monopol zu entfliehen – es gab ja nur eine christliche Kirche. Aber genau das sollte sich ändern. Was eineinhalb Jahrtausende Papsttum nicht vermocht hatten, die Spaltung der katholischen Kirche, gelang den Fugger'schen Ablasspredigern innerhalb von etwa ebenso vielen Jahren. Die 95 Thesen, die der Augustinermönch Martin Luther 1517 aufstellte, waren gegen den Ablasshandel gerichtet – und der sich ausbreitende Widerwillen gegen die Geldgier der Kirche bereitete den Boden, auf dem die Saat Luthers so gewaltig aufgehen konnte.

Natürlich können wir auch hier behaupten, Jakob Fugger wäre seiner Zeit einfach ein paar Jahrhunderte voraus gewesen: Die Geschäftsmethoden amerikanischer Fernsehpfarrer unterscheiden sich schließlich nicht so sehr von den Reklamesprüchen der Ablassprediger. Aber wir wissen nicht, wohin sich das Rad der Geschichte gedreht hätte, wenn es diesen Anlauf, die Sündenvergebung zur Gewinnmaximierung einzuspannen, nicht gegeben hätte. Es bleibt müßig, sich vorzustellen, wie die Welt heute aussähe, ohne die Reformation.

Die Bilanzen verschleiern den wahren Reichtum

Bisher haben wir viel über die Methoden Jakob Fuggers erfahren – aber wenig darüber, was sie ihm an Geld einbrachten. Das liegt daran, dass er auch in Bilanzfragen höchst modern agierte: Die Unternehmensbilanzen, die er von Zeit zu Zeit erstellen ließ, sollten nicht in erster Linie einen halbwegs korrekten Einblick in die tatsächlichen Vermögensverhältnisse geben. Sie entsprachen vielmehr den Zielvorgaben, unter denen sie verfertigt wurden.

Besonders deutlich wird das an der Fugger'schen Vermögensaufstellung vom 14. Februar 1511. Sie weist nämlich als Gesamtvermögen der Gesellschaft gerade einmal 245 463 Gulden aus. Das entspräche in heutigen Preisen weniger als 10 Millionen Euro – ein geradezu lächerlicher Betrag für ein Unternehmen dieser Größe. Der Grund dafür: Auf der Basis dieser Bilanz wurde festgelegt, welche Beträge den Erben der Firmenmitinhaber Ulrich und Georg ausgezahlt werden sollten. Und wenn es etwas gab, was Jakob Fugger vermeiden wollte, dann waren es Gewinnentnahmen, die das Eigenkapital des Unternehmens schmälerten. Deshalb ließ er alle Vermögenswerte möglichst niedrig bewerten und die Gewinne der vergangenen zehn Jahre nicht berechnen (was sicherlich möglich gewesen wäre), sondern mit einem niedrigen Betrag pauschalieren. Die Erträge aus dem ungarischen Erzmonopol kamen vorsichtshalber gar nicht erst in die Rechnung hinein.

Allen Bilanzen (zumindest allen nach deutschem Recht erstellten Bilanzen) gemeinsam ist ein Faktor, der bei florierenden Unternehmen das tatsächliche Firmenvermögen stark unterschätzt. Sie ermitteln nämlich den Liquidationswert des Unternehmens: Was würden die einzelnen Firmenteile und Vermögenswerte noch einbringen, wenn die Firma aufgelöst würde, und reichte das aus, um alle Schulden zu bezahlen? Bei hoch profitablen Unternehmen ist der Firmenwert oft um ein Vielfaches höher als dieser so genannte Buchwert, was völlig zu Recht daran liegt, dass man die Firma eben nicht auflöst, sondern ihre Aktiva weiter nutzbringend einsetzt. Aber keine Bilanz muss den Buchwert so tief ansetzen wie die der Fugger von 1511. Es sind noch zwei weitere, etwas realistischer klingende Bilanzen überliefert: Die eine wurde 1525, nach dem Tod Jakobs, erstellt und gibt das Gesellschaftsvermögen mit 2 Millionen Goldgulden an. In heutigen Edelmetallpreisen entspräche das etwa 65 Millionen Euro, in Relation zur damaligen Kauf- oder Wirtschaftskraft war es weitaus mehr – die 2 Millionen Gulden entsprachen in etwa dem, was alle damaligen Bergbaubetriebe in Deutschland in einem Jahr aus dem Erdboden holten, oder dem Vierzigfachen der gesamten Steuereinnahmen der Stadt Augsburg.

Ein Staatsbankrott erschüttert die Firma

Die andere Bilanz von 1550 hingegen, die das Betriebsvermögen mit 6 Millionen Goldgulden beziffert, ist wieder mit mehr Vorsicht zu genießen. Auf der Aktivseite der Bilanz standen insgesamt mehr als 3,5 Millionen Goldgulden Forderungen an das Haus Habsburg, die Anton Fugger streng genommen schon hätte wertberichtigen müssen, denn es war mehr als fraglich, ob diese Kredite jemals zurückgezahlt werden würden. Während Jakob noch streng darauf geachtet hatte, sein Unternehmen nicht von der Zahlungsfähigkeit oder -willigkeit eines einzelnen Schuldners abhängig zu machen, gelang dies seinem Nachfolger Anton nicht mehr: Dem Finanzbedarf der Habsburger konnte er sich nicht entziehen. Das lag in erster Linie daran, dass es an Alternativen mangelte. In einer von Bauern- und Religionskriegen geschüttelten Zeit waren Ausleihungen an andere Herrscherhäuser auch nicht sicherer als die Kredite für die

Habsburger. Und es fehlte an expansiven Unternehmern, die einen Kredit erstens brauchten und ihn zweitens auch zurückzahlen konnten.

Das Firmen- beziehungsweise Familienvermögen, das sich in bis dahin europaweit unerreichte Höhen geschraubt hatte, wurde schließlich 1557 schwer getroffen, als der spanische König Philipp II. den Staatsbankrott erklärte. Zwar ging das Vermögen der Fugger nicht gänzlich verloren, und bis in unsere Tage verfügt die Familie noch über beträchtlichen Grundbesitz in Süddeutschland; aber der Nimbus, den Jakob Fugger aufgebaut hatte, war dahin. Das zu Beginn der Renaissance so fortschrittliche Unternehmen scheiterte nach zwei Generationen des Vermögensaufbaus an der einfachen Tatsache, dass außer den Fuggern selbst niemand sonst modern genug war, um mit ihnen gemeinsam das Jahrhundertprojekt in Angriff zu nehmen und den Kapitalismus zur Welt zu bringen. So ganz allein und von Augsburg aus war eine solche Aufgabe eben nicht zu bewältigen. Der Rest Europas entschied sich dafür, Vermögen nicht erarbeiten, sondern erbeuten zu wollen – und stürzte damit nicht nur fremde Länder (ab 1492), sondern auch den eigenen Kontinent (bis 1648) ins Verderben.

Indien: Großmoguln und Pfeffersäcke

Wenn ein Aktionär an der Börse sein ganzes Kapital verloren hat, lautet der ebenso zynische wie korrekte Standardtrost: Das Geld ist ja nicht weg. Jetzt hat es nur jemand anders. Ähnliches gilt für Europa in den gut 150 Jahren zwischen der Entdeckung Amerikas 1492 und dem Ende des Dreißigjährigen Krieges 1648. Von all dem Gold und Silber, das aus Amerika nach Europa floss, blieb weniger als nichts übrig. Der Kontinent, von dem um 1500 so deutliche Zeichen einer Aufwärtsbewegung ausgegangen waren, hatte sich im wahrsten Sinne des Wortes selbst zerfleischt. Und das Gold war weitgehend aus Europa verschwunden. Aber es war natürlich nicht weg, es hatte nur jemand anders – Indien.

Der Dreißigjährige Krieg finanziert das Tadsch Mahal

Diese Jahrzehnte des europäischen Desasters waren die Blütezeit des indischen Mogulreiches. Und gerade im Jahr 1648, als Mitteleuropa ausgeblutet den Westfälischen Frieden schloss, weil es niemanden mehr gab, der noch hätte Krieg führen können, weihte Schah Dschahan (1592–1666) in der alten Mogulresidenzstadt Agra eines der schönsten und prächtigsten Bauwerke aller Zeiten ein: das Tadsch Mahal. Diese Parallelität der Ereignisse war kein Zufall. Ein erklecklicher Teil der indischen Staatseinnahmen speiste sich aus dem Salpeterexport in das Krieg führende Europa – ohne indischen Salpeter kein Schwarzpulver, ohne Schwarzpulver keine Munition, und ohne Munition kein Dreißigjähriger Krieg.

Als Schah Dschahan seine Residenz von Agra nach Delhi verlegte, ließ er ein paar Kleinigkeiten in Agra zurück, die als »nicht ganz ein Zwanzigstel« seines Privatvermögens dargestellt wurden: »750 Pfund Perlen, 275 Pfund Smaragde erster Qualität, 5000 Edelsteine aus Nordchina, noch nicht gesichtet, 900 Pfund ungeschliffene Diamanten in zwei Bottichen, 200 Dolche, 1000 goldbesetzte Pferdesättel mit Edelsteindekor, 2 goldene und 3 silberne Throne, 100 silberne und 5 goldene Stühle aus dem Harem, 200 höchst wertvolle Spiegel, 100 000 Stück Silbergeschirr, 50 000 Pfund Goldgeschirr, 2 lebensgroße Figuren von Elefanten, goldbeschlagen, 30 000 Stück chinesisches Porzellangeschirr.« Sogar wenn wir die Hälfte davon abziehen und den Rest nicht als ein Zwanzigstel, sondern als das gesamte Vermögen des Großmoguls betrachten würden, es wäre immer noch um ein Vielfaches größer als selbst das größte damals in Europa existierende Vermögen. Es wäre ebenfalls um ein Vielfaches größer als der Inkaschatz, den Atahualpa 1533 den Spaniern auslieferte. Und wenn man die Schilderung ernst nimmt, hätte der indische Mogul wohl über mehr Vermögen verfügt, als in ganz Europa zusammengenommen Mitte des 17. Jahrhunderts vorhanden war.

Noch zweieinhalb Jahrhunderte später wurde der Begriff Mogul so sehr mit Reichtum identifiziert, dass Heinrich Zille ihn uns in einem Berliner Kindervers von 1902 überlieferte: »Der große Mogul Schah Dschahan, der hat am Arsch 'ne Pille dran, Rubine, Gold und Blech dazu – und raus bist du!«

Ganz am Anfang jedoch, am Ende des 14. Jahrhunderts, verband sich mit den Moguln nicht beispielloser Reichtum, sondern beispiellose Zerstörung. Der Großräuber Timur hatte seinen Truppen diesen Kampfnamen gegeben, um eine möglichst enge Verbindung zu den gefürchteten Mongolen zu suggerieren.

Ein Tiger mit Kanonen

Timur hinterließ keinen Räuberhauptmann mit auch nur annähernd vergleichbarer Autorität. Nach seinem Tod 1405 zerfiel sein Reich innerhalb kürzester Zeit. Sogar das Kernland rund um Samarkand verteilte sich auf acht winzige Fürstentümer. Doch der Erbe eines dieser Territorien machte sich genau 99 Jahre später erneut auf den Weg. Zahiruddin Mohammed ben Omar Mirza (1483–1530), genannt Babur (der Tiger), eroberte im Oktober 1504 Kabul, die wichtigste Handelsstation auf dem Landweg nach Indien. Neun Jahre später besetzte er den Khyberpass, das Einfallstor nach Nordindien, und noch einmal neun Jahre später maschierten seine Truppen dort ein. Und da außer ihm im Norden Indiens niemand über die damalige High-Tech-Waffe Kanonen verfügte, kam er schnell voran: 1525 eroberte er Lahore, 1526 Agra südlich von Delhi, das er zu seiner Residenzstadt machte.

Unter Baburs Sohn Humayun ging das Reich noch einmal kurzzeitig verloren, doch sein Enkel Akbar (1542–1605) machte die nördliche Hälfte Indiens zur ökonomischen Supermacht der damaligen Welt. Der größte Teil der erzielten Überschüsse wanderte dabei direkt in die Mogulkasse, denn die wichtigsten indischen Branchen und Geldbringer waren staatliche Monopole. Das galt ab 1575 zur Gänze für den Außenhandel, und es galt für große Teile der Textilindustrie – ja, richtig gelesen: Industrie. Nirgends auf der Welt wurde damals in so großem Maßstab produziert wie in Indien. 1617 arbeiteten bereits 35 000 Spinnerinnen und 22 000 Weber in dem Ort Chatun an der Verarbeitung von Baumwolle. Die Unmengen an Baumwollstoffen aus Chatun dominierten den Weltmarkt so sehr, dass sie noch heute im englischen Wort cotton und im deutschen Kattun nachklingen. Auch das kostbarste aller Farbpigmente, das aus zermahlenem Lapislazuli gewonnene Ultramarin, durfte nur in kaiserlichen Betrieben hergestellt werden. In Europa wog man Ultramarin doppelt mit Gold auf.

Ein Achtelpfund Pfeffer auf ein Kilo Hirschpenis

Aber die Europäer zahlten nicht nur für blaue Farbe. Die Gewürze waren es vor allem, die Indien zum Objekt der Begierde für Händler und Abenteurer machten – schließlich wurde der Pfeffer, den man in Indien gegen Silber aufgewogen kaufte, schon in den europäischen Häfenstädten so teuer wie Gold. Allein für das Jahr 1585 verzeichneten die Chroniken an indischen Exporten in das Abendland: 25 000 Tonnen Pfeffer, 17 000 Tonnen Gewürznelken, Edelsteine zum Preis von 2 Millionen Golddukaten und 27 000 Ballen Seide. Europa hingegen verfügte lediglich über ein Exportprodukt, das die Inder interessierte: Glas, vor allem farbiges. Der größte Teil der Gewürzrechnung musste also mit Edelmetall bezahlt werden.

25 000 Tonnen Pfefferverbrauch in einem Jahr, das machte für jeden Einwohner des damaligen Europas etwa ein Pfund – eine gewaltige Menge, wenn man mit einrechnet, dass der größte Teil der Bevölkerung sich dieses Luxusgewürz nicht einmal grammweise leisten konnte. Aber die Zahl kann dennoch realistisch sein: Wie die schmalen Eliten in vielen der heutigen Entwicklungsländer leisteten sich auch die abendländischen Eliten des 16. Jahrhunderts einen demonstrativen Luxuskonsum, um dadurch ihren Status zu manifestieren. Heute kauft man sich dafür einen Porsche, damals war es Pfeffer: Ein Kochbuch aus der damaligen Zeit empfiehlt auf ein Kilo Hirschpenis ein Achtelpfund Pfeffer – kulinarisch der reinste Wahnsinn und damit etwa genauso vernünftig wie im Porsche durch den Berufsverkehr von Mexiko-Stadt zu fahren.

Mit Goldschmuck zur Feldarbeit

Die Inder stellten sich vernünftiger an. Wenn auch das europäische Gold erst einmal in der Staatskasse landete, so kam es doch schnell wieder unters Volk. Der Mogul-Biograf Hans-Georg Behr berichtet, dass Akbars Sohn und Nachfolger Dschahangir (1569–1627) allein für seinen 12 000 Personen umfassenden Hofstaat mehr als 300 Kilogramm Gold pro Tag ausgeben musste. Und da auch die luxuriösesten Produkte, die sich der Mogulhof leistete, zum allergrößten Teil aus heimischer Produktion stammten (woher auch sonst?), verteilten sich die Exportüberschüsse zwar nicht gleichmäßig, aber doch breit unter der Bevölkerung. Reisende aus Europa berichteten damals immer wieder bass erstaunt, dass indische Bäuerinnen ihre Feldarbeit mit Goldschmuck behängt verrichteten.

Wenn die Europäer zu dumm waren, ihre Schätze dem eigenen Volk zugute kommen zu lassen, und sich stattdessen für Pfeffer ruinierten, konnte das den Indern nur recht sein. Das heißt, eigentlich war es ihnen egal, was die Christen am anderen Ende der Welt für Marotten pflegten – Indien war ihnen ja haushoch überlegen. Ein paar besonders unangenehme Erfahrungen hatte man sogar auf dem eigenen Kontinent sammeln können, schließlich gab es seit Anfang des 16. Jahrhunderts europäische Handelsniederlassungen an der indischen Westküste. Portugiesen vor allem, aber auch Holländer und Engländer bauten ihre Stützpunkte aus und machten sich denkbar unbeliebt. Sie trugen einen religiösen Fundamentalismus vor sich her, der auf peinliche Weise an den heutiger Islamisten erinnert. Mit einem gravierenden Unterschied: Die damaligen Christen konnten sich der Billigung ihres Verhaltens von allerhöchster Seite gewiss sein – Papst Alexander VI. (der berüchtigte Borgia) hatte sie beim Umgang mit Andersgläubigen von allen sonst gültigen Anstandsregeln entbunden und ihnen insbesondere gestattet, jeden mit Nichtchristen abgeschlossenen Vertrag zu brechen.

Der Mogul will die »wilde Rasse« der Europäer zivilisieren

Kein Wunder also, wenn die Europäer in Indien keinen guten Ruf hatten. Denn in der Blütezeit des Mogulreiches war hier der Staat von einer erstaunlichen religiösen Toleranz. »Lass nie zu, dass Religionsunterschiede mit Politik vermischt werden«, so sollte laut Akbar »der erste Grundsatz jedes Herrschers« heißen. Und sein Nachfolger Dschahangir war, obwohl Muslim, wahrscheinlich der weltweit einzige Herrscher, der sich auf einer offiziellen Münze mit einem Schnapsglas in der Hand abbilden ließ.

Welch ein Kontrast zu den Europäern! Ein Beamter des Radscha von Udaipur bezichtigte sie »einer Vertragsbrüchigkeit, wie sie nicht einmal die Kastenlosen in ihren wüstesten Gebräuchen kennen«. Und solcher Ekel wurde noch weiter dadurch verstärkt, dass die Christen, sowohl die

Portugiesen als auch die Holländer, damals die einzige Volksgruppe waren, die in dieser Ecke der Welt Sklavenhandel betrieb. Im Mogulreich selbst war jeglicher Sklavenhandel verboten – Ausländer, die dennoch dabei erwischt wurden, mussten das Land verlassen. Nur wenn die Übergriffe gegen die indischen Regeln zu drastisch ausfielen, griffen die Moguln härter durch. 1611 etwa begingen Portugiesen den Affront, das Privatschiff der Kaiserin Nur Dschahan anzugreifen und auszuplündern. Kaiser Dschahangir ließ daraufhin alle Portugiesen einsperren, die sich gerade in seinem Reich aufhielten, und drohte damit, sie für immer des Landes zu verweisen. Gegen Rückgabe der gestohlenen Gegenstände und ein Bußgeld in hundertfacher Höhe des entstandenen Schadens ließ er die Portugiesen aber noch einmal davonkommen. Schon sein Vater Akbar hätte die Barbaren einfach zurück ins Meer treiben können. Stattdessen entschied er sich dafür, »diese wilde Rasse durch freundlichen Umgang zu zivilisieren«.

Aus indischer Sicht war dies der entscheidende strategische Fehler. Denn mit einer Politik der Beschwichtigung war den Monstren, als die sich unsere Vorfahren hier zeigten, nicht beizukommen. Das traurige Schicksal der mittel- und südamerikanischen Hochkulturen hätte den Moguln eine Warnung sein können, doch ihre damalige Position der Stärke verhinderte, dass sie auch nur auf die Idee kommen konnten, sich mit Inkas oder Azteken zu vergleichen. Indien hielt sich im 17. Jahrhundert nicht nur für unbesiegbar, sondern sogar für unangreifbar und hatte damit sowohl kurz- wie mittelfristig gesehen völlig Recht. Und warum sollte man diplomatische oder gar militärische Mittel einsetzen, um ein mögliches Erstarken Europas in ferner Zukunft zu verhindern? Immerhin handelte es sich um einen der wichtigsten Handelspartner. So konnte die »wilde Rasse« von damals ein paar Jahrhunderte später die Verhältnisse komplett umdrehen: Europa zog die Reichtümer aus aller Welt an sich, und Indien sank zur Kolonie herab.

Die Weltwirtschaftskrise von 1650

Mit den Ursachen für den Aufstieg des Abendlandes zur Weltmacht beschäftigen wir uns ausführlicher im folgenden Kapitel. Doch zunächst zu den Entwicklungen, die zum Abstieg Indiens führten: Sie waren größtenteils hausgemacht, und nur für eine davon war das Abendland mitverantwortlich, für das ökonomische Desaster Mitte des 17. Jahrhunderts. Die europäische Selbstzerstörung durch den Dreißigjährigen Krieg, von der Indien profitiert hatte, stürzte nun, nach Kriegsende, auch Indien in eine tiefe Wirtschaftskrise. Der Export ins Abendland brach fast völlig in sich zusammen. 1653 erreichte der Handel mit Seide, Edelsteinen, Perlen und Salpeter nicht einmal mehr 1 Prozent des Vorkriegsvolumens, bei Farben und Gewürzen waren es gerade noch 15 Prozent, und auch das vergleichsweise stabilste Exportprodukt, die Baumwolle, kam nur auf ein Fünftel des Vorkriegswertes.

Eine vorausschauende indische Wirtschaftspolitik hätte zwar nicht die blutigen Auseinandersetzungen zwischen Protestanten und Katholiken im fernen Europa verhindern können. Es wäre allerdings bestimmt einen Versuch wert gewesen, die Kuh, die man schon so lange molk, am Selbstmord zu hindern. Diplomatische oder auch direkte finanzielle Einflussnahme der Supermacht Indien wäre durchaus vorstellbar gewesen, und wer weiß, vielleicht hätten sich die verfeindeten Lager sogar auf einen muslimischen Herrscher als ehrlichen Makler eingelassen.

Doch selbst wenn dieser Grad von aktiver imperialistischer Politik für die Moguln keine Alternative darstellte, wäre es dringend geboten gewesen, in der Hochkonjunktur der Kriegslieferungen für die Rezession der Nachkriegszeit vorzusorgen. Aber dem Herrscher Schah Dschahan, der 1628 auf seinen Vater Dschahangir gefolgt war, erschienen nicht, wie weiland dem pharaonischen Topmanager Joseph, sieben fette und sieben magere Kühe im Traum, und so zelebrierte er einen in aller Welt bewunderten Luxus – bis mit der Wirtschaft auch die Staatseinnahmen zusammenbrachen.

Das Reich überdehnt sich

Die Lösung, auf die sowohl Schah Dschahan als auch sein Nachfolger Aurangzeb (1618–1707) verfielen, um die Staatskasse wieder zu füllen, war dafür kurzfristig gut geeignet, wirkte aber langfristig verheerend: Sie ließen ihre Soldaten in Richtung Süden marschieren, um das Reich zu vergrößern und die Schätze der am Weg liegenden Fürstentümer einzustreichen. Dabei waren sie so erfolgreich, dass das Mogulreich schließlich fast das gesamte Territorium des indischen Subkontinents umfasste. Das beschleunigte sein Ende: Mit den damaligen Mitteln war dieser Staat nicht mehr steuerbar. Noch dazu verfiel Aurangzeb gerade zu der Zeit auf die Idee, die von seinen Vorgängern praktizierte religiöse Toleranz aufzugeben und die alte Vorherrschaft der Muslime über die Hindus zu restaurieren – was Letztere sich aber, anders als früher, nicht mehr klaglos gefallen ließen.

Wenn zwei Religionen sich befehden, lässt sich darüber nur schwer ein stabiles staatliches Dach spannen. Die europäische Erfahrung aus dem Jahrhundert der Reformationskriege bestätigte sich nun auch hier. Die Mogularmee wurde beständig in Guerillakriege verwickelt, an allen Ecken des Reiches brachen Aufstände los, die Perser marschierten ein, die Europäer eroberten sich neue Stützpunkte sowie Handelsprivilegien und verbesserten so ihre Position. Mitte des 18. Jahrhunderts war das eben noch starke Reich der Moguln in eine Vielzahl unabhängiger Fürstentümer zerfallen. An seine Stelle trat das kolonialistisch-kaufmännische Imperium der Britisch-Ostindischen Kompanie.

Der Übergang des Abendlandes

Lassen Sie uns eine kleine Halbzeitpause einlegen. Nicht etwa, weil wir ungefähr in der Mitte des Buches angelangt sind, sondern weil wir uns an einem entscheidenden Wendepunkt der Wirtschaftsgeschichte befinden. Im Blick zurück haben wir anhand der Dagoberts die unterschiedlichsten Ökonomien kommen, gehen und wiederkommen sehen: räuberische und soldatische Systeme, Kaufmanns- und Piratenrepubliken, feudal kommunistische und kulturkeynesianische Gesellschaften. Und wir konnten verfolgen, wie die Spitzenposition in der Weltwirtschaft von Region zu Region, von Kulturkreis zu Kulturkreis wechselte: von Ägypten in den Nahen Osten und weiter nach Rom, über Byzanz zurück in den Orient und dann nach China und nach Indien. Ab jetzt werden wir es nur noch mit einem Wirtschaftssystem zu tun haben – mit dem Kapitalismus. Und wir werden nur noch einen Kulturkreis finden, der die Weltwirtschaft dominiert – das Abendland. In der ersten Hälfte des Buches nimmt dieses mehr Platz ein, als ihm rein monetär betrachtet zustände. Sowohl die alten Griechen als auch die Hanseaten sind weit von der Spitze der Vermögens-Weltrangliste entfernt (den Sprung ins Buch schafften sie nur, weil sonst die meist abendländischen Leser denken könnten, diese seien vergessen worden). Von jetzt an sieht das völlig anders aus. Es muss also etwas passiert sein, das ausgerechnet uns an die Weltspitze gebracht hat.

Wir sind es gewohnt, die Ursache dafür in unserer Renaissance zu suchen: Zwischen 1450 und 1550 brach in Europa die Neuzeit an. Von der Erfindung des Buchdrucks mit beweglichen Lettern um 1450 über die Entdeckung Amerikas 1492 und den Beginn der Reformation 1517 ziehen wir eine gerade Entwicklungslinie bis zur Erlangung der faktischen Weltherrschaft im 19. Jahrhundert. Wenn wir im 16. Jahrhundert stark genug waren, um über Amerika zu herrschen, und im 19. Jahrhundert stark genug, um weltweit die Vorherrschaft zu übernehmen, liegt es doch wohl nahe, dass das Abendland aus einer Position der ökonomischen, geistigen und militärischen Stärke heraus in den dazwischen liegenden Jahrhunderten die Welt erobert hat.

So einfach stellt sich Geschichte dar, wenn sie aus der Sicht des Siegers geschrieben ist. Aber diese Argumentation steht auf äußerst wackligen Beinen. Denn das Europa am Beginn der Neuzeit war in keiner Weise stark. Es hatte sich zudem durch das Jahrhundert der Religionskriege, vom Schmalkaldischen Krieg 1546/47 bis zum Westfälischen Frieden 1648, gründlich ruiniert. Wie bei vielen scheinbar selbstverständlichen Wahrheiten ist deshalb wohl eher das Gegenteil davon richtig: Es war gerade die sowohl absolute wie relative Schwäche, die den Grundstein zum europäischen Siegeszug legte.

Europa im Mittelalter: ein Wurmfortsatz der Weltwirtschaft

Wie schlecht es am Beginn der Neuzeit ökonomisch um Europa stand, haben wir in den vorherigen Kapiteln bereits beschrieben: Seit mehr als 1000 Jahren verfügte der Wurmfortsatz des asiatischen Kontinents über praktisch keine weltmarktfähigen Produkte. Es gab zwischen dem Untergang des Römischen Reiches und dem Hochmittelalter nur noch in Byzanz und im arabisch besetzten Teil Spaniens eine funktionierende, in die Weltwirtschaft eingebettete Ökonomie. Der Rest Europas betrieb eine fast hundertprozentige Selbstversorgerwirtschaft. Kein höfischer Prunk, keine stolzen Kaufleute, keine wertvollen Rohstoffe und eine Kunstfertigkeit, die sich fast völlig auf die – nicht exportierbaren – Kirchenbauten konzentrierte: Europa war damals für die Weltwirtschaft etwa so wichtig, wie Afrika es heute ist.

Sogar ein Regionalhandel, wie ihn etwa die Hanse betrieb, war über viele Jahrhunderte praktisch nicht existent. Unternehmergeist fand sich kaum, Planungssicherheit ebenso wenig, da es keine starke Zentralgewalt gab, die größere Investitionen hätte garantieren können. Räuberbanden machten das Land, Piraten die Meere unsicher, und die Staaten konnten ihre Bürger nicht davor schützen, weil sie zu schwach waren – oder gar selbst mit den Banditen im Bunde standen. Die Entdeckung Amerikas verstärkte nur noch die ökonomisch ungesunde Tendenz, den Raub als einzig adäquate Methode der Bereicherung anzusehen. Vereinzelt, etwa bei den Fuggern, gab es Ansätze, durch eine Steigerung der Arbeitsproduktivität zu Wachstum und Wohlstand zu kommen, aber sie konnten sich gegen den Zeitgeist nicht durchsetzen.

Auch mit der viel gerühmten militärischen Stärke Europas war es nicht weit her. Im Südwesten dauerte es mehr als 700 Jahre, die Araber wieder aus Spanien zu vertreiben. Und vom Südosten her war der Kontinent bis zum Ende des 17. Jahrhunderts von den Türken bedroht: 1541 setzten sie sich in Ungarn fest, und erst nach der Niederlage vor Wien 1683 konnten die Türken auf den Balkan zurückgedrängt werden. Zwischen dem fünften Kreuzzug von 1228/29, bei dem sich Friedrich II. den Titel eines Königs von Jerusalem holte, und Napoleons Ägyptenfeldzug 1798/99 gab es nur eine ernst zu nehmende militärische Operation, die auf dem Landweg versuchte, das europäische Einflussgebiet zu vergrößern: die Eroberung des praktisch menschenleeren Sibiriens durch russische Kosaken im 17. Jahrhundert.

Der einzige echte Aktivposten Europas war die Herrschaft über die Weltmeere. Keine andere Hochkultur hatte so konsequent in die Seefahrt investiert. Auch dies war eher aus einer Position der Schwäche heraus erfolgt. Europa hatte nämlich etwas nicht, was die anderen Hochkulturen besaßen: ein Zentrum. Es gab keine Zentralgewalt, keine verbindlichen Regeln für Handel und Wandel, keine europäische Infrastruktur und kein erschlossenes Binnenland. Handelsgüter transportierte man deshalb am praktischsten per Schiff. Indien dagegen war stets eine reine Landmacht geblieben (sogar die Pilgerfahrten nach Mekka wurden auf portugiesischen Seglern gebucht), und China hatte seine durchaus erfolgreichen Experimente mit der Hochseeschifffahrt im 15. Jahrhundert wieder beendet. Die

Seefahrt brachte einen kräftigen Globalisierungsschub – und den Europäern die Kontrolle über alle Küstenstreifen der Welt, die sich des Ansturms der Piraten-, Handels- und Kriegsschiffe nicht erwehren konnten.

Wer Völker vernichtet, muss keinen Volksaufstand fürchten

Für mehr als die Küstenstreifen reichten die Energien im 16. und 17. Jahrhundert nur bei der Eroberung Amerikas. Und auch da allein durch glückliche Umstände. Hätten die Azteken Hernán Cortés besiegt und ihn nach traditioneller Art zusammen mit seinen Hundertschaften ihrem Kriegsgott Huitzilopochtli geopfert (und sie kamen dem gefährlich nahe), die Spanier hätten bestimmt keine reguläre Streitmacht für einen Krieg auf dem mexikanischen Hochplateau schicken können. So eroberten sie, beinahe zufällig, einen fast menschenleeren Kontinent, den sie dann noch weiter entvölkerten. Das war nicht nur moralisch verwerflich, sondern auch ökonomisch absurd; aber es war möglicherweise der einzige Weg für ein angeschlagenes Spanien, um trotz jahrhundertelanger Schwäche die Macht über Lateinamerika aufrechterhalten zu können – wo kein Volk, da kein Volksaufstand.

Bei aller Vorsicht vor historischen Vergleichen: Wir können uns die geopolitische Lage Europas um 1600 etwa so vorstellen wie die der heutigen muslimischen Staaten von der Arabischen Halbinsel bis nach Pakistan.

- Eine große historische Tradition verbindet sich aktuell mit einem riesigen Rückstand auf die führende Weltmacht.
- Es gibt eine einzige starke Waffe – damals die europäische Seemacht, heute das arabische Öl –, die zu einem stetigen Geldzufluss führt.
- Der größte Teil dieses Geldes wird nicht produktiv investiert, sondern für Luxuskonsum ausgegeben und landet damit in den Kassen der jeweiligen ökonomischen Supermacht (damals Indien, heute USA/Europa).
- Die herrschende Religion ist tief in zwei Lager gespalten, die jeweils

einzelne Teile des Gebietes dominieren und sich auf anderen Teilen bekämpfen.

- ◇ Religiöse Fundamentalisten rufen zur Bekehrung, wahlweise Ausrottung aller Ungläubigen auf und registrieren vor allem in ökonomischen Krisenzeiten wachsenden Zulauf.

Der machtpolitische Unterschied bei diesem Vergleich liegt im Selbstverständnis der jeweiligen Supermacht: Die USA sehen sich heute einer handfesten islamischen Bedrohung ausgesetzt und unternehmen große Anstrengungen, um die abendländische Vormachtstellung langfristig zu zementieren. Die Inder hingegen unterschätzten damals sträflich die Gefahr, die von Europa ausging. Und die geschickteste der damaligen europäischen Mächte machte sich systematisch daran, diese Nachlässigkeit zu bestrafen.

Von den Indern lernen hieß siegen lernen

Eine wichtige Rolle spielte dabei die Übernahme der überlegenen indischen Außenwirtschaftsordnung durch England Anfang des 17. Jahrhunderts. Bis dahin hatte es eine straff geführte staatsmonopolistische Ökonomie wie Indien sehr leicht, die kleinen Egoismen der heftig konkurrierenden europäischen Kaufleute gegeneinander auszuspielen. Die englische Königin Elizabeth I. (1533–1603) kopierte deshalb das indische Vorbild und gründete 1600 eine Monopolgesellschaft für den Indienhandel, die »Company Of Merchants Of London Trading Into The East Indies«, kurz die Ostindische Kompanie. Ihre Mitglieder beziehungsweise Anteilseigner waren als Einzige berechtigt, von England aus Schiffe um das Kap der Guten Hoffnung zu schicken. Dass nicht, wie bei den Moguln, einfach ein Staatsmonopol eingeführt, sondern der Umweg über eine Unternehmensgründung gewählt wurde, lag vor allem an folgendem Umstand: Man wollte auf diese Weise die einzelunternehmerischen englischen Kaufleute zwingen, in der Fremde gemeinsame Sache zu machen, was so gut funktionierte, dass die Ostindische Kompanie im 18. und 19. Jahrhundert faktisch zur Besatzungsmacht Indiens mutierte. Außerdem war es durch diese Variante der Monopolgewährung möglich, dem Parlament die Kontrolle über den Außenhandel zu entziehen – ein Problem, mit dem sich die Moguln nie befassen mussten.

Wie erfolgreich die Ostindische Kompanie war, sieht man nicht zuletzt daran, wie viele vergleichbare Gründungen sie in den folgenden Jahrzehnten und Jahrhunderten nach sich zog. (Eine davon, ein französisches Pendant, sollte allerdings nicht so sehr durch ihren Erfolg, sondern durch ihr grandioses Scheitern von sich reden machen. Aber das ist ein Thema für das nächste Kapitel.)

Damit haben wir schon eine Erklärung für den Aufstieg des Abendlandes an die Weltspitze: die Unverfrorenheit eines hochgerüsteten, ehrgeizigen und rücksichtslosen Staates, der von der stärksten Macht der damaligen Zeit nicht entschlossen genug bekämpft wird und sie nicht zuletzt dadurch besiegt, dass er ihre erfolgreichsten Institutionen kopiert. Aber dieser militärische Aufstieg Englands erklärt noch in keiner Weise, warum sich parallel dazu in Europa der Kapitalismus entwickelte, also die Basis für die beispiellose ökonomische Dominanz des Westens.

Die gar nicht so ursprüngliche Akkumulation

Niemand hat sich mit den Entstehungsbedingungen für den Kapitalismus intensiver beschäftigt als Karl Marx, der erste Wirtschaftshistoriker, der diesen Namen verdient. Für sein Stufensystem der ökonomischen Entwicklung brauchte er schließlich einen Kapitalismus, der dem Feudalismus überlegen ist und der über Qualitäten verfügt, die in der Geschichte einzigartig sind. Ganz fraglos: Die ökonomische Entwicklung hat durch die Erfindung des Kapitalismus einen Quantensprung gemacht. Aber wo und wie fand dieser Akt statt? Das Wo war für Marx klar – in England, dem seinerzeit am weitesten fortgeschrittenen Staat der Welt. Wie sonst hätte es diese Insel, die gerade eben noch fernab aller Hochkultur lag, wohl an die Weltspitze schaffen können? Und das Wie identifizierte Marx als die ursprüngliche Akkumulation. Dieser »historische Scheidungsprozess von Produzent und Produktionsmittel« habe uns den Kapitalismus eingebrockt, und er sei zustande gekommen durch die »gewaltsame Verjagung der Bauernschaft von Grund und Boden und durch Usurpation ihres Gemeindelandes« durch den englischen Landadel, der auf dem so gewonnenen Gelände Schafe züchtete.

Nun ist sogar aus marxistischer Sicht der Begriff der ursprünglichen Akkumulation völlig falsch. Denn das historisch Neue an dem von Marx geschilderten Prozess war nicht, dass es nunmehr »Eigner von Geld, Produktions- und Lebensmitteln« gab, die »durch Ankauf fremder Arbeitskraft ihre Produktionsmittel verwerten« wollten. Akkumuliert wurde, wie hier gesehen, in allen Epochen der Weltgeschichte, und in vielen davon auch durch den Ankauf fremder Arbeitskraft. Für die Kalkulation des Produzenten macht es ohnehin keinen großen Unterschied, ob Freie oder Sklaven für ihn arbeiten: Die einen kosten Lohn, die anderen Kost und Logis.

Nicht nur qualitativ, auch quantitativ hatte die Bereicherung des englischen Landadels nichts Sensationelles an sich. Das, was die frisch gebackenen englischen Kapitalisten des 16. Jahrhunderts dank der Vertreibung von Kleinbauern akkumuliert hatten, konnte in keiner Beziehung mit dem mithalten, was auf einen ordentlichen englischen Freibeuter auf den Weltmeeren wartete. Und schon gar nicht mit dem Vermögen, das ein chinesischer Eunuch am Kaiserhof oder ein hoher Offizier der indischen Mogularmee anhäufen konnte.

Bananenrepublik England

Wenn nicht der Reichtum das Besondere war, vielleicht war es die Armut? Dann müsste man den Prozess, der zum Kapitalismus führte, eher »ursprüngliche Expropriation« nennen, die Verwandlung von Bauern in Proletariat. Angestoßen wurde diese Entwicklung, so Marx, durch »das Aufblühn der flandrischen Wollmanufaktur und das entsprechende Steigen der Wollpreise« ab dem 14. Jahrhundert. Der britische Landedelmann erscheint hier aber nicht mehr als Ausbeuter, sondern nur als schwaches Glied in einer Frühform der weltwirtschaftlichen Arbeitsteilung. Das Industrieland (Flandern) braucht für die Herstellung seiner Produkte Rohstoffe (Wolle). Das Entwicklungsland (England) benötigt Geld, um sich die Industrieprodukte (flandrischer Wollstoff) leisten zu können. Also exportiert es den Rohstoff Wolle und vergrößert deshalb die Weideflächen für Schafe. Das geht nur, indem man der Landbevölkerung Anbauflächen entzieht, die ursprünglich für die Selbstversorgung genutzt wurden. Ganz so, wie es heute noch in jeder Bananenrepublik passiert. Und auch da landen, wie damals in England, die Profite aus dem Export natürlich nicht in den Taschen der Landbevölkerung, sondern in denen der Großgrundbesitzer.

War denn wenigstens die auf diese Weise entstehende Arbeiterklasse etwas Neues? Marx' berühmter »doppelt freier« Arbeiter, frei von Produktionsmitteln, aber auch frei von Bindungen an seinen Brötchengeber? Fast. Denn eine solche Bevölkerungsschicht gab es in dieser Form tatsächlich erst einmal – nämlich im alten Rom. Die römischen Proletarier, deren Namen sich Karl Marx denn auch für den Schlachtruf seines *Kommunistischen Manifests* ausborgte, waren freie römische Bürger, und sie besaßen keinerlei Produktionsmittel außer ihrer eigenen Arbeitskraft. Doch im Unterschied zu den Proletariern der Neuzeit mussten sie nur selten ihre Arbeitskraft verkaufen: Weil die Mächtigen Roms auf ihr Wohlwollen angewiesen waren, wurden sie mit Brot gefüttert und mit Spielen bei Laune gehalten. Mit solch einem Sozialstaat war natürlich kein Kapitalismus zu machen.

Damit bleibt also als Neuheit die Herausbildung einer Schicht von vermögenslosen Freien, um deren physisches Überleben sich niemand bekümmerte. Die Engländer hätten also den entscheidenden Schritt zum Kapitalismus und damit zur Weltherrschaft vollzogen, indem sie ihrem eigenen Volk das antaten, was Timur den von ihm überfallenen Völkern antat. Als Beschreibung der sozialen Verheerungen im Vor- und Frühkapitalismus ist das historisch nicht verkehrt, für die politische Propaganda erwies es sich ebenfalls als brauchbar, aber als Erklärung für den Siegeszug des Kapitalismus ist es doch ein bisschen wenig.

Kapitalismus braucht Winter

Suchen wir also in Ecken, in die Marx nicht so intensiv hineingeleuchtet hat. Reden wir zum Beispiel vom Wetter. Dann können wir die eigentümliche Feststellung machen, dass alle Hochkulturen, mit denen wir es in der ersten Halbzeit des Buches zu tun hatten, sich an Orten entwickelten, die über besonders günstige klimatische Bedingungen verfügten. Der Kapitalismus dagegen entstand und gedeiht auch heute noch am besten dort, wo die klimatischen Bedingungen besonders ungünstig sind. Zu den am höchsten entwickelten Industriestaaten gehören nämlich nur Länder, die einen echten Winter haben.[3] Und innerhalb der einzelnen Staaten kam die Industrialisierung dort besser voran, wo der Winter härter war – in der Lombardei besser als in Sizilien, in Galizien besser als in Andalusien. In England wie in Deutschland spielen die internen Klimaunterschiede keine signifikante Rolle, denn im Norden wie im Süden haben beide Länder »neun Monate Winter und drei Monate keinen Sommer« (Napoleon über Deutschland).

Hier liegt ein entscheidender Unterschied zwischen den Verhältnissen zur Zeit der Entstehung des Kapitalismus und denen in heutigen Bananenrepubliken. In Mitteleuropa kann man genauso wie in Mittelamerika verhungern oder verdursten – aber hier kann man auch erfrieren. Und man hat eben nicht die Chance, in der freien Natur genug Nahrung zum Überleben zu finden, weil mehrere Monate pro Jahr die Natur praktisch keine Nahrung liefert. Die schiere Notwendigkeit, sich vor Kälte zu schützen, zwingt den Abendländern eine Ameiseneinstellung auf. Sie dürfen nicht einfach in den Tag hineinleben, denn sie wissen, dass bald schon der nächste Winter kommt. Sie müssen vorsorgen, sparen, langfristig denken.

Zu dieser traditionellen, klimatisch bedingten Vorsorgementalität gesellte sich durch die massenweise Vertreibung der Kleinbauern von Grund und Boden eine neue Dimension: Es gab kein anderes Mittel mehr, um das Überleben zu sichern, als Geld. Wer kein Geld hatte, überlebte eben nicht. Damit entstand ein erster, von Beginn an breit angelegter Massenmarkt. Nicht dass das stetig wachsende Heer von Proletariern besonders kaufkräftig gewesen wäre. Aber man braucht eben in Mitteleuropa vergleichsweise mehr Geld zum Überleben als in den Tropen – und man muss es für wesentlich mehr Produkte ausgeben. Der Markt, auf dem die landlosen Proletarier ihre Bedürfnisse befriedigen mussten, bestand von Anfang an nicht nur aus Nahrungsmitteln, denn das Geld musste auch für Bekleidung, Behausung und Brennstoff reichen.

Für die Unternehmer ergab sich dadurch frühzeitig ein Anreiz zu einer Massenproduktion sowie einer Steigerung der Arbeitsproduktivität. Und für die Proletarier bestand der Zwang, aus dem jahreszeitlich bedingten Rhythmus des Arbeitslebens in einen fabrikmäßig disziplinierten Rhythmus zu wechseln. Damit wurde die Entwicklung in Gang gesetzt, die schließlich zum Kapitalismus führen sollte.

Die von Max Weber zum Geburtshelfer des Kapitalismus geadelte protestantische Arbeitsethik dürfte dagegen eine eher geringe Rolle gespielt haben: Die Japaner fanden sich hervorragend im Kapitalismus zurecht, auch ohne zum Calvinismus überzutreten, und die Entwicklungsunterschiede zwischen Nord und Süd in den katholischen Staaten Frankreich, Italien und Spanien lassen sich ebenfalls nicht auf religiöse Einflüsse zurückführen. Möglicherweise gilt eher umgekehrt: Der Protestantismus konnte sich nur in denjenigen Regionen Europas dauerhaft durchsetzen, die mit unwirtlichen Wintern geschlagen sind.

Legen wir uns nicht fest, was denn der wahre, der eigentliche oder auch nur der wichtigste Grund für die Entstehung des Kapitalismus war. Aber er war mit Sicherheit kein Produkt der Stärke. Ein ökonomisch schwacher und militärisch eher halbstarker Kontinent musste sein Heil auf dem Wasser suchen. Das Fehlen jeglicher exportfähiger Produkte erzwang in England die Umwandlung von Acker- zu Weideland, um wenigstens Wolle ausführen zu können. Die west- und mitteleuropäischen Winter zwangen der Bevölkerung Arbeitsdisziplin und Vorsorgementalität auf und schufen erste Massenmärkte. Durch seine territoriale Zersplitterung konnte sich im Abendland eine Wettbewerbsmentalität entwickeln, die zum Motor des technischen Fortschritts wurde. Zank und Streit belebten das Geschäft, und die Fortschritte der Seefahrt erleichterten nicht nur den Überseehandel, sondern auch den innereuropäischen Austausch und förderten damit die kontinentale Arbeitsteilung. Das Fehlen großer Reichtümer führte zur Entwicklung neuer Techniken, um das knappe Kapital möglichst effizient auf die profitträchtigsten Projekte zu verteilen. Und die Schwächung der einst allmächtigen Kirche ermöglichte die Herausbildung eines neuen Denkens und parallel dazu die Blüte aller erdenklichen Wissenschaften. Gerade die Schwäche des Abendlandes also ebnete dem Kapitalismus die Bahn. Und nach der Implosion des Mogulreiches gab es keine Supermacht mehr, die dem Export der europäischen Wirtschaftsordnung einen Riegel hätte vorschieben können: Ihrer Weltkarriere stand nichts mehr im Wege.

Von John Law bis Thomas Haffa: die Magier der Spekulationsblasen

Tulpenschulden sind Ehrenschulden

Natürlich gaben die wohlhabenden Europäer des 17. Jahrhunderts ihr Geld nicht nur für Pfeffer und andere indische Importe aus. Sie ließen sich auch einheimische Produkte etwas kosten. Tulpen zum Beispiel. Im 16. Jahrhundert noch für Unsummen aus der Türkei importiert, wurden Tulpen ab 1600 auch in Mitteleuropa kultiviert. Doch die Preise für Tulpenzwiebeln sanken dadurch erstaunlicherweise keineswegs – sie stiegen weiter. Von 1634 bis 1636 stiegen sie sogar ins schier Unermessliche. 1000 und mehr Gulden für eine einzige Tulpenzwiebel waren keine Seltenheit. Von der seltensten aller Zwiebeln, der Semper Augustus, waren in Holland, dem Epizentrum der Tulpenmanie, genau zwei Exemplare bekannt. Das eine ging für 4600 Gulden plus Kutsche plus zwei Pferde über den Tresen, das andere wurde gegen ein Baugrundstück im Zentrum von Amsterdam getauscht.

Aber damit war der Massenwahn auch ausgestanden. Bei jeder Spekulationsblase kommt irgendwann der Punkt, an dem der Versuch scheitert, einen Dummen zu finden, der noch mehr zahlt, als man selber es getan hat. Die Tulpenpreise fielen in sich zusammen, viele, die sich als Zwiebelbesitzer reich gerechnet hatten, merkten plötzlich, dass ihr Besitz nicht so viel wert war, wie eben noch an der Tulpenbörse notiert, sondern nur so viel, wie jemand ihnen dafür zu zahlen bereit war. Eine Prozesslawine überschwemmte das Land, denn viele Tulpenverträge waren Termingeschäfte – und die Abnehmer weigerten sich nun, den Züchtern die vereinbarten Mondpreise zu zahlen.

Und sie kamen damit durch. Denn die holländischen Gerichtshöfe verweigerten das Urteil: Sie stuften die Verträge als Glücksspiel ein, und weil Spielschulden Ehrenschulden sind, erklärten sich die Gerichte für nicht zuständig.

Bei Massenhysterien wiederum fühlen wir uns nicht zuständig, sofern sich niemand hemmungslos bereichert. Die Tulpenspekulation zeigt jedoch geradezu modellhaft, wie sehr die Suggestion des schnellen Geldes bei Millionen von Menschen jegliche Vernunft ausschalten kann. Das führt unter Umständen, wie bei den Tulpenzwiebeln, zu allgemeinem Chaos, bei dem es eher dem Zufall überlassen bleibt, wer nach der großen Umverteilung des Geldes im Plus und wer im Minus landet. Es gibt aber auch durchaus bewusst herbeigeführte Spekulationsblasen, bei denen eine Hand voll überlegt agierender Menschen nicht nur das schnelle, sondern das ganz große Geld einfährt. Und wie wir noch sehen werden, zeigt die Endabrechnung nach dem Platzen solcher Blasen immer wieder erstaunlicherweise eine spürbare Verbesserung der Staatsfinanzen.

John Laws Wundermedizin: Papiergeld

So begann auch die wundersame Karriere des schottischen Tausendsassas John Law of Lauriston 1716 mit einer leeren Staatskasse – nämlich der französischen nach dem Tod des Sonnenkönigs Ludwig XIV.

Law hatte England etwas überstürzt verlassen, nachdem er dem Gefängnis entkommen war, in dem er eine Strafe wegen Totschlags (bei einem Duell) verbüßte. Nach ausgedehnten Reisen durch Europa blieb er in Frankreich, wo Herzog Philipp von Orleans, Regent im Namen des noch minderjährigen Ludwig XV., seinem Plan besonders aufgeschlossen gegenüberstand. Kein Wunder: Bei einer Staatsschuld von 3000 Millionen Livres, mehr als zwanzigmal so viel wie die gesamten jährlichen Einnahmen des Staates, begrüßte man jeden Vorschlag, der geeignet war, die bereits überfällige Verkündung des Staatsbankrotts zu verhindern. Und genau das konnte John Laws Erfindung, das ungedeckte Papiergeld: An die Stelle der bis dahin üblichen Metallwährung (die wenigen bis dahin bekannten Banknoten waren durch Gold oder Silber gedeckt) sollte eine staatlich garantierte Papierwährung treten. Von ihr könnte dann so viel gedruckt werden, dass die Wirtschaft nie mehr unter Kapitalmangel leiden müsste. Und da der französische Staat höchstselbst dafür sorgen würde, dass weder zu viel noch zu wenig Geld im Angebot wäre, schien der immer währenden ökonomischen Glückseligkeit nichts mehr im Wege zu stehen.

Wie bei vielen faktisch inflationären Maßnahmen funktionierte auch diese anfangs fantastisch. Die von Law im Mai 1716 gegründete und mit weit reichenden Privilegien versehene Notenbank Banque Générale druckte frisches Geld, das der darnieder liegenden französischen Wirtschaft neues Leben einhauchte: Die Zinsen sanken, unternehmerische Aktivitäten regten sich, es wurde konsumiert, produziert und investiert. Eine der größten Investitionen kam dabei von Law selbst: Er gründete im August 1717 die Aktiengesellschaft Compagnie d'Occident, die als einzige Firma Geschäfte mit der französischen Provinz Louisiana machen durfte. Die Konstruktion war also ähnlich wie die der Britisch-Ostindischen Kompanie, mit dem ökonomisch durchaus relevanten Unterschied, dass die Sumpfgebiete des Mississippi-Deltas weit weniger umsatz- und profitträchtig waren als der indische Subkontinent.

Das wollte Law ändern: Er gründete die Stadt New Orleans und bot Ansiedlungswilligen günstige Konditionen für die ersten Jahre in Amerika. Alles schien prächtig zu laufen, John Law war der Liebling der Nation. Doch genauso wie die Bewunderung der Franzosen für den schottischen Wundertäter zunahm, stieg auch die Versuchung, dieses blinde Vertrauen für schnelle Bereicherung zu nutzen. Und dieser Versuchung erlag – der Herzog von Orleans. 1718 übernahm der Staat Laws Bank und benannte sie in Banque Royale um; 1719 nötigte der Regent den Bankdirektor Law, den Papiergeldumlauf drastisch zu erhöhen, um mit dem frisch gedruckten Geld einen Großteil der Staatsschulden zurückzahlen zu können. Und dies war genau der Sündenfall, der einer für den Geldumlauf verantwortlichen Zentralbank nicht unterlaufen darf.

Börsenhysterie in den Straßen von Paris

Das plötzlich so überreichlich vorhandene Geld floss im Handumdrehen als frisches Kapital an die Börse und führte dort zu einem die Franzosen begeisternden Börsenboom. Hatte Law im Sommer 1719 noch Schwierigkeiten, junge Aktien seiner Mississippi-AG mit einem Nennwert von 500 Livres zum Preis von 550 Livres unters Volk zu bringen, erlöste er ein paar Monate später für 300 000 weitere Aktien einen Preis von 5000 Livres pro Stück. Die ganze Nation verlegte sich aufs Spekulieren, in Paris wurden Aktien wild auf der Straße gehandelt, weil die Räume in der Börse für den Ansturm nicht ausreichten. Charles Mackay berichtet in seinem 1841 erschienenen Standardwerk über Massenhysterien von einem Buckligen, der in jenen Tagen ein Vermögen gemacht habe, indem er seinen Buckel den Straßen-Aktienhändlern als Schreibunterlage vermietete. Und Erich Leverkus weiß von einer Dame der Gesellschaft, die absichtlich ihre Kutsche vor Laws Haus umstürzen ließ, um seine Aufmerksamkeit zu erregen und ihn um eine Sonderzuteilung seiner Aktien bitten zu können.

1720, mitten im Kursrausch, wurde John Law zum französischen Finanzminister ernannt. Der Wert seiner Mississippi-Aktie stieg und stieg, bis es im Frühjahr 1720 bei einem Kurs von 20 000 Livres je Aktie nicht mehr weiterging. Der Kurs bröckelte, das Vertrauen in die Aktie schwand genauso wie das Vertrauen in das Papiergeld. Immer mehr Menschen versuchten, ihre Geldscheine gegen Gold oder Silber einzutauschen. Philipp von Orleans erließ drei Gegenmaßnahmen. Zuerst zwang er Law, ihm 100 000 Mississippi-Aktien zum Preis von 9000 Livres abzukaufen, um selbst auf die sichere Seite zu kommen. Dann verbot er den Privatbesitz von Edelmetallen – was sofort zu einer Flucht in andere Sachwerte führte. Und schließlich, im Mai 1720, wertete er die Banknoten auf die Hälfte ihres Nennwertes ab. Und damit war die Grenze erreicht. Denn eine ungedeckte Papierwährung (die heute weltweit übliche Variante) ist für ihr Überleben darauf angewiesen, dass die Menschen und die Märkte ihr vertrauen. Fehlt die Vertrauensbasis, fällt die Währung ins Bodenlose.

Genau das passierte mit Laws Geld, mit seinen Aktien wie mit allen französischen Aktien, mit allen französischen Banken und mit der gesamten französischen Volkswirtschaft. In der Endabrechnung dieser Spekulationsblase hatte die französische Krone einen großen Teil der Staatsverschuldung in Luft beziehungsweise in Papiergeld aufgelöst, dafür aber das Vertrauen der Bürger restlos verspielt – so restlos, dass noch 150 Jahre später französische Banken es peinlich vermieden, sich Banque zu nennen, sondern lieber für Crédit optierten. Ludwig XV. jedoch war für den Rest seiner Regierungszeit nicht mehr gezwungen, sich von seinem Volk neue Einnahmequellen genehmigen zu lassen. Das versuchte dafür sein Nachfolger Ludwig XVI., als er im Jahr 1789 die Generalstände einberief. Die Folgen sind bekannt.

Die englische Südsee-Blase

Waren die Franzosen des Jahres 1720 nur besonders dumm, weil sie der Massenhysterie der Börsenspekulation erlagen? Keineswegs. Im gleichen Jahr 1720 platzte nämlich in England eine ganz ähnliche Spekulationsblase, in deren Zentrum nicht der ferne Mississippi, sondern die noch fernere Südhalbkugel stand. Die South Sea Company, die 1711 das britische Monopol für den Handel mit Südamerika bekommen hatte, legte ein Kurswunder nach dem anderen hin, obwohl sie operativ von Anfang an ein hoffnungsloser Fall war. Der Handel mit Südamerika lag schließlich in den Händen der Spanier, die nicht gerade darauf warteten, der englischen Konkurrenz Marktanteile zu überlassen. Im Frieden von Utrecht 1713 erhielt die South Sea Company lediglich das Recht zugestanden, ein einziges Handelsschiff pro Jahr mit einem Fassungsvermögen von weniger als 500 Tonnen nach Südamerika zu schicken. Die erste dieser Fahrten fand 1717 statt, und sie war gleichzeitig die letzte, da diplomatische Verstimmungen im Verhältnis zu Spanien dazu führten, dass die Genehmigung ausgesetzt wurde.

Die Börse ließ sich allerdings durch solche Kleinigkeiten nicht von ihrer Euphorie abbringen. Die South Sea Company gab immer neue Aktien zu immer höheren Kursen aus. Und obwohl schon früh warnende Stimmen zu hören waren, hätschelte das Parlament die Company geradezu. Denn deren eigentliches Geschäftsmodell war es, die Staatsschulden zu übernehmen und das Geld dafür über die Ausgabe neuer Aktien aufzubringen. Am 7. April 1720 passierte ein Gesetzentwurf das Parlament, wonach die South Sea Company mehr als 30 Millionen Pfund Sterling Staatsschulden für sieben Jahre in ihre Bücher nehmen sollte. Doch das Management schaffte es nur noch einmal, Aktien im Nominalwert von einer Million Pfund zum Preis von 3 Millionen auszugeben, bevor im Sommer 1720 die Blase platzte.

Sowohl in Frankreich als auch in England lag der Börsenhysterie also eine zumindest kurzfristig rationale Kalkulation des Staates zugrunde. Man suchte einen dritten Weg zum Abbau der Staatsschulden, der populärer und leichter verdaulich sein sollte als die beiden bekannten, die Kürzung der Staatsausgaben oder die Steigerung der Einnahmen durch Steuererhöhungen. Gefunden wurden tatsächlich gleich zwei Wege. Den französischen nennen wir heute Inflation: Die Regierung entwertet die eigene Währung, um ihre in gutem Geld gemachten Schulden in schlechtem Geld zurückzuzahlen. Der britische Weg entspricht eher einer so genannten Asset Inflation: Die Regierung heizt die Spekulation an (oder sieht zumindest wohlwollend zu), um einzelne Vermögenswerte zu absurd hohen Preisen verkaufen zu können oder um Schulden zu absurd günstigen Konditionen umzuschichten.

Der bislang letzte Fall, in dem sich ein Finanzminister über solche »Unvorhergesehenen Mehreinnahmen zur Tilgung von Staatsschulden« freute, ereignete sich im Sommer 2000 in Deutschland, als es Finanzminister Hans Eichel gelang, sechs Pakete heiße Luft unter dem Namen »UMTS-Lizenz« für insgesamt 100 Milliarden Euro zu verkaufen. Für einen Staat kann sich die kurzfristige Bereicherung respektive Entschuldung auf Kosten seiner Untertanen langfristig umso heftiger rächen. Das französische Beispiel im 18. Jahrhundert ist dabei sicherlich ein Extremfall – in England gelang es, die Verantwortung für den Südseeschwindel von König und Parlament fern zu halten und sie auf das Management der South Sea Company abzuladen. Aber auch die Zerstörungen, die zum Beispiel die Millenniums-Blase an der in Deutschland gerade erst aufkeimenden Aktienkultur angerichtet hat, kann in Volkswirtschaft und Staatshaushalt mittel- und langfristig Schäden verursachen, deren Ausmaß sich uns Zeitgenossen noch gar nicht enthüllt. So wird es wohl nicht mehr gelingen, den Deutschen die Aktie als Anlageinstrument für die private Altersvorsorge anzudienen, und es ist höchst fraglich, ob es gelingen kann, das Rentensystem ohne dieses Instrument nachhaltig zu stabilisieren.

Völlig egal konnten und können solche langfristigen Überlegungen jedoch denjenigen sein, die eine Spekulationsblase nutzen, um ein Vermögen anzuhäufen. Typischerweise gibt es in solchen Situationen jeweils einen Helden, der scheinbar alles, was er anfasst, in Gold verwandelt (und nach dem Zusammenbruch dramatisch an Ansehen verliert), sowie jede Menge Trittbrettfahrer, die noch schnell auf den Zug aufspringen, bevor nichts mehr zum Verteilen da ist. In Frankreich hieß dieser Held John Law, im Börsenboom der deutschen Gründerzeit war es der Eisenbahnkönig Bethel Henry Strousberg und im Boom des Neuen Marktes der EM.TV-Chef Thomas Haffa. Aber der Reihe nach.

Der simple Trick des deutschen Eisenbahnkönigs

Im September 1869 gab Friedrich Engels seinem fernab in London weilenden Freund Karl Marx einen kleinen Einblick in die aktuelle deutsche Seelenlage: »Der größte Mann in Deutschland ist unbedingt der Strousberg. Der Kerl wird nächstens deutscher Kaiser. Überall, wohin man kommt, spricht alles nur von Strousberg.« Zeitungen und Zeitschriften befassten sich ausführlich mit allem, was Strousberg tat und dachte oder angeblich getan oder gedacht hatte, und schufen so den Mythos vom »Mann, der alles kann«. »Sein Bild«, schrieb Gottfried Reitböck im Jahrbuch deutscher Ingenieure, »hing in Schaufenstern neben dem Porträt des großen Bismarck und der kleinen Lucca, die, von der Wiener Hofburg kommend, damals als der Liebling aller Berliner galt.« Strousberg schien drauf und dran, sich zu einem, wie ein Journalist damals anmerkte, »noch nie da gewesenen, die Industrie und die Finanzen seines Vaterlandes, ja vielleicht ganz Europas beeinflussenden Nabob emporzuschwingen, der nur einzig und allein diesen hochfliegenden Plänen nachhängend, so ganz und gar von dieser, seinem Ehrgeiz schmeichelnden und seine Geldgier kitzelnden Idee eingenommen wurde.«

Strousbergs Idee war simpel und nur geringfügig betrügerisch. Er engagierte für eine zu bauende Eisenbahnstrecke einen Generalunternehmer, der für alle Vor-, Haupt- und Nebenarbeiten verantwortlich war und es zudem akzeptierte, sich mit Aktien der zu gründenden Eisenbahngesellschaft bezahlen zu lassen. Damit sowohl der Generalunternehmer als auch die Gründer der Gesellschaft dabei auf ihre Kosten kamen, wurde das Aktienkapital jedoch höher angesetzt, als die Baukosten wirklich ausmachten. Wenn für den Bau insgesamt 3 Millionen Taler veranschlagt waren, gab man Aktien im Nennwert von 6 Millionen aus. Stücke im Nennwert von 4 Millionen bekam der Bauunternehmer, der Rest wurde an der Börse platziert, die Einnahmen daraus waren der Bruttogewinn der Gründer. Damit die frisch gebackenen Aktionäre aber nicht zu früh merkten, dass sie ihr gutes Geld zur Hälfte für Luft ausgegeben hatten, wurden für die ersten beiden Jahre noch dicke Dividenden garantiert und aus dem Gründungsgewinn gezahlt – die Bahn war ja noch im Bau und konnte gar keine Dividende abwerfen. Aber der danach verbleibende Reingewinn der Gründer war für viel heiße Luft und wenig Trommeln sehr respektabel.

Dieser Trick wurde zwar dem staunenden Publikum nicht direkt auf die Nase gebunden, aber er war leicht genug zu durchschauen, um Hunderte von Nachahmern auf den Plan zu rufen. Allein in den beiden Jahren 1871 und 1872 entstanden in Preußen 728 Aktiengesellschaften – das waren mehr als doppelt so viele, als es noch 1870 insgesamt gegeben hatte. Auf die Qualität der Gesellschaften kam es dabei nicht an: So gründete ein Freiherr von Werthern die »Vereinigten Oderwerke«, die eine Dividende von 19 Prozent auf das Aktienkapital versprachen, und das, obwohl sie nur aus einer Lehmgrube und einer Ziegelei bestanden. Das

Kapital der »Märkischen Torfgräberei« bestand einzig und allein aus einer Torfwiese. Die jedoch sollte 210 000 Taler wert sein, schließlich hatte sie der Eigentümer, ein gewisser Fränkel, dem Gründer der Gesellschaft, namens Fränkel, für genau diesen Betrag verkauft.

Von der unübertroffen absurdesten Unternehmensgründung in einer Spekulationsblase berichtet übrigens Charles Mackay. Auf dem Höhepunkt des Börsenbooms rund um die South Sea Company kündigte ein Mann die Gründung einer Aktiengesellschaft an. Geschäftszweck: »eine hoch profitable Unternehmung zu starten, von der aber niemand weiß, worum es sich handelt.« Versprochene Dividende: 100 Prozent pro Jahr. Aktienkapital: 500 000 Pfund, aufgeteilt in 5000 Aktien je 100 Pfund, davon 2 Prozent als Anzahlung sofort fällig, der Rest nach der Gründung. Innerhalb von fünf Stunden, so Mackay, der sich auf »seriöse Quellen« beruft (sonst würden wir die Geschichte ja nicht weitererzählen), seien 1000 Aktien gezeichnet, also 2000 Pfund Anzahlung geleistet worden – mit denen der dubiose Gründer auf Nimmerwiedersehen verschwand.

Thomas Haffa: »Es ist so viel Geld da, das nicht weiß wohin«

Auch wenn wir noch so fassungslos vor der beispiellosen Dummheit der damaligen Aktionäre stehen: Es ist uns selbst nicht besser ergangen. Denn was war der gesamte Neue Markt anderes als eine vermeintlich hoch profitable Unternehmung, von der aber keiner wusste, worum es sich handelt? Als offizielle Existenzberechtigung für dieses 1997 neu gegründete Börsensegment musste die Versorgung junger High-Tech-Wachstumsunternehmen mit Risikokapital herhalten. Den eigentlichen Daseinszweck des Neuen Marktes beschrieb aber niemand so prägnant wie sein strahlender Held: »Es ist so viel Geld da, das nicht weiß wohin«, sagte Thomas Haffa 1998. Anfang 2000 war sein Anteil an der EM.TV AG rein rechnerisch 7 Milliarden Euro wert. Ein paar hundert Millionen zog er noch rechtzeitig ab, bevor die Blase platzte und allein die EM.TV-Aktionäre auf Verlusten von etwa 1,6 Milliarden Euro saßen.[4] Aber wie sagte doch schon im April 1873, kurz vor dem Ende des Gründerbooms, der Präsident des Reichskanzleramtes Delbrück: »Es liegt außerhalb der Macht der Gesetzgebung, Leute, die nun einmal ihr Geld los sein wollen, daran zu hindern.«

Den 1996 kurz vor der Pleite stehenden Kinderfilmrechtehändler Thomas Haffa hatten ein paar Mitarbeiter der WestLB kurz entschlossen für börsentauglich erklärt und an den Neuen Markt katapultiert, wo jemand, der Lizenzen für Trickfilmfiguren verkaufte, eigentlich nichts verloren gehabt hätte. Zumindest, wenn man den offiziellen Daseinszweck des Neuen Marktes ernst nahm. Aber Haffa ließ solche Zweifel schnell verstummen, denn er war wie geschaffen dafür, die neu erwachte deutsche Geldgier als volkswirtschaftlich sinnvoll zu adeln. Die Ankündigungspolitik seines Unternehmens war ähnlich fantasievoll wie seinerzeit die der South Sea Company, die tatsächlich das Gerücht verbreiten ließ, Großbritannien werde Gibraltar an die Spanier zurückgeben, damit im Gegenzug die South Sea Company freien Zugang zu den lateinamerikanischen Märkten erhalte. Unter Haffas Händen verwandelten sich Kinderfilme aus Leo Kirchs Archiv genauso in flirrende Heißluft wie Bernd Eichingers Constantin-Film und die Muppets des längst verblichenen Jim Henson. Über den Einstieg in die Formel 1 stolperte er am Ende nur, weil er deren Chef Bernie Ecclestone neben den anderthalb schon gezahlten Dollarmilliarden noch weitere 996 Millionen innerhalb eines Jahres versprochen hatte – scheinbar eine Kleinigkeit für den Midas aus Unterföhring. Aber nach Ablauf des Jahres, als der Aktienkurs zusammengebrochen war, hätte er schon sein gesamtes Privatvermögen einsetzen müssen, um die Firma über diese Klippe zu hieven. Da zog er sich lieber zurück und überließ anderen die Aufräumarbeiten.

Nicht jeder Magier der Spekulationsblasen kam so relativ ungeschoren davon wie Thomas Haffa. Den Direktoren der South Sea Company zum Beispiel wurden mehr als 90 Prozent ihres Privatvermögens beschlagnahmt, und noch schlimmer traf es den Berliner Eisenbahnkönig Bethel Henry Strousberg, nachdem 1871 sein auf Papier gebautes Imperium implodierte. 1875 wurde er in Moskau verhaftet, weil er russische Bankdirektoren bestochen haben sollte, um Kredite zu bekommen. Nach zwei Jahren Untersuchungshaft schob man ihn nach Deutschland ab. Als er 1884 starb, war er völlig mittellos. Dafür hinterließ uns der als Journalist durchaus begabte Strousberg eine fast schon anrührende Schilderung seines Niedergangs: »Alles, was ich befürchtete, traf ein und, wie zu erwarten war, blieben Kränkungen aller Art nicht aus. Falsche Freunde, triumphierende Feinde, verzagte Geschäftsverbündete, Belagerung durch arme Obligationsbesitzer, unaufhörliche Beleidigungen der Presse, die Kombination gegen mich bei der Görlitzer Bahn seitens der Disconto-Gesellschaft, das Versiegen meines Kredites, die Befriedigung der sich täglich mehrenden Geldbedürfnisse neben verminderten Einnahmen, Einsturz des Gebäudes an allen Enden, Baueinstellung bei den Bahnen und Fabriken, kurz, was nur Namen hatte und stören, schaden, kränken und zum Ruin führen konnte, trat ein.«

Die Industrialisierung: ohne Rücksicht auf Verluste

Mit guten Ratschlägen zur richtigen Ernährung füllt man heute die Seiten und die Kassen der Frauenzeitschriften. In der Frühzeit der Industrialisierung ließen sich damit Revolutionen und Aufstände verursachen. Einen welthistorischen Spitzenplatz erreichte 1789 die französische Königin Marie-Antoinette, von der es hieß, sie habe den nach Brot schreienden Parisern beschieden, sie mögen doch Kuchen essen. Sie trug damit maßgeblich dazu bei, die Stimmung im Lande aufzuheizen, was schließlich in die Französische Revolution mündete. Weit weniger populär, aber von ähnlicher historischer Bedeutung ist der Tipp, den 1844 der Textilfabrikant Ernst Friedrich Zwanziger (1779 – 1849) aus Peterswaldau im schlesischen Eulengebirge einem für ihn arbeitenden Weber gab. Dieser mahnte die Bezahlung für die gelieferte Ware an, verbunden mit dem Hinweis, dass er nichts mehr zu essen habe. Zwanziger antwortete ihm ungerührt: »Das Gras ist gut geraten, du kannst ja Gras fressen.«

Peterswaldau liefert das Drehbuch für das Kommunistische Manifest

Dies war einer der Auslöser für den schlesischen Weberaufstand. Am Morgen des 4. Juni 1844 sammelten sich die Hausweber aus Peterswaldau und sieben umliegenden Gemeinden und zogen zur Zwanziger-Fabrik. Dabei schlossen sich ihnen, erstmals in der Geschichte der Arbeiterbewegung, auch andere Lohnabhängige an, etwa Maurer, Tischler, Ziegeleiarbeiter, Böttcher und Tagelöhner. Mit einem in jenen Tagen entstandenen Lied, dem »Blutgericht«, sangen sie sich Mut zu. Die Reime der insgesamt 20 Strophen mögen nicht besonders kunstvoll sein, aber die Aussage ist dafür umso deutlicher: »Hier im Ort ist das Gericht / Viel schlimmer als die Femen, / Wo man nicht mehr ein Urteil spricht, / Das Leben schnell zu nehmen. / Hier wird der Mensch langsam gequält, / Hier ist die Folterkammer, / Hier werden Seufzer viel gezählt / Als Zeugen vor dem Jammer. / Die Herren Zwanziger die Henker sind, / Die Diener ihre Schergen, / Davon ein jeder tapfer schind't, / Anstatt was zu verbergen. / Ihr Schurken all, ihr Satansbrut! / Ihr höllischen Kujone! / Ihr fresst der Armen Hab und Gut, / Und Fluch wird euch zum Lohne!«

Die Demonstranten stürmten das Gelände, warfen im Wohnhaus die Möbel aus dem Fenster und zerstörten in der Fabrik die Webstühle – die Familie Zwanziger war gerade noch rechtzeitig geflohen. Danach zogen die Arbeiter von Fabrik zu Fabrik und wurden überall von den verschreckten Unternehmern mit Geld oder Lebensmitteln versorgt, damit sie ohne Zerstörungen weiterzögen. Einen Tag später, der Zug bestand inzwischen aus 3000 Menschen, trafen sie in Langenbielau auf das alarmierte Militär. Die Soldaten schossen in die Menge, zwölf Weber starben, 83 wurden verhaftet und zu meist hohen Haftstrafen verurteilt.

Dieser Aufstand hatte zwar weit bescheidenere Ausmaße als die Französische Revolution. Aber als »erste selbstständige Massenbewegung der deutschen Arbeiterklasse« prägte er wesentlich die Weltsicht des damals gerade 26-jährigen Journalisten Karl Marx. Ungefähr so wie die schlesischen Weber und ihre Mitstreiter sollten sich die Proletarier aller Länder vereinigen, um sich gegen die Herrschaft des Kapitals zu erheben, ungefähr so wie der Fabrikant Zwanziger erscheinen die Kapitalisten bei Marx, und ungefähr so wie die damalige Textilindustrie würde sich die Industrie überhaupt zu Tode entwickeln: Immer mehr und immer produktivere Maschinen brauchen immer mehr Kapital und immer weniger Arbeitskraft, die Profitrate fällt, die Ausbeutung nimmt zu, und am Ende übernimmt die Arbeiterklasse die Macht; wer aber das Fegefeuer der Diktatur des Proletariats überlebt, wird anschließend mit dem Paradies auf Erden belohnt.

Ein Friseur erfindet die Fabrik

Nun war es kein Wunder, dass Marx sich die Textilindustrie als wichtigstes Anschauungsobjekt nahm. Sie war die mit Abstand bedeutendste Industrie im damaligen Europa: Von den 1,8 Millionen 1841 in England gezählten Industriearbeitern waren 1,1 Millionen, also weit mehr als die Hälfte, in der Textilindustrie beschäftigt. Und sie war die Branche, deren Bild sich durch technische Innovationen am stärksten gewandelt hatte. Baumwollkrempelmaschine (1760), Spinnmaschine (1769), mechanischer Webstuhl (1786), Baumwollentkernungsmaschine (1793) und schließlich der selbsttätige Musterwebstuhl (1805) revolutionierten innerhalb von gerade einmal zwei Generationen alle Zweige der Textilbranche.

Im England des 18. Jahrhunderts wurde die Industrie, wie wir sie heute kennen, überhaupt erst erfunden, und zwar 1771 von dem ehemaligen Barbier Richard Arkwright (1732–1792). Er hatte sich 1762 als Perückenmacher selbstständig gemacht und reiste im Land umher, um Menschenhaar einzukaufen. Auf einer dieser Reisen traf er den Uhrmacher John Kay, dem über der Konstruktion einer Baumwollspinnmaschine das Geld ausgegangen war. Arkwright überließ die Haare sich selbst, mutierte zum Textilunternehmer und stellte den Erfinder bei sich an. Die Spinnmaschine, die dabei 1769 entstand, übertraf alle Erwartungen des Unternehmers – und weckte bei ihm die Lust auf mehr. Arkwright machte eine ebenso günstige wie kräftige Bezugsquelle für Antriebsenergie ausfindig: das Wasser aus dem Entwässerungsstollen einer Bleimine in Cromford. Mit dieser Wasserkraft würde er viele Spinnmaschinen gleichzeitig betreiben können; also baute er 1771 ein fünfstöckiges Gebäude, in dem alles Platz finden sollte, was für den Großbetrieb nötig war. Es war die erste Fabrik der Welt.

Allein durch diese Zentralisierung der Arbeitsplätze ergaben sich zwangsläufig neue soziale Strukturen. Die Arbeiter brauchten eine Wohnung in Fabriknähe: Arkwright ließ Arbeitersiedlungen bauen. Regelmäßige lange Arbeitszeiten machten Nebenbeschäftigung und Selbstversorgung unmöglich: Arkwright sorgte dafür, dass die dadurch notwendigen Dienstleistungen vor Ort angeboten wurden. Die Arbeitskräfte in Cromford reichten für die Fabrik nicht aus: Arkwright importierte Arbeitskräfte aus ganz Derbyshire. Oder besser gesagt – deren Eltern. Denn zwei Drittel der 1900 Arbeitskräfte in der Spinnfabrik waren Kinder, der Rest überwiegend Frauen, in erster Linie die Mütter. Und während so fast die ganze Familie von sechs Uhr morgens bis sieben Uhr abends in der Fabrik Garn produzierte, saß der Familienvater zu Hause und webte aus dem von Arkwright gelieferten Garn die von Arkwright gewünschten Stoffe. Denn die Mechanisierung der Weberei hatte zu diesem Zeitpunkt noch kaum begonnen.

Schon ein zeitgenössischer Sympathisant der aufständischen schlesischen Weber konstatierte deswegen, dass genau der Berufsstand, der 1844 so im Elend gelandet war, 70 Jahre zuvor zu den ersten großen Gewinnern der industriellen Revolution gehört hatte. Aber lassen wir ihn selbst erzählen, den Fabrikantensohn Friedrich Engels aus Barmen im Wuppertal: »Die *Jenny* des Webers James Hargreaves (1764) wurde mit der Hand in Bewegung gesetzt, hatte aber statt einer Spindel deren sechzehn bis achtzehn, die von einem einzigen Arbeiter getrieben wurden. Hierdurch wurde es möglich, bedeutend mehr Garn zu liefern als bisher; während früher, wo ein Weber immer drei Spinnerinnen beschäftigt hielt, nie genug Garn da gewesen war und der Weber oft auf Garn hatte warten müssen, war jetzt mehr Garn da, als von den vorhandenen Arbeitern verwebt werden konnte. Die Nachfrage nach gewebten Zeugen, die ohnehin im Zuwachs war, stieg noch mehr durch den billigeren Preis dieser Zeuge, der aus den durch die neue Maschine erniedrigten Produktionskosten des Garns folgte; es waren mehr Weber nötig, und der Weblohn stieg.«

Ein Landpfarrer stürzt die Weber ins Elend

Der Anfang vom Ende dieser Sonderkonjunktur für die Weber kam im Jahr 1792. Zu dem Zeitpunkt hatte der Landpfarrer Edmund Cartwright (1743–1823) aus Marnham in Nottinghamshire seinen bereits 1786 erfundenen mechanischen Webstuhl so weit entwickelt, dass er erfolgreich gegen die Handweber konkurrieren konnte. Ebenfalls um die Jahrhundertwende setzte sich in der Textilindustrie die Dampfmaschine als Energiequelle durch. »Die ganze Geschichte der englischen Industrie berichtet von nun an nur, wie die Handarbeiter aus einer Position nach der andern durch die Maschinen vertrieben wurden«, resümiert 40 Jahre später Engels in seiner Sozialanalyse *Die Lage der arbeitenden Klasse in England.* Und weil Deutschland, wie alle anderen europäischen Staaten, um Jahrzehnte hinter der englischen Entwicklung zurücklag, passierte auch der Aufstand der Weber Jahrzehnte später als in England.

Genauer gesagt, 33 Jahre später. Denn zwischen Februar 1811 und September 1812 kam es in verschiedenen Teilen Englands zu Revolten der noch in Haus- und Handarbeit beschäftigten Textilarbeiter gegen die Industrialisierung ihrer Branche. Die Weber Lancashires etwa wehrten sich im Frühjahr 1812 gegen die neuen dampfbetriebenen Webstühle, die zwar noch nicht häufig vorkamen, aber die Weber zunehmend ins Fabriksystem drängten und ihre Selbstständigkeit bedrohten. Nachdem einzelne Fabrikanten ihr Versprechen, diese Dampfwebstühle nicht einzuführen, brachen, kam es zu Maschinenstürmen und Hungerprotesten, die vom Militär niedergehalten wurden – viele der Aufständischen wurden nach Australien deportiert.

Die Fabrikanten setzten sich durch, und die Weberei wurde zu einer Arbeit, die vorwiegend Frauen und Kinder verrichteten. Die Männer fanden ihre Beschäftigung eher im gleichfalls boomenden Bergbau sowie in der Eisen- und Stahlindustrie.

»Ein Land wie kein anderes«, konstatiert Friedrich Engels

»Eine Geschichte, die ihresgleichen nicht hat in den Annalen der Menschheit«, nennt Friedrich Engels 1845 die Industrialisierung Englands. »Vor 60, 80 Jahren ein Land wie alle andern, mit kleinen Städten, wenig und einfacher Industrie und einer dünnen, aber verhältnismäßig großen

Ackerbaubevölkerung; und jetzt ein Land wie kein anderes, mit einer Hauptstadt von drittehalb Millionen Einwohnern, mit kolossalen Fabrikstädten, mit einer Industrie, die die ganze Welt versorgt und die fast alles mit den kompliziertesten Maschinen macht, mit einer fleißigen, intelligenten, dicht gesäten Bevölkerung, von der zwei Drittel durch die Industrie in Anspruch genommen werden und die aus ganz andern Klassen besteht, ja, die eine ganz andre Nation mit andern Sitten und andern Bedürfnissen bildet als damals.«

Und weil es ohne erfolgreiche Kapitalisten keine proletarische Revolution gibt, lobt er sogar die ökonomische Entwicklung hin zur unangefochtenen Weltmarktführerschaft, die sich England in diesen Jahren eroberte: »Rasches Fallen der Preise aller Manufakturwaren, Aufblühen des Handels und der Industrie, Eroberung fast aller unbeschützten fremden Märkte, rasche Vermehrung der Kapitalien und des Nationalreichtums« seien die Folgen der Mechanisierung – allerdings um den Preis der »Zerstörung alles Besitzes, aller Sicherheit des Erwerbs für die arbeitende Klasse«.

Die am weitesten fortgeschrittene Technik der Welt im mächtigsten Land seiner Zeit – müsste das nicht auch zu den größten Vermögen der Zeit geführt haben? Keine Spur. In der Vielzahl der Fabrikanten, die sich in diesem Taumel der Industrialisierung betätigten, gab es keinen, der die anderen dominiert hätte. Selbst die größten Industriekonzerne des späten 18. Jahrhunderts waren nach heutigen Maßstäben nicht mehr als Mittelständler. Der damals weithin als Großunternehmer geltende Matthew Boulton zum Beispiel, der ab 1773 James Watt die Entwicklung der Dampfmaschine finanzierte, herrschte über ein Reich von 800 Arbeitern. Die Belegschaft Richard Arkwrights zählte zwar mehr als doppelt so viele, aber aus 1900 Arbeitskräften kann auch der größte Ausbeuter kein Milliardenvermögen herauspressen.

Als Arkwright 1792 starb, schätzte die Zeitschrift *Gentleman's Magazine* sein Vermögen auf 500 000 Pfund Sterling. Sicherlich eine bedeutende Summe, aber in der *Sunday-Times*-Liste der reichsten Briten des Jahrtausends reichte das nur für Platz 180. Kein anderer seiner zeitgenössischen Konkurrenten schaffte es überhaupt auf die Liste. Es mag an der

Schnelligkeit des technischen Fortschritts gelegen haben, der keinen dauerhaften Innovationsvorsprung ermöglichte; oder an der extrem ausgeprägten Konkurrenz, die unter den damaligen britischen Unternehmern herrschte; vielleicht lag es auch an dem noch relativ großen Aufwand, den die Unternehmer treiben mussten, um die Menschen, die Städte, die gesamte Gesellschaftsordnung an den Takt der Maschinen zu gewöhnen. Aber wahrscheinlich fehlte um die Wende zum 19. Jahrhundert einfach eine herausragende Unternehmerpersönlichkeit unter den englischen Fabrikanten.

Nicht dass es damals in England keine bedeutenden Unternehmer gegeben hätte. Es gab dort sogar eine der herausragendsten Unternehmerpersönlichkeiten aller Zeiten. Aber sie zog es vor, ihr Geld auf dem direkten Weg zu vermehren – an der Börse.

Die Rothschilds: die Dagoberts des 19. Jahrhunderts

In Rio Reisers Regierungsprogramm als »König von Deutschland« war das Reichwerden ganz einfach. »Ich würd' die Lottozahlen eine Woche vorher sagen«, sang Reiser 1986. Das klingt verlockend, wäre aber kontraproduktiv. Würden alle Lottospieler die korrekten Zahlen tippen, bekäme man bei sechs Richtigen nicht einmal seinen Einsatz heraus – ein Informationsvorsprung bedeutet eben nicht nur, etwas früh zu wissen, sondern auch, es früher als die anderen zu wissen.

Wie man sich hingegen einen echten Informationsvorsprung erarbeitet und diesen ausnutzt, wurde niemals brillanter demonstriert als am 20. Juni 1815 von dem Londoner Geschäftsmann Nathan Mayer Rothschild (1777–1836).[5]

Fünf neureiche Brüder auf Europas Chausseen

Die Rothschilds, das waren damals fünf neureiche Brüder, die in London, Paris, Frankfurt, Wien und Neapel Geschäfte machten und sich gegenseitig ständig über die wirtschaftliche und allgemeine Lage auf dem Laufenden hielten. Ihr Name stand noch nicht für besonders großen Reichtum, aber ihr privater Nachrichtendienst war der beste seiner Zeit. Rothschild-Kutschen fuhren über Europas Chausseen, oft mit, aber noch öfter ohne einen der Brüder als Passagier; Rothschild-Schiffe querten den Ärmelkanal; Rothschild-Boten versorgten die Rothschild-Büros in den europäischen Finanzzentren mit Bargeld und Wertpapieren, mit Briefen, Klatsch und Nachrichten – und da viele der Informationen, die die Rothschilds auf diese Weise bekamen, exklusiv waren, also keiner ihrer Konkurrenten etwas davon wusste, konnten sie an den Börsen Gewinn bringend verwendet werden.

Aber keine einzige Nachricht verhieß mehr Gewinn als die über den Ausgang der Entscheidungsschlacht von Waterloo. Tagelang hielt die Unsicherheit darüber Europa in Atem, ebenso wie die Londoner Börse: Wenn Napoleon siegte, musste der Kurs der Consols, so hießen damals die britischen Staatsanleihen, zwangsläufig fallen. Konnte hingegen der Herzog von Wellington dem französischen Kaiser eine Niederlage zufügen, bedeutete das einen Kursanstieg der britischen Staatspapiere. 30 Stunden lang blieb das Schicksal Europas im Pulverqualm der Kanonen auf dem Schlachtfeld von Waterloo undurchschaubar. Der Telegraf war noch nicht erfunden; es blieb den Börsianern also nichts anderes übrig, als in London auf Nachrichten zu warten. Nur Nathan Rothschild wartete nicht in London, sondern im Hafen von Folkestone. Und in Ostende wartete ein Schiff.

Am Nachmittag des 19. Juni 1815 bestieg Mr. Rothworth, einer der Rothschild-Agenten, dieses Schiff, in seinen Händen eine holländische Zeitung, deren Druckerschwärze noch feucht war. In der Morgendämmerung des 20. Juni überflog Nathan Rothschild in Folkestone die Schlagzeilen des Blattes. Augenblicklich danach begab er sich zurück nach London: erst zur Regierung – bei der er viele Stunden vor dem Kurier Wellingtons eintraf –, um ihr mitzuteilen, dass Napoleon besiegt war, und dann: zur Börse.

Jeder andere hätte nun alles, was er besaß, in Consols angelegt. Nicht so Nathan Rothschild. Er stand regungslos an »seiner« Säule in der Börse. Er kaufte keine Consols. Er verkaufte sie. In rauen Mengen.

Hat Napoleon gewonnen? Oder blufft Rothschild nur?

Sein Name und sein schon oft bewiesener Informationsvorsprung waren damals Grund genug, dass man in Börsenkreisen seinem Agieren entsprechendes Gewicht beimaß. Alle wussten: Rothschild weiß, was in Waterloo passiert ist. Aber meinte er es deshalb ernst mit den Verkäufen, oder bluffte er nur, um andere zum Verkauf ihrer Staatsanleihen zu animieren und am Ende bei Tiefstkursen die Papiere einzusammeln? Die Börsianer waren unschlüssig – Nathan blieb stur. Die Consols fielen. Nathan blieb an seiner Säule stehen und verkaufte weiter. Der Kurs sank weiter. Einer nach dem anderen wechselten die Händler, die Rothschild einen gigantischen Bluff zutrauten, ins andere Lager: Wenn Rothschild so konsequent Consols verkaufte, musste die Schlacht von Waterloo verloren sein.

Mit ernster, unbewegter Miene verkaufte Nathan. Auf jede seiner Handbewegungen reagierte die Börse, die Consols fielen und fielen – bis Nathan plötzlich ein großes Paket von Papieren zum niedrigsten Preis kaufte. Unmittelbar danach wurde die Siegesnachricht allgemein bekannt, und die Consols kletterten aufs Neue in die Höhe.

Zwar wird heute an den Börsen schneller gehandelt; zwar gibt es heute ein scheinbar lückenloses Nachrichtennetz, das jedem Zugang zu Informationen aller Art aus aller Welt bietet; zwar würde heute eine Entscheidungsschlacht wie Waterloo von Hunderten von Kriegsberichterstattern live kommentiert; zwar sieht heute niemand mehr auf den Gesichtsausdruck eines Spekulanten, weil alle Augen auf die Computer- und Fernsehbildschirme gerichtet sind – doch der grundlegende Mechanismus hat sich nicht geändert. Für die Fugger noch war es schwierig, ihren Informationsvorsprung direkt in Geld umzumünzen. Sie konnten damit lediglich ihr Image bei ihren Kunden aufpolieren und die Konkurrenz auf Distanz halten. Aber Anfang des 19. Jahrhunderts hatte sich die Institution der Börse so weit stabilisiert, dass sie die direkte Umwandlung exklusiver Informationen in materiellen Vorteil ermöglichte.

Die Rothschilds begannen ihren Aufstieg nicht als Spekulanten, sondern als Blockadebrecher: für die britische Krone und den hessischen Kurfürsten, Prinz Wilhelm von Hessen-Hanau, den damals mit Abstand reichsten Fürsten Europas. Wie schon sein Vater, Landgraf Friedrich von Hessen-Kassel, verdiente er sein Geld als Soldatenexporteur. Er ließ seine Hessen militärisch ausbilden und hübsch uniformieren, um sie dann an seinen Vetter zu verkaufen, den englischen König, der sie wiederum auf den überseeischen Kriegsschauplätzen einsetzte, vor allem im Krieg gegen die Rebellen der Vereinigten Staaten von Amerika. Das Kriegsglück wandte sich gegen die Engländer, was Wilhelms Taschen weiter anfüllte – schließlich kassierte er für jeden gefallenen hessischen Soldaten eine Extraprämie.

Aus der Judengasse an den Fürstenhof

Der Stammvater des Hauses, der Münzhändler Mayer Amschel Rothschild (1743 – 1812) aus der Frankfurter Judengasse, war in den späten Sechzigerjahren des 18. Jahrhunderts mit dem Landesfürsten über dessen Hobby in Kontakt gekommen – das Münzsammeln. Irgendwann kamen die ersten kleinen Finanztransaktionen für die Landeskasse dazu, und im Laufe der Jahre erhöhte Rothschild seinen Marktanteil an den Geldbewegungen des Hauses Hessen-Hanau. Damit stieg er zwar im Frankfurter Getto zum Großverdiener auf (1796 wurde er mit einem Vermögen von 15 000 Gulden erstmals in die höchste Steuerkategorie eingestuft), aber in der europäischen Finanzwelt war er ein kleiner Fisch. Immerhin hatte er Bedeutendes vor und besaß auch die Ressourcen, um es zu erreichen: fünf Söhne.

Die große Stunde der Familie schlug, als Napoleon Deutschland besetzte. Wilhelm – nicht mehr Prinz, sondern Kurfürst – floh nach Dänemark, doch der Hauptteil seines Vermögens war in der Heimat gebunden oder an Schuldner in ganz Europa verliehen. Die Rothschilds bekamen den Auftrag, das Geld zu ihm ins Exil zu transferieren. Eine durchaus riskante Aufgabe, schließlich waren auch die Franzosen hinter den hessischen Millionen her. Die jungen Rothschilds lösten diese Aufgabe vorzüglich. Allerdings kam nur ein geringer Teil des Geldes pünktlich bei Wilhelm an. Mit dem Rest machten sie das, was Banken auch heute noch mit dem Geld tun, das heute angewiesen wird, aber erst übermorgen auf dem Empfängerkonto eintrifft: Sie ließen es arbeiten.

Bruder Nathan in London arbeitete mit dem Geld, indem er davon Dinge einkaufte, die auf dem europäischen Festland Mangelware waren, seit Napoleon die Kontinentalsperre verkündet hatte. Natürlich konnten die Waren nicht offiziell über den Ärmelkanal transportiert werden, aber irgendwie tauchten sie jeweils im Hamburger Hafen wieder auf, wo die Brüder Amschel und Salomon sich damit beschäftigten, durch den ebenso heimlichen Weiterverkauf der Waren die Investition wieder flüssig zu machen und damit den Kreislauf zu schließen. Wobei es nur für das Vermögen des hessischen Fürsten ein Kreislauf war – die Vermögen der Brüder beschrieben eher die Form einer steilen Aufwärtsspirale.

Tonnenweise Gold mitten durch Feindesland geschmuggelt

Des großen Erfolges wegen durften die Rothschilds auch delikate Finanztransaktionen für die englische Krone ausführen. Über eine erzählte Nathan im hohen Alter selbst – den Transfer von Gold an die englischen Truppen in Portugal: »Die Ostindische Handelskompanie wollte Gold im Wert von 800 000 Pfund Sterling verkaufen. Ich interessierte mich dafür und kaufte alles an. Ich wusste, dass der Herzog von Wellington es brauchte. Ich wurde zur Regierung beordert, die mir mitteilte, sie benötige das Gold. Ich verkaufte es ihr. Doch nun wusste sie nicht, wie sie es in die Hände des Herzogs bringen könne, nach Portugal, wo er die britischen Truppen gegen Napoleon befehligte. Um all das habe ich mich gekümmert – ich schickte es durch Frankreich.«

Nathan nannte dieses so nüchtern erzählte Abenteuer »das größte Geschäft, das ich je gemacht habe«, was angesichts seiner hohen Profite am

20. Juni 1815 eher unwahrscheinlich klingt. Das tollkühnste jedoch war es sicherlich: Tonnenweise Gold quer durch Europa und vor allem mitten durch Feindesland zu transportieren, so etwas machte den Rothschilds damals keiner nach.

Nach der Schlacht von Waterloo war die Familie berühmt und ihre Mitglieder waren reich genug, um sich für den Rest des Lebens zur Ruhe zu setzen. Es gab ja keine Blockaden mehr zu brechen, und fürs Erste war es auch mit den Schlachten vorbei. Aber die neuen – alten – Herren Europas zeigten sich wenig erpicht darauf, mit fünf Emporkömmlingen, Juden noch dazu, ins Geschäft zu kommen. Die erste große Finanztransaktion der Nachkriegszeit ging denn auch an den Rothschilds vorbei: Für eine französische Staatsanleihe über 350 Millionen Francs, mit der die Grande Nation auch finanziell wieder in die Reihe der führenden Staaten Europas aufgenommen wurde, zeichneten 1817 die Bankhäuser Ouvrard und Baring verantwortlich. Auch für eine zweite Tranche, noch einmal 270 Millionen Francs, waren diese beiden Banken vorgesehen. Im Herbst 1818 wollte man bei einer Konferenz mit den Siegermächten in Aachen die Konditionen festlegen und die Anleihe besiegeln. Mehr als eine Nebenrolle im europäischen Finanzreigen würde also für die Rothschilds nicht übrig bleiben. Das konnte man zumindest annehmen.

Keine Staatsanleihe ohne die Rothschilds

Den ganzen Monat Oktober hindurch hielten sich die Brüder Kalmann und Salomon Rothschild in Aachen auf. Keiner der Konferenzteilnehmer interessierte sich für sie – warum auch? Doch dann kam der 5. November 1818. An diesem Tag begannen die Kurse für die Ouvrard-Baring-Anleihe des Vorjahres zu fallen, nachdem sie ein Jahr lang ununterbrochen gestiegen waren. Sie fielen nicht nur einen Tag, sie fielen zwei, drei, fünf Tage lang, sie fielen immer weiter, und an den europäischen Börsen wie bei der Aachener Konferenz kam Unruhe auf. Keiner konnte sich den plötzlichen Kursverfall erklären – außer den Rothschilds natürlich. Denn sie hatten wochenlang Anteile der 1817er Anleihe gekauft und damit den Kurs hochgetrieben, um dann die ganzen Papiere auf einmal zu verkaufen, sodass deren Kurs in den Keller sank. Die deutliche Botschaft dieser Aktion: Wer seine Geschäfte ohne die Rothschilds tätigen möchte, wird bald gar keine Geschäfte mehr machen. Die in Aachen versammelten Regierungschefs entschieden daraufhin, die französische Staatsanleihe über die Bücher der Rothschilds laufen zu lassen, und so war für ein halbes Jahrhundert Platz eins unter den Geldhäusern Europas an Rothschild vergeben.

Wenn die Jahre bis 1818 als die Sturm-und-Drang-Periode der Rothschilds bezeichnet werden können, folgte unmittelbar danach die Epoche der Rothschild'schen Klassik. In Paris, London und Wien etablierten sie sich als wichtigstes Bankhaus am Platz. Sie waren die führende Bank in den Geschäften mit Gold und mit Staatsanleihen. Sie bestimmten die Konditionen, zu denen Könige und Ministerpräsidenten frisches Geld bekamen, sie verknüpften die Auflegung von Anleihen mit der Solidität der weiteren Haushaltsführung, sie zwangen die Staaten geradezu, sich zu konsolidieren. Mit einem Wort: Die Rothschilds spielten ab 1820 die gleiche Rolle wie heute der Internationale Währungsfonds.

Dass es im 19. Jahrhundert zu einer Stabilisierung der Nationalstaaten und zu einer relativ ungestörten ökonomischen Entwicklung kam, ist nicht zuletzt das Verdienst der fünf Brüder aus dem Frankfurter Getto. Als international agierende Familie hatten sie dabei einen sehr sympathischen Vorzug vor rein national geprägten Politikern oder Unternehmen: Sie hatten ein direktes ökonomisches Interesse am Frieden. Eine den Krieg erwägende Regierung wird immer im Auge haben, sich Vorteile auf Kosten des Gegners zu verschaffen. Wer hingegen beide potenziellen Kriegsgegner finanziert, muss abwägen, ob die Gewinne des einen Geschäftspartners die Verluste des anderen aufwiegen. Was kaum jemals der Fall sein dürfte. »Wir haben in französische Staatspapiere 18 Millionen Francs investiert«, schrieb 1830 James, der Chef des französischen Zweiges, an seinen in Wien sitzenden Bruder Salomon. »Wenn der Frieden erhalten bleibt, dann wird ihr Wert 75 Prozent sein, im Kriegsfall jedoch auf 45 Prozent fallen.«

»Es kommt nicht zum Krieg – meine Söhne geben kein Geld dafür her«

Und wenn ein König partout keinen Frieden haben wollte, bekam er eben partout kein Geld von den Rothschilds. So erging es 1839 Leopold von Belgien, der sich von den Niederlanden noch die Provinzen Luxemburg und Limburg holen wollte. Salomon Rothschild äußerte seine Missbilligung sehr direkt: »Das belgische Gouvernement erhält von uns keinen Groschen, obschon die Anleiheverhandlungen seit Monaten schweben. So schwer es mir ankam, fortwährend zu refusieren, so entschädigt mich dafür der Gedanke, dass Belgien nachgibt und der Frieden erhalten bleibt.« Und so geschah es. Völlig zu Recht konnte daher die Stammmutter Gudula Rothschild (1753 – 1849) eine Frankfurter Nachbarin beruhigen, die sich vor einem drohenden Krieg ängstigte: »Es kommt nicht zum Krieg – meine Söhne geben kein Geld dafür her.« Nur ein einziges Mal legten die Rothschilds eine Rüstungsanleihe auf: 1854 in Höhe von 16 Millionen Pfund. Mit diesem Geld konnte Großbritannien an der Seite Frankreichs den Krimkrieg (1853 – 1856) gegen Russland führen und gewinnen. Und in diesem Fall hatten die Rothschilds sogar ein Motiv: die antisemitische Politik des Zaren.

Wie viel Geld das Geldhaus auf diese und andere Weise scheffelte, ist niemals gezählt worden. Es gab keinen Anlass dazu. Denn das Rothschild-Vermögen wurde nie, wie bei Cäsar, verschenkt, es wurde nie, wie bei den Fuggern, geteilt, um Familienmitglieder auszuzahlen, es wurde nie, wie bei Rockefeller, Gegenstand von Gerichtsverfahren, und es war auch nicht, wie bei Gates, börsennotiert. Nicht einmal der Tod gewährte Einblick in das auf jeden Fall größte Vermögen des 19. Jahrhunderts, wenn nicht sogar aller Zeiten. Denn bei Rothschilds gab es keine öffentlichkeitswirksamen Auseinandersetzungen um das Erbe. Dafür hatte schon Stammvater Mayer Amschel gesorgt – mit einer Testamentsklausel, die auch von späteren Generationen immer wieder verwendet wurde: »Ich untersage ausdrücklich für alle Fälle die Aufnahme eines gerichtlichen oder sonstigen öffentlichen Inventariums über meine Nachlassenschaft …

ferner jedes gerichtliche Einschreiten und jede Veroffenbarung des Nachlassbestandes … Wer diesen Vorschriften zuwiderhandelt, soll ohne weiteres so angesehen werden, als hätte er mein Testament angefochten, und soll die für diesen Fall bestimmte Verwirkung erleiden.«

Nicht nur die Testamente formten den Rahmen, innerhalb dessen sich ein Rothschild zu bewegen hatte. Ein männliches Familienmitglied konnte und kann sich auch den einst vom Dynastiegründer gesetzten Heiratsregeln praktisch nicht entziehen: Es ist ungeschriebenes Gesetz, dass jeder Rothschild eine Jüdin aus bestmöglichem Hause zu heiraten habe. Erst in der fünften Generation gab es die erste Ausnahme: Guy, der Chef der französischen Linie, heiratete 1957 eine französische Katholikin. Die weiblichen Rothschilds hingegen dürfen seit eh und je heiraten, wen sie wollen – aber sie haben auch sämtlich nichts mit den Geschäften der Familie zu tun.

Sechs Rothschilds unter den hundert Reichsten

Streng genommen gab es von Anfang an nie ein privates Rothschild-Vermögen, sondern immer ein Familienvermögen. Für die Steuer und die Außenwelt wurden die einzelnen Familienmitglieder getrennt veranlagt. Nur ein Beispiel hierfür: Im *Jahrbuch des Vermögens und Einkommens der Millionäre in Preußen* von 1912 (ja, so etwas gab es damals!) findet sich unter den 100 reichsten Preußen sechsmal der Name Rothschild. Die Nummer eins der Liste, Bertha Krupp von Bohlen und Halbach, verfügte mit 187 Millionen Mark über mehr als doppelt so viel Vermögen wie der erste Rothschild auf der Liste, Max von Goldschmidt-Rothschild. Aber zusammengenommen besaßen die sechs Rothschilds ein Vermögen von 302 Millionen Mark, also 115 Millionen Mark mehr als die Krupp-Eigentümerin – und das, obwohl 1904 die preußische Dependance des Bankhauses Rothschild aufgelöst worden war!

Nun ist es zwar heute, so viele Generationen nach Gründung des ersten Bankhauses, nicht mehr angemessen, alle Privatvermögen aller Rothschilds zu einem gemeinsamen Familienvermögen aufzuaddieren. Aber im 19. Jahrhundert waren die Bande noch enger, und bei Bedarf ließ sich der Reichtum der Familie in fast beliebiger Höhe für ein gemeinsames Ziel mobilisieren. 1853 opponierten die Häuser in London und Paris erfolgreich gegen ein judenfeindliches Gesetz in Österreich (während das direkt betroffene Haus Wien sich neutral verhielt), und als zwischen 1852 und 1860 die neue Aktienbank Crédit Mobilier dem Pariser Haus Rothschild den Rang abzulaufen drohte, wehrten die restlichen Rothschilds die Übergriffe des Crédit Mobilier auf die Nachbarstaaten ab und verschafften so dem französischen Zweig die nötige Luft, um dem Angriff wirksam zu begegnen. Ein weiteres Meisterstück der Familie richtete sich ein Dreivierteljahrhundert später gegen die Nazis. Die wollten 1938, nach dem Einmarsch in Österreich, den Wiener Rothschilds die Witkowitzer Werke in der Tschechoslowakei abnehmen, das größte Bergbau- und Eisenhüttenunternehmen Mitteleuropas. Doch zu diesem Zeitpunkt war Witkowitz bereits in englischem Besitz: Die Wiener hatten die Werke 1937 auf die Londoner Rothschilds übertragen.

Wenn sich eine reiche Familie derart in Geheimnisse hüllt, gehen die Schätzungen über die Höhe des Reichtums weit auseinander. Dies zeigt sich an zwei Angaben zur Höhe des Familienvermögens, die der Rothschild-Biograf Frederic Morton unkommentiert nebeneinander stellt. Die eine Schätzung lautet, das Gesamtvermögen aller Rothschilds habe »für die Zeit des größten Teils des 19. Jahrhunderts über 400 Millionen Gold-Pfund« betragen. Das wäre genau hundertmal so viel, wie England 1875 dem ägyptischen Khedive, Vizekönig Ismael Pascha, für seine Suez-Kanal-Aktien bezahlte – natürlich von den Rothschilds finanziert. Es wäre etwa das Doppelte der 4 Milliarden Mark, die Frankreich 1871 an Deutschland als Entschädigung für den verlorenen Krieg zahlen musste. Und es wäre, in Edelmetall gerechnet, etwa das Zehnfache des Vermögens von Julius Cäsar. Aber das ist, bei allem Respekt vor der Leistung der Rothschilds, denn wohl doch übertrieben.

»... mehr Geld als alle anderen französischen Bankiers zusammen«

Eine zweite von Morton angeführte Schätzung dürfte der Wahrheit schon näher kommen. Danach soll James Rothschild (1792–1868), der in Paris residierende Bruder, über ein Vermögen von 600 Millionen Francs verfügt haben, »150 Millionen mehr als das, was alle anderen französischen Bankiers zusammen besaßen«. 600 Millionen Francs wären etwa 25 Millionen Pfund. Multipliziert man diese Summe großzügig mit drei für die gesamte Familie, stünden die Rothschilds in Gold- oder Silberwerten gerechnet auf einer Ebene mit Julius Cäsar – beim Anteil am gesamten zeitgenössischen Vermögen dagegen deutlich darunter.

Schon bald stießen die Rothschilds deshalb an die Grenzen dessen, was eine Familie, und sei sie noch so reich, allein stemmen kann. Denn durch die Ausbreitung der Industrialisierung über ganz Europa und die USA gab es nicht nur einen beständig steigenden Kapitalbedarf, sondern auch eine beständig steigende Zahl an Menschen, die über Geld verfügten. In der zweiten Hälfte des 19. Jahrhunderts entstanden deshalb in allen Industriestaaten Aktienbanken und Sparkassen, die die Spargelder einer Vielzahl von Anlegern sammelten, um damit die weitere industrielle Entwicklung zu finanzieren. Und bei vielen Projekten hatten diese Finanzinstitutionen bessere Chancen als die Rothschilds, den Zuschlag zu bekommen: Es handelte sich um rein nationale Banken, und wo immer eine Regierung mit involviert war, lag ihr daran, das nationale Finanzsystem auszubauen. Die Rothschilds waren zwar in einigen Ländern ebenfalls Einheimische, aber es umgab sie immer, völlig verdientermaßen, eine kosmopolitische Aura.

Nicht nur ökonomisch, auch politisch brachten sich zu dieser Zeit die Nationalstaaten erneut in Stellung. Die Aufbauarbeit, die die Rothschilds für die europäischen Staatsfinanzen geleistet hatten, kam jetzt eher den Staaten als den Rothschilds selbst zugute – Herrscher, die Krieg führen wollten, bemühten sich nicht mehr um Anleihen, sondern erhöhten einfach die Steuern. So nahmen die Zahl und die Heftigkeit der Kriege wieder zu, und der Einfluss der Rothschilds ging zurück. Als im Ersten Weltkrieg in England die Erbschaftsteuer drastisch heraufgesetzt wurde, um den Krieg zu finanzieren, traf diese Maßnahme auch das Rothschild'sche Vermögen empfindlich. »Ich muss noch weiterleben«, knurrte 1917 Nathaniel Rothschild, der Chef des Londoner Zweiges. »Wenn ich es nicht tue, wäre dies der schlimmste geschäftliche Fehler, den ich je gemacht habe.« Doch noch im gleichen Jahr beging er eben diesen Fauxpas, und zwei seiner Brüder starben in den beiden folgenden Jahren. Damit holte sich der Staat einen großen Teil des Reichtums, den das Haus Rothschild mit Finanzgeschäften auf seine Kosten verdient hatte, über die Steuer wieder zurück.

Die Eisenbahn-Ära: zäh wie Krupp und hart wie Vanderbilt

Es fällt schwer sich zu entscheiden, welche der vielen Innovationen, die die Industrialisierung mit sich brachte, nun die wichtigste war. Die Dampfmaschine? Die Elektrizität? Der mechanische Webstuhl? Die Eisenbahn? Schließlich gibt es neben diesen üblichen Verdächtigen noch eine ganze Hand voll mehr. Viel leichter fällt dagegen die Entscheidung, wenn es um die Innovation geht, die am ehesten den Reichtum förderte. Denn nichts war der Entstehung großer Vermögen so zuträglich wie die Eisenbahn: Sie vervielfachte den potenziellen Absatzmarkt für den größten Teil der Industrieprodukte ebenso wie die maximal erreichbare Größe einer Produktionsstätte. Die Eisenbahn ermöglichte eine Bevölkerungsexplosion in den Großstädten, und sie verbesserte die Aussichten gewaltig, aus einer Produkt- oder Prozessinnovation große Profite zu generieren.

Schließlich förderte die Eisenbahn nicht nur die Entstehung und das Wachstum der Fabriken, sie förderte damit auch sich selbst. All die neuen Produkte sowie Rohstoffe und Vorprodukte wurden über die Schiene transportiert und ließen das Schienennetz weiter expandieren. Die Industrie, vor allem die Schwerindustrie, war ohne den durch die Eisenbahn enorm verbilligten und vereinfachten Transport schlicht nicht vorstellbar. Und die Eisenbahn wiederum war einer der wichtigsten Abnehmer für deren Produkte. Durch sich solcherart gegenseitig verstärkende Prozesse entstand im 19. Jahrhundert in Europa und Nordamerika quasi ein Engelskreis der Industrialisierung.

Krupp: Ein 14-Jähriger springt der Pleite von der Schippe

Verfolgen wir diese Entwicklung am Beispiel eines jungen Unternehmers, der ohne die Eisenbahn über das Stadium eines kleinen Mittelständlers nicht hinausgekommen wäre: Alfried Krupp (1812 – 1887). Sein Vater Friedrich entstammte zwar einer der wohlhabendsten und angesehensten Familien Essens, brachte es aber fertig, das gesamte Familienvermögen in ein Unternehmen zur Herstellung von Gussstahl zu investieren, besser gesagt: zu versenken. Als er am 8. Oktober 1826 mit 39 Jahren starb, hinterließ er seine Frau Therese, vier minderjährige Kinder, eine verfallende Fabrikhalle, eine Firma ohne Aufträge, fünf Arbeiter ohne Entlohnung und jede Menge Schulden. Die Pleite einzugestehen kam jedoch weder für Therese noch für ihren ältesten Sohn, den gerade 14-jährigen Alfried, infrage: Man hätte ja in Essen das Gesicht verloren. Und der Sohn, ebenso hart wie der Stahl, den er herstellen würde, schaffte es nicht nur, die Produktion wieder in Gang zu setzen, sondern sogar seine Erzeugnisse zu verkaufen.

20 Jahre später war die Firma ein immer noch hoch verschuldeter, aber immerhin solide produzierender Industriebetrieb mit etwa 100 Beschäftigten. Seine Spezialität war die Herstellung extrem harten Stahls, wobei es für dieses Produkt nicht eben viele Einsatzgebiete gab – wer kauft schon teuren Stahl, wenn er auch mit billigem Eisen auskommt? Für Feilen, Ambosseinsätze, Münzstempel und Walzen zur Besteckfabrikation wurde Kruppstahl verwendet, alles ordentliche Produkte, auch profitabel absetzbar, aber keine großartigen Volumenbringer. Der Chef persönlich reiste in ganz Deutschland umher, um seinen Stahl unter die Schmiede zu bringen.

Aus der Eisenbahn wird die Stahlbahn

Dann kam die Eisenbahn. Anfangs war sie tatsächlich ganz aus dem weit billigeren Eisen hergestellt, aber dieses Material verursachte im Dauerbetrieb große Probleme. Denn das weiche Eisen wurde schnell brüchig. Ständig brachen Schienen oder besonders beanspruchte Teile der Waggons und Lokomotiven. Mit zunehmender Leistungsstärke und Schnelligkeit der Lokomotiven häuften sich die Probleme noch mehr – und Krupp konnte eine Lösung anbieten. Stahl war für die am meisten beanspruchten Teile weitaus geeigneter: je härter, desto besser. Das Material war zwar teuer, aber Defekte, Stillstandszeiten oder gar Zugunglücke verursachten noch größere Kosten und Schäden. Also verwandelte sich die Eisenbahn von Jahr zu Jahr mehr in eine Stahlbahn. Ab 1847 produzierte Krupp Federn und Achsen, ab 1852 Radreifen und wenige Jahre später auch Schienen. Mitte der Fünfzigerjahre des 19. Jahrhunderts hatte sich die Belegschaft auf 1000 Mitarbeiter verzehnfacht.

Die Eisenbahnaufträge verschafften Krupps Unternehmen die Kapazitäten und die Finanzkraft, die für das nächste, noch ehrgeizigere Vorhaben nötig waren: den Einstieg in die Waffenproduktion. Bereits 1843 hatte er erstmals beim preußischen Kriegsministerium angeklopft. Aber dort bestand zunächst wenig Interesse an dem, was der Fabrikant aus dem tiefsten Westen des Landes vorbrachte: Kanonen waren schon immer aus Bronze und würden immer aus Bronze bleiben. Als 1859 nach 16-jähriger Bearbeitung des preußischen Königshauses und seiner Generäle der erste Großauftrag über 300 Stahlkanonen aus Berlin kam, war der Weg zum bedeutendsten deutschen Konzern frei. Ein weiteres Jahrzehnt später beschäftigte Krupp mehr als 10 000 Arbeiter.

Der amerikanische Krupp, Andrew Carnegie (1835 – 1919), einer der größten Stahlkocher des 19. Jahrhunderts, gibt uns eine Vorstellung von dem enormen logistischen Aufwand, der mit diesem bisher nie da gewesenen Produktionsumfang verbunden war: »Um eine Tonne Stahl herzustellen, muss man 1,5 Tonnen Eisenstein ergraben, 100 Meilen weit mit der Eisenbahn nach den Seen schaffen, Hunderte von Meilen zu Schiff befördern, in Wagen verladen und wieder 150 Meilen mit der Eisenbahn bis Pittsburgh bringen; 1,5 Tonnen Kohle müssen gefördert, zu Koks verarbeitet und dann einige 50 Meilen weit mit der Eisenbahn transportiert werden; und eine Tonne Kalkstein muss gegraben und 150 Meilen weit nach Pittsburgh gebracht werden. Wie war es dabei möglich, drei Pfund fertigen Stahl für 2 Cent zu verkaufen, ohne zuzusetzen?« Ohne die Eisenbahn wäre es jedenfalls nicht möglich gewesen.

Zudem war die Eisenbahn in der Lage, ein weiteres logistisches Problem zu lösen, das sich den erfolgreichsten der Fabrikanten sehr bald stellte: Woher die Arbeiter für die rasant wachsenden Fabriken nehmen? Nicht dass es an Arbeitskräften gefehlt hätte, ganz im Gegenteil. Die industrielle Reservearmee war groß genug und mobil genug, um überall dort, wo Arbeit gebraucht wurde, auch Arbeit anzubieten. Aber wie viele Arbeiter kann man so nahe an der Fabrik ansiedeln, dass der Arbeitsweg gerade noch zumutbar bleibt? Mit der Eisenbahn wesentlich mehr, und man muss sie nicht einmal selbst ansiedeln. Nimmt man nämlich eine halbe Stunde Arbeitsweg als Grenze an, ergibt sich für Fußgänger ein Kreis um die Fabriktore mit einem Radius von etwa drei Kilometern, also ein Einzugsgebiet von etwa zehn Quadratkilometern. Für Arbeiter, die mit der Bahn anreisen, vergrößert sich das Einzugsgebiet auf etwa 1000 Quadratkilometer. – Es ist durchaus kein Zufall, dass diese Fläche in etwa der Größe des Ruhrgebiets oder Berlins entspricht. Erst dadurch, dass die Bahn die Entfernungen schrumpfen ließ, konnte sich so etwas wie ein Ballungsraum entwickeln; die Städte wuchsen in die Höhe, in die Breite, in die Länge.

Ein Krupp darf nicht Pleite gehen

Es wuchsen auch die Vermögen der Fabrikanten. Aber für wirklichen Reichtum fehlte den meisten etwas Wichtiges: Sie konnten über ihr Vermögen nicht verfügen, denn es steckte in den Fabriken. Das scheinbar immer währende Wachstum der Wirtschaft, die ständigen Innovationen und die ebenso ständige Bedrohung durch die Konkurrenz erlaubten es nur wenigen, ihr Unternehmen zu verkaufen und sich aus dem Geschäft zurückzuziehen. »In einem Lande, das im Aufblühen begriffen ist, geht ein Fabrikationsbetrieb zurück, sowie er aufhört, sich auszudehnen«, beschrieb Carnegie das Credo dieser Gründerzeit.

Auch der Essener Kanonenkönig dachte nicht daran, aus den Rüstungsgewinnen die stetig gestiegene Schuldenlast abzutragen, denn das hätte bedeutet, auf Wachstum zu verzichten. Stattdessen kaufte er in fieberhafter Eile Kohlezechen, Erzgruben und Hüttenwerke, um seine Rohstoffbasis zu sichern. Und weil in Deutschland gerade der Gründerboom begann, kaufte er alles viel zu teuer. Schon 1872 wurde das Geld knapp, und 1874 musste ein Bankenkonsortium zusammenlegen, um Krupp mit einem Kredit über 10 Millionen Mark vor der Pleite zu retten. Alfried Krupp musste als Sicherheit nicht nur seinen gesamten Besitz verpfänden, sondern den Gläubigerbanken auch noch regelmäßig Einblick in seine Bücher gewähren. Obwohl diese Fast-Pleite für das Unternehmen eine ewige Lehre hätte sein müssen, verfiel Krupp genau 50 Jahre später wieder auf die gleiche Methode; und er wäre auch diesmal wieder unweigerlich im Bankrott gelandet, wenn es in Deutschland nicht undenkbar gewesen wäre, Krupp Pleite gehen zu lassen. Das Unternehmen war schließlich nicht nur eines der wichtigsten der deutschen Rüstungsindustrie, sondern überdies ein Symbol für den ökonomischen Aufstieg Deutschlands aus eigener Kraft sowie gleichzeitig (wegen der Krupp'schen Arbeitersiedlungen) für die soziale Verantwortung des Unternehmers.

Andrew Carnegie: »Wer reich stirbt, ist ehrlos«

Andrew Carnegie war in diesem Punkt aus ganz anderem Holz geschnitzt. Er sah sich nicht gezwungen, alles Wachstum dieser Welt auf seine Schultern zu laden, und seine Bindung an den Stahl war nicht so eng, geradezu neurotisch, wie die der Krupps. Seine amerikanische Karriere begann der schottische Einwanderer bei der Eisenbahn, und er setzte sie im Großen und Ganzen auf der Sonnenseite des Unternehmertums fort. So hatte er kein Problem damit, sich auf dem Höhepunkt des Erfolges von seinem Unternehmen zu trennen. 1901 verkaufte er sein Stahlimperium an ein Konsortium unter Führung von John Pierpont Morgan. Der Kaufpreis, 447 Millionen Dollar, war der höchste Betrag, der jemals für ein Unternehmen gezahlt worden war. Zwei Jahre später gestand Carnegie dem Käufer bei einem zufälligen Zusammentreffen, dass er damals einen großen Fehler gemacht habe: »Ich hätte 100 Millionen mehr fordern sollen.« »Hätten Sie das gefordert, hätten Sie es auch bekommen«, antwortete Morgan – und sei es nur, um den von ihm nicht sehr geschätzten Schotten mit der vermeintlich verpassten Gelegenheit zu ärgern.

Morgan machte den so teuer gekauften Großkonzern zum harten Kern der noch größer angelegten Aktiengesellschaft U.S. Steel. Und Carnegie, der ein halbes Jahrhundert Arbeitsleben damit verbracht hatte, eines der größten Vermögen seiner Zeit anzuhäufen, widmete sich in den ihm danach verbleibenden 18 Jahren nach Kräften »der unendlich viel ernsteren und schwereren Aufgabe seiner weisen Verteilung«. Kirchenorgeln, Stadtbüchereien und die Förderung des Weltfriedens waren die wichtigsten Verteilungsziele. »Wer reich stirbt, ist ehrlos«, war Carnegies Motto. Und als er 1919 starb, hatte er seinen Aufgabe tatsächlich fast zur Gänze erfüllt. Das Geld war ausgegeben beziehungsweise in Stiftungen angelegt. Nur das mit dem Weltfrieden hatte nicht geklappt.

Bei den Schwerindustriellen liegt es nahe, dass ihr Aufstieg Hand in Hand mit der Entwicklung der Eisenbahn ging. Aber auch in allen anderen Branchen brachte die neue Infrastruktur ehrgeizigen Unternehmern nie da gewesene Wachstumschancen. Zwar wurde schon in der Bronzezeit Fernhandel betrieben; zwar hatte der eigentliche Prozess der Globalisierung bereits mit der Erschließung der Weltmeere durch europäische Segler zu Beginn der Neuzeit begonnen. Aber es waren immer nur die seltensten, die wertvollsten Waren, die auf Fuhrwerke, Kamele oder Schiffe verladen wurden: Der Transport dauerte lange und war riskant, die Transportkosten waren hoch, da gab es nicht viele Produkte, von denen sich die Händler entsprechend hohe Profite versprechen konnten. Die Eisenbahn demokratisierte nun die Globalisierung. Jeder Produzent konnte versuchen, sich Absatzmärkte außerhalb seines direkten Einzugsgebietes zu erschließen. Jeder Händler konnte sein Warenangebot vervielfachen und für viele Produkte die Preise senken – und wenn er es nicht tat, musste er damit rechnen, dass ein Konkurrent ihm zuvorkommen würde.

Die Gewinnspannen der Groß- und Einzelhändler gerieten kräftig unter Druck, und zugleich wurde es attraktiv, aus dem Handel in die Produktion umzusteigen. So sehen wir etwa ab 1850 in allen an das Schienennetz angebundenen Regionen Unternehmer, die, aus Handel oder Dienstleistung kommend, auf die Eigenproduktion umstiegen und damit die Initialzündung für ihre späteren Großkonzerne schufen.

Guggenheim: vom Hausierer für Herdpolitur zum Rohstoffkonzern

Typisch war beispielsweise der Karrierebeginn des 1848 aus der Schweiz in die USA eingewanderten Meyer Guggenheim. Um in der neuen Heimat überhaupt ein paar Cent zu verdienen, versuchte er sich als Hausierer. Schon bald machte er zwei Beobachtungen: Der meistverkaufte Artikel in seinem Ranzen war Herdpolitur. Und der größte Teil des Profits, der aus dem Haustürverkauf entstand, landete nicht bei ihm, sondern beim Produzenten der Herdpolitur. Also entschloss sich Meyer, seinen Bestseller nicht nur zu verkaufen, sondern selbst herzustellen. Als er kurz darauf entdeckte, wie er eine Herdpolitur herstellen konnte, die keine schwarzen Bleiflecken an den Händen der Hausfrau zurückließ, war er ein gemachter Mann. 1852, vier Jahre nach seiner Ankunft in den Vereinigten Staaten, hatte sich Meyer Guggenheim so weit etabliert, dass er seine geliebte Barbara heiraten konnte.

Bestimmt hätten wir niemals etwas von der Familie Guggenheim gehört, wenn Meyer bei der so einträglichen Produktion von Herdpolitur geblieben wäre. Aber ein typisches Merkmal vieler Händler ist die Eigenschaft, jedes nur mögliche Produkt zu verkaufen, wenn nur der Profit stimmt; und wenn Händler zu Produzenten werden, lockt die Versuchung, jedes beliebige Produkt herzustellen, solange es guten Gewinn bringt. Daher hatte Meyer Guggenheim 1852 neben Herdpolitur auch Kaffee-Essenz im Angebot, dem reinen Familienbetrieb entwuchs Guggenheim mit der Produktion und dem Export von Stickereien, und die Schwelle zum Großunternehmen überschritt er 1881 mit dem Einstieg in den Bergbau. Gleich das erste Bleibergwerk, in das er investierte, erwies sich als Silbergrube und bahnte der Familie den Weg zum wichtigsten Rohstoffkonzern am Anfang des 20. Jahrhunderts.

Ebenfalls typisch an dieser Aufstiegsgeschichte ist die Konsequenz, mit der sich die Guggenheims von ihrem jeweiligen Geschäftsfeld verabschiedeten, wenn sie sich auf ein neues stürzten. Denn die größten Gewinne machten, einer verbreiteten Anschauung zum Trotz, nicht die auf jeder Messe singenden Produzenten, sondern die Spezialisten. »In meiner ganzen Laufbahn habe ich kaum einen Mann getroffen, der an mehreren Unternehmungen zugleich beteiligt gewesen und dabei wirklich reich geworden wäre; bei einem Fabrikanten ist das schon völlig ausgeschlossen«, bekannte Andrew Carnegie in seinen Memoiren. »Diejenigen Männer, die es zu etwas gebracht haben, sind immer die gewesen, die einen Weg gewählt und diesen unbeirrt verfolgt haben.« Und wenn es sich bei ihrem Produkt nicht um Herdpolitur, sondern um Dinge wie Brücken, Telegrafen oder Anilinfarben handelte, konnten auf diese Weise weltumspannende Konzerne entstehen. Denn die Eisenbahn brachte alle Arten von Gütern zu allen erdenklichen Kunden (oder zumindest zum Hafen, von wo aus sie dann weitertransportiert wurden).

Großreeder Vanderbilt steigt auf die Schiene um

Zum Inbegriff des Reichtums durch die Eisenbahn wurde ein Mann, der sich erst im stattlichen Alter von 68 Jahren dieser Branche zuwandte: Cornelius Vanderbilt (1794 – 1877). »Commodore« wurde er genannt, weil er seine ersten paar Dutzend Millionen auf dem Wasser gemacht hatte.

Mit 17 kaufte er sein erstes Segelboot und betrieb eine Fähre zwischen New York und Staten Island. 1820 stieg er auf Dampfboote um, zunächst als angestellter Fährmann, ab 1827 als Unternehmer, und bald gebot er über eine Flotte von 100 Schiffen.

Spätestens der Goldrausch in Kalifornien 1848/49 machte Vanderbilt zum Millionär: Er bot die günstigsten Schiffspassagen von der Ostküste nach San Francisco an – über Nicaragua. An den Eisenbahnbetreibern dagegen ging das Goldrauschgeschäft vorbei, denn Indianer und Rocky Mountains bildeten eine noch unüberwindliche Hürde für eine Ost-West-Schienenverbindung. Als 1861 der amerikanische Bürgerkrieg ausbrach, war Vanderbilt 67, aber Jagdinstinkt und Bereicherungstrieb waren ungebrochen. Seine Flotte versorgte küstennah stationierte Truppen von New York bis New Orleans, und noch in keinem Krieg haben patriotische Gefühle die Heereslieferanten davon abgehalten, mit kräftigen Preisaufschlägen ihre ganz privaten Kriegsgewinne einzustreichen.

Trotz dieser Kriegskonjunktur verkaufte Vanderbilt 1862 seine komplette Flotte und stieg ins Eisenbahngeschäft ein. Besser gesagt, nicht trotz, sondern wegen der Konjunktur. Erstens bekam er kriegsbedingt einen guten Preis, und zweitens hatte er erkannt, dass die Bahn, nicht das Schiff, Amerikas Verkehrsmittel Nummer eins werden würde: Was hilft die beste Flotte, wenn das Schlachtfeld im Landesinnern liegt? Und wie viele Menschen fahren mit der Fähre zur Arbeit? Vanderbilt sprang auf den seit mehr als 30 Jahren fahrenden Zug auf.

Es gab eine Unmenge lokaler und regionaler, meist börsennotierter Eisenbahngesellschaften. Vanderbilt begann von New York aus, sich einzukaufen, und herrschte schließlich über ein Bahnnetz von New York bis Chicago. Er bediente sich dabei der damals üblichen Mittel: Aktienmanipulation, Politikerbestechung, da und dort auch Bilanzfälschung. »Gesetz – was kümmert mich das Gesetz! Ich habe die Macht«, sagte er einmal.

Der Bronze-Commodore in doppelter Lebensgröße

Am 9. November 1869, er war 75 Jahre alt, ließ Vanderbilt an seinem Bahnhof in der New Yorker Hudson Street ein Denkmal enthüllen, das, wenn nicht dem Geschmack, so doch der Geste nach, mit den Werken ägyptischer Pharaonen mithalten konnte: 50 Meter lang, 10 Meter hoch und 50 Tonnen schwer war das Monument aus Bronze, Granit und Marmor, dessen Zentrum eine Vanderbilt-Bronzestatue in doppelter Lebensgröße einnahm. Drumherum gruppiert lagerten sich die Symbole der Vanderbilt'schen Besitztümer: Schiffe, Matrosen, Eisenbahnen, Schienen, Früchte, Tiere und Industrieprodukte. Der Blick der Statue ging weit in die Ferne, als suche sie am Horizont nach neuer Befriedigung für ihren Bereicherungstrieb.

Nur einmal wurde Cornelius Vanderbilt besiegt: in der von 1866 bis 1868 währenden Schlacht um die Erie Railroad Company, die einzige Bahngesellschaft, die seinem Imperium auf der Linie Chicago–New York Konkurrenz machen konnte. Die Erie wurde gemanagt von den wohl skrupellosesten Räubern, die die Wall Street je hervorbrachte – John Gould und Daniel Drew. Gould (1836–1892) eignete sich Bahnen an, indem er deren Gläubigern die Kredite abkaufte und diese fällig stellte. Wenn die Aktionäre das Geld für die Rückzahlung der Kredite nicht kurzfristig aufbringen konnten, hatten sie drei Möglichkeiten: einen Konkurs, also den Totalverlust ihres Kapitals, den Verkauf an Gould, also beinahe den Totalverlust, oder die Umwandlung der Kredite in Eigenkapital, was regelmäßig die Aktienmehrheit für Gould bedeutete.

Besaß er diese erst, wandte er mit Vorliebe eine Methode an, die Daniel Drew (1797–1879) schon in seiner Zeit als Viehtreiber perfektioniert hatte – das »stock watering«. Bei den Cowboys ging das so: Am Tag vor Erreichen des Schlachthofs gab man den Kühen kiloweise Salz zu fressen und ließ sie dann saufen, so viel sie wollten. Auf diese Weise maximierte man das Schlachtgewicht, und damit den Gewinn. Und bei der Erie Company funktionierte es so: Wenn ein Vanderbilt auftauchte und jede greifbare Aktie kaufte, druckte man einfach 100 000 wertlose Aktien und verkaufte sie an Vanderbilt – nach und nach, damit es nicht zu sehr auffiel, aber schnell genug, um 7 Millionen Dollar einzusacken, bevor der Schwindel aufflog.

Nach klassischer Wildwestmanier wäre damit der Kampf beendet gewesen. Aber Vanderbilt griff zu einem Mittel, dessen Verwendung sich nur in einem Rechtsstaat empfiehlt: Er zeigte die Betrüger an. Diese jedoch wurden rechtzeitig davor gewarnt, dass ihnen in New York die Verhaftung drohte, setzten sich ins benachbarte New Jersey ab und betrieben von dort aus eine sehr handfeste Lobbyarbeit. Nach Direktinvestitionen von insgesamt einer halben Milliarde Dollar in die Privatschatullen der zuständigen Volksvertreter beschloss das New Yorker Landesparlament ein Gesetz, das die Aktientricks der Erie-Gang legalisierte.

Der Siegeszug der Aktiengesellschaften

Aktiengesellschaften: Auch sie zählen zu den Errungenschaften, die wir der Eisenbahn verdanken. Die Institution ist zwar wesentlich älter,[6] aber die Eisenbahn verhalf ihr flächendeckend zum Durchbruch. Die Aktiengesellschaft war es, die an jene Stelle zu treten schien, die bislang der Unternehmer selbst besetzt hatte. Insbesondere beim Neubau von Eisenbahnlinien erwies sie sich als wesentlich flexibler, da sie, bei günstigem Börsenklima natürlich, ihr Kapital fast beliebig erhöhen konnte. Ein Cornelius Vanderbilt oder ein John Gould waren weder Lokomotivkonstrukteure noch Logistikexperten. Sie waren Finanzjongleure, die mit undurchsichtiger Börsenakrobatik ihr Imperium gewannen oder auch wieder verloren. In den Chemiefabriken begann sogar der Aufbau von Strukturen, die entfernte Ähnlichkeit mit dem hatten, was wir heute Management nennen.

Für den Wirtschaftsphilosophen Peter F. Drucker stand die Bedeutung dieser unternehmensrechtlichen Neuerung derjenigen der Eisenbahn selbst in nichts nach: »Die neue Aktiengesellschaft war eine echte Innovation, die schnell zum dominierenden Faktor der Wirtschaft aufstieg. Es war seit Jahrhunderten die erste neue autonome Institution, die erste, die ein Machtzentrum innerhalb der Gesellschaft aufbaute, aber von der Zentralregierung des Nationalstaats unabhängig war.«

Wir sind da zurückhaltender in der Bewertung und eher geneigt, die Eisenbahn für wichtiger als die Aktiengesellschaft zu halten. Mit der Eisenbahn brach in der Wirtschaftsgeschichte etwa das an, was in der Evolutionsgeschichte die Kreidezeit war: ein Zeitalter, in dem Größe belohnt wurde. Die Evolution formte daraus die Dinosaurier, und auch die Ökonomie brachte erstmals in der Menschheitsgeschichte Unternehmensmonster wie die Konzerne von Krupp oder Carnegie hervor. Bisher waren solche Großorganisationen lediglich aus militärischen Gründen (Armee) oder für religiös motivierte Megaprojekte (Pyramiden- oder Kathedralenbau) entstanden.

Wie bei vielen derartigen Prozessen zeigte sich auch beim Unternehmenswachstum des späten 19. Jahrhunderts, dass in der scheinbar kontinuierlichen Zunahme ein Strukturbruch erfolgen musste, um weiteres Wachstum überhaupt bewältigen zu können. Denn der hohe Kapitaleinsatz und die hohe Komplexität übersteigen früher oder später die Kapazitäten eines Einzelunternehmers. Es mussten also Organisationen gefunden werden, die geeignet waren, mit (fast) beliebiger Größe umzugehen.

Das konnte die Aktiengesellschaft sein, es hätte auch eine Staatsbürokratie sein können, ebenso eine Mischform wie die realsozialistischen Kombinate oder gemischtwirtschaftliche Unternehmen wie die deutschen Elektrizitätswerke. Tatsächlich wurden alle diese Strukturen mehr oder weniger häufig in der Praxis erprobt, und längst nicht in allen Branchen und Situationen hat sich die AG als die am besten geeignete Form erwiesen.

Gegenüber den anderen oben genannten Organisationsformen für große Unternehmen und komplexe Aufgaben weisen private Aktiengesellschaften einen gewaltigen Nachteil auf: Sie haben Konkurrenz. Wenn eine Branche wie die Stahlproduktion privatwirtschaftlich organisiert ist, werden regelmäßig mehrere Unternehmen gleichzeitig versuchen, das größte der Branche zu werden, und zu erstens stets unfeinen und zweitens meist ruinösen Methoden greifen, um die Konkurrenz aus dem Feld zu schlagen oder aufzukaufen. In den meisten Fällen geht das zu Lasten der Kunden, des Service, der Innovationskraft oder der Sicherheit. In einem uns heute wie ein natürliches Monopol erscheinenden Bereich wie dem Betreiben eines Schienennetzes wurde damals von den meisten Eigentümern ein hoher Materialverschleiß in Kauf genommen, um durch möglichst niedrige Investitionen möglichst hohe Dividenden kassieren zu können – eine für die Kunden lebensgefährliche Strategie. Die für das Überleben des Unternehmens entscheidende Frage war jedoch nicht sosehr, ob es von den potenziellen Kunden akzeptiert wurde, sondern ob es gelang, den Übernahmeversuchen der Konkurrenz zu widerstehen. Um 1870 herum tobten nicht nur, aber vor allem in den USA die unappetitlichsten Übernahmeschlachten, die die Börsen jemals erlebten.

Und mitten im Schlachtengetümmel fand sich 1874 ein hoffnungsvoller Erfinder. Am 13. August jenes Jahres rettete er auf die Schnelle das Eisenbahnimperium John Goulds, indem er ein von der Konkurrenz patentiertes Relais zur Datenübertragung so weit modifizierte, dass der Patentschutz nicht mehr griff und Gould die Telegrafenleitungen entlang seiner Bahnlinien wieder in Betrieb nehmen konnte. Ganze 1000 Dollar bekam der Erfinder dafür. Kurz darauf brach er mit dem Raubritter, brach Düsentrieb mit Dagobert: »Gould setzte seinen Stolz nicht in den Aufbau eines Unternehmens. Er war hinter Geld her – und nur hinter Geld.« Von Thomas Alva Edison konnte das nun wirklich niemand sagen.

Siemens und Edison: die Düsentriebs als Dagoberts

»Jeden zehnten Tag eine kleinere Erfindung ...«

Im Frühjahr 1876 beschloss Thomas Alva Edison (1847–1931), aufs Land zu ziehen. Menlo Park, 20 Kilometer von New York entfernt, schien ihm der passende Ort, um in die Massenproduktion von Patenten einzusteigen. »Jeden zehnten Tag eine kleinere Erfindung, und eine große Sache alle sechs Monate«, hatte er sich für sein Unternehmen vorgenommen, das erste industrielle Forschungslabor der Welt. Das kam in etwa hin: In seinem ganzen Leben brachte Edison es auf insgesamt 1033 Patente. Einige davon wurden zur Grundlage ganzer Industriezweige, so etwa der Phonograph (Patentanmeldung 15. Dezember 1877) und natürlich die Glühlampe (4. November 1879).

Wir haben es hier also mit einem der produktivsten Erfinder der Weltgeschichte zu tun, der noch dazu genau in der richtigen Zeit lebte, um den maximalen Ertrag aus seiner Arbeit ziehen zu können. Die Menschen, die Staaten, die Unternehmen sogen begierig jede Art von Innovation auf; die von technischen Wunderwerken überquellenden Weltausstellungen zogen ähnlich viel Interesse auf sich wie heute die Olympischen Spiele – wer an der Spitze des technischen Fortschritts stand, müsste demnach auch an der Spitze der Einkommenspyramide stehen. Weit gefehlt. Edison betrieb sein eigenes Unternehmen, er war ein Superstar der Wirtschaftswelt, er hatte nur selten Geldsorgen, aber er wurde eben *nicht* einer der reichsten Männer der Welt. Was hätte damals ein Rockefeller, was heute ein Bill Gates aus diesen Erfindungen gemacht!

Sehen wir uns einmal am Beispiel seines ökonomisch bedeutsamsten

Patents genauer an, warum der hellste Kopf nicht mit dem dicksten Bankkonto gesegnet wurde: der Kohlefadenglühlampe. Edison war zwar nicht der Einzige, der damals an der Erfindung des elektrischen Lichts arbeitete, aber seine Lampe war die praktischste, und sie ließ sich am besten in großen Stückzahlen produzieren. Sie fand überall auf der Welt reißenden Absatz und war die beste Reklame, die sich die Elektrokonzerne vorstellen konnten, um konservative Geister vom Sinn der Elektrifizierung zu überzeugen. Doch gegen Ende seines Lebens resümierte Edison bitter: »Meine Erfindung des elektrischen Lichts hat mir keinerlei Profit gebracht, sondern 40 Jahre lang nur Prozesse.«

Edison wird aus seiner eigenen Firma hinausgemobbt

Ganz so schlimm war es jedoch nicht. Als 1892 verschiedene Elektrofirmen, darunter auch Edisons eigene Gründung, fusionierten, betrug sein Kapitalanteil an der neuen General Electric Company knappe 5 Prozent. Hätten er und seine Nachkommen einfach nur dieses Aktienpaket bis heute gehalten, es wäre ein bis zwei Dutzend Milliarden Dollar wert. – Eben diese General Electric Company ringt heute mit Microsoft, Pfizer, Exxon und Wal-Mart um die Krone des am höchsten bewerteten Unternehmens der Welt. Aber statt einfach abzuwarten und die Früchte seiner Arbeit zu genießen, verkaufte Edison 1892, also direkt nach der Gründung von General Electric, sein gesamtes Aktienpaket.

Das hatte einen menschlich verständlichen Grund: Die Firmen, die mit Edisons Unternehmen zusammengelegt wurden, machten ihr Geschäft damit, dass sie Edisons Glühlampenpatente verletzten. Nach mehr als einem Jahrzehnt des Prozessierens hatte die Edison General Electric Company endlich alle Verfahren gegen die Nachahmer gewonnen. Jetzt hätten die Konkurrenten ihre Lampenfabriken schließen müssen (zumindest für zwei Jahre, denn bereits 1894 liefen Edisons amerikanische Patente aus) oder an die Edison General Electric Lizenzgebühren zahlen müssen. Aber die wichtigsten Investoren hinter Edison – insbesondere die Familie Vanderbilt und John Pierpont Morgan – entschieden über seinen Kopf hinweg, stattdessen lieber mit dem profitabelsten Nachahmer zu fusionieren, der Thomson-Houston-Gesellschaft unter Charles A. Coffin.

»Mr. Edison ausgebootet – er war der Wall Street nicht gewachsen«, schrieb eine New Yorker Tageszeitung über diesen Deal und traf damit zumindest die Stimmungslage des düpierten Erfinders. »Ich werde jetzt etwas Neues anfangen, das ganz anders und sehr viel bedeutender ist als alles Bisherige und das die Leute vergessen lassen wird, dass mein Name jemals mit der Elektrizität zu tun hatte«, sagte er, als er seine Gründung hinter sich ließ, trotzig wie ein kleines Kind.

Theoretisch könnte dieser Satz ein ökonomisch sinnvolles Verhalten beschreiben. Wenn jemand, wie Edison, nichts besser kann als erfinden, und wenn dieser Jemand schnell die Lust an der Umsetzung seiner Erfindungen verliert, dann müsste er seine Produktivität dadurch maximieren können, dass er sich aufs Erfinden konzentriert und das Umsetzen anderen überlässt. Weil den Lehrbüchern zufolge eine steigende Produktivität mit einem steigenden Einkommen verbunden ist, hätte Edison so gesehen alles richtig gemacht.

Das gesamte Vermögen pulverisiert

Für seine Situation Ende der Siebzigerjahre stimmte das auch: Er hatte sich nicht darauf beschränkt, mit dem eben erfundenen Phonographen durch dick und dünn zu gehen, sondern sich sofort danach auf die Glühlampe gestürzt. Aber 1892 fing Edison leider etwas Neues an, das sich nach wenigen Jahren als ökonomisch sinnlos herausstellte – er investierte sein gesamtes Vermögen in die Eisenerzgewinnung. Edisons Gedanke war einfach und nahe liegend: Aus einem eisenhaltigen Gestein müsste man das Eisen mit Magneten herausziehen können. Dieser Prozess allerdings war mit großem Aufwand verbunden. Das Gestein muss natürlich erst klein gemahlen werden, bevor der Magnet an die Arbeit gehen kann.

Don Quijote kämpfte gegen Windmühlen, Edison gegen Steinmühlen. Sieben Jahre lang. Über 2 Millionen Dollar steckte er in das Projekt.

Es war von Anfang an eine Totgeburt. Sogar bei größtem Erfolg hätte Edison keine hohen Profite erzielt, denn sein Verfahren konnte von jedermann kopiert werden: Wenn das Edison-Prinzip sich als günstiger herausgestellt hätte als der herkömmliche Bergbau, hätte jeder Bergbaukonzern Steinmühlen und Magneten anschaffen und Edisons Startvorteil pulverisieren können. Am Ende stand der größtmögliche Misserfolg: Zwar konnte Edison im Herbst 1898 sein Erzwerk in Ogdensburg dank einer großen Bestellung der Bethlehem Steel Company erstmals mit der für die Rentabilität erforderlichen Kapazität von 10 000 Tonnen pro Tag laufen lassen. Doch kurz darauf, 1899, wurden in Minnesota die größten und reichsten Eisenerzvorkommen der Welt entdeckt. Rockefeller hatte sie gekauft und würde sie im Tagebau ausbeuten – weit billiger als mit Edisons Steinmühlen. Der lachte nur: »Wir können also den Laden schließen und die Sache abblasen.« Bei der Auflösung seines Werks, im Alter von 53 Jahren, war Edison praktisch pleite. Sarkastisch meinte er, er könne jederzeit eine Arbeit als Telegrafist mit 75 Dollar im Monat finden. Dazu kam es dann doch nicht. Er war an der Erfindung des Films beteiligt – die ersten Spielfilme, die diesen Namen verdienten, wurden 1903/04 in Edisons Black-Maria-Studio gedreht –, versuchte sich an der Markteinführung des Fertighauses (aus Beton gegossen) und entwickelte Batterien für Elektroautos. 1914 beschäftigte er wieder 3600 Arbeiter.

Was hat Thomas Alva Edison falsch gemacht? Betriebswirtschaftlich gesehen, alles. Vom volkswirtschaftlichen Standpunkt aus betrachtet, nichts. Wir können von Glück sagen, dass Edison sich nicht darauf beschränkte, aus seiner ersten wirklich guten Idee ein Vermögen zu machen – seine anderen Erfindungen hätten dann vermutlich nie stattgefunden.

Professor Liebig fördert die Chemieindustrie

Wie man auch mitten in der vibrierenden Zeit der industriellen Revolution ganz ohne ökonomische Hintergedanken innovativ sein konnte, zeigte ein typischer Vertreter aus dem Land der Dichter und Denker. Er erfand das Narkosemittel Chloroform und das Schlafmittel Chloral, er legte mit der Erfindung des Mineraldüngers den Grundstein für ganze Industriebranchen, und mit der Erfindung des Fleischextrakts kamen noch weitere Branchen hinzu. Er hätte daraus einen agrochemischen Konzern schaffen können, wie ihn die Welt noch nicht gesehen hatte. Aber stattdessen blieb Justus Liebig (1803 – 1873) zeit seines Lebens Chemieprofessor – bis 1852 in Gießen, danach bis zu seinem Tod in München.

Ist die Behauptung zu gewagt, dass er gerade dadurch dazu beigetragen hat, Deutschland zum Weltmarktführer der Chemieindustrie zu machen? Lesen wir ein Stück von der ersten Seite seiner *Chemischen Briefe*, seinerzeit ein Bestseller, der vor allem von experimentierfreudigen Jungen verschlungen wurde: »Möchte es mir gelingen, die Überzeugung zu festigen, dass die Chemie als selbstständige Wissenschaft eines der mächtigsten Mittel zu einer höheren Geisteskultur darbietet, dass ihr Studium nützlich ist, nicht nur insofern sie die materiellen Interessen der Menschen fördert, sondern weil sie Einsicht gewährt in die Wunder der Schöpfung, welche uns unmittelbar umgeben, an die unser Dasein, Bestehen und unsere Entwicklung geknüpft sind.«

Viele der hervorragendsten Talente des Landes wurden durch Liebigs Vorbild angeregt, die »Wunder der Schöpfung« im Laboratorium zu entdecken. Damit war der Boden bereitet, um die Chemie zur ersten wissenschaftlich dominierten Industriebranche überhaupt zu machen. In den Worten des Bayer-Managers Carl Duisberg zu Liebigs 100. Geburtstag 1903 klang das so: »Das Licht wissenschaftlicher Erkenntnis, das Liebig angezündet hatte, drang in alle Zweige der Industrie [...], und mehr und mehr brach sich die von Liebig zuerst gelehrte Erkenntnis Bahn, dass die Technik nur dann ungeahnte Fortschritte machen kann, wenn wissenschaftlich erzogene Chemiker in ihr in allen Zweigen wirken und streben, wenn wissenschaftliche Forschungsmethoden in ihr herrschend sind.«

Edison hingegen sah seine Innovationstätigkeit weniger wissenschaftlich als vielmehr poetisch. So schrieb er mit 71 Jahren in einem Brief an Henry Ford: »Erfinder müssen Dichter sein, damit sie Fantasie haben können. Um geschäftlich erfolgreich zu sein, müssen sie den praktischen Sinn eines irischen Maurerpoliers und eines jüdischen Maklers besitzen.«

Genau so wie Thomas Alva Edison tritt uns im Disney'schen Œuvre Daniel Düsentrieb entgegen: als Erfinder genial, als Unternehmer ein hoffnungsloser Fall. Er arbeitet auf eigene Rechnung und in fremdem Auftrag, kommt nie auf einen grünen Zweig, aber immerhin ist er meist ohne direkte materielle Sorgen. Das Düsentrieb-Klischee haftet den kreativen Konstrukteuren, die sich in der Wirtschaft versuchen, ebenso fest an wie das Dagobert-Klischee den Unternehmern. Dass es auch anders geht, dass sich Düsentrieb und Dagobert auch in einer Person vereinen können, war zur gleichen Zeit und in der gleichen Branche in Deutschland zu beobachten – bei Werner Siemens (1816 – 1892).

Der junge Siemens schwärmt vom »Weltgeschäft à la Fugger«

Der älteste von acht Söhnen eines preußischen Gutspächters arbeitete von klein auf an seiner Doppelkarriere als Konstrukteur und Unternehmer. Mit 18 Jahren begann er eine dreijährige Lehrzeit als Offiziersanwärter beim Ingenieurskorps des preußischen Heeres – weil es dort eine sowohl erstklassige als auch kostenlose naturwissenschaftliche Ausbildung gab. Auf eine erfolgreiche militärische Laufbahn hatte er es angeblich nicht abgesehen. Das eigene Unternehmen sollte es sein: »So habe ich für die Gründung eines Weltgeschäftes à la Fugger von Jugend an geschwärmt, welches nicht nur mir, sondern auch meinen Nachkommen Macht und Ansehen in der Welt gäbe und die Mittel, auch meine Geschwister und nähere Angehörige in höhere Lebensregionen zu erheben.«

Bei ähnlichen Schwärmereien ertappt sich wohl jeder in jungen Jahren einmal und sieht sich sehr bald auf den Boden der Realität zurückgeholt. Leutnant Siemens hingegen machte sich zielstrebig daran, diesen Boden entsprechend zu bearbeiten. 1842 verkaufte er seine erste Erfindung: ein Verfahren zur elektrolytischen Vergoldung von Besteck. Die Einnahmen daraus verschafften ihm vier Jahre lang die Ruhe, um an den nächsten Innovationen zu forschen. 1846 war es dann so weit: Siemens hatte den 1837 von Charles Wheatstone erfundenen elektrischen Telegrafen weiterentwickelt, sodass er den Praxistest schneller und zuverlässiger Datenübertragung bestehen konnte.

Dass es für einen solchen Apparat dringenden Bedarf gab, wusste er als noch immer im Militärdienst tätiger Artillerieleutnant nur zu gut. Wen er in Berlin anzusprechen hatte, wusste er ebenfalls: die Telegrafenkommission, sozusagen die preußische Behörde zur Förderung der zukunftsträchtigen Technologie. Er tat sich mit dem Mechaniker Johann Georg Halske zusammen, der ihm die Prototypen baute, und am 8. Juli 1847 fand die Vorführung bei der Telegrafenkommission statt. Die Prototypen funktionierten, und Werner Siemens – wurde zum hauptamtlichen Mitglied der Telegrafenkommission berufen! Der preußische Erfinder durfte nun, als Beamter, mit darüber entscheiden, wem der preußische Staat seine Telegrafenaufträge geben würde.

Das Erste, was Siemens daraufhin tat, war, eine Firma zu gründen, mit der er als Unternehmer die Aufträge bekommen konnte, über die er als Beamter zu entscheiden hatte. Am 12. Oktober 1847 eröffnete er die Telegrafenbauanstalt Siemens & Halske in Berlin. Das Eigenkapital in Höhe von 6843 Talern steuerte ein Onkel bei. Schon 1850, im dritten vollen Geschäftsjahr, erzielte die Firma einen Umsatz von 81 000 und einen Rohgewinn von 26 700 Talern.

Den Durchbruch bringt ein Auftrag des Zaren

Was uns heute als höchst anrüchige Verbindung von privatem Gewinnstreben und öffentlichem Auftrag erscheint, war damals eine durchaus beabsichtigte Variante der Wirtschaftsförderung: Die Rothschild'sche Friedensperiode neigte sich dem Ende zu, militärische Interessen drängten wieder in den Vordergrund. Für jedes Land würde es von entscheidender Bedeutung sein, in den strategisch wichtigen Industriezweigen über eigene Unternehmen zu verfügen. Zudem galt es als ausgemacht, dass die Staaten des europäischen Festlands den englischen Entwicklungsvorsprung nur würden aufholen können, wenn sie der eigenen Industrie Schutzmaßnahmen angedeihen ließen. Sitz und Stimme in der Telegrafenkommission waren da noch eine vergleichsweise harmlose Fördermaßnahme.

Den endgültigen Durchbruch für die Berliner Telegrafenbauer brachte jedoch 1853 kein preußischer, sondern ein russischer Auftrag. Der Krimkrieg war ausgebrochen, und Siemens sollte dafür sorgen, dass so schnell wie möglich eine Telegrafenlinie von der Zarenresidenz St. Petersburg über Kiew bis zum Kriegsschauplatz am Schwarzen Meer gelegt wurde. Der Preis spielte, wie meist in Kriegszeiten, nur eine untergeordnete Rolle bei der Auftragsvergabe. 1854 machte die russische Siemens-Filiale achtmal mehr Umsatz als die Berliner Mutterfirma.

In den folgenden Jahren arbeitete das Unternehmen von Indien bis Amerika als Kabelleger. Insbesondere die Verlegung von Transatlantikkabeln erwies sich als äußerst lukrative Angelegenheit. 1867 bekam Siemens sogar den Auftrag, eine Telegrafenleitung von London bis nach Neu-Delhi zu legen. Dieses »größte Geschäft, das Siemens & Halske und Siemens Brothers bisher abgeschlossen hatten« (Enkel Georg Siemens in der Festschrift zum 100. Firmengeburtstag), war geradezu ein Symbol dafür, dass der technische Vorsprung Englands nicht uneinholbar war. Zumindest in der damaligen High-Tech-Branche Kabel hatte nun Deutschland die Nase vorn.

»Jetzt wird die Post zahlen müssen ...«

Dass Siemens keine Kabelfirma blieb, sondern ein Elektrokonzern wurde, verdankte das Unternehmen in erster Linie einer Entdeckung, die Werner Siemens[7] 1866 machte: dem dynamo-elektrischen Effekt, der direkten Umwandlung von mechanischer in elektrische Energie. Der Firmenchef sah, völlig korrekt, darin »den Grundstein einer großen technischen Umwälzung, welche die Elektrizität auf eine neue Stufe der Elementarkräfte erheben wird«, und er war fest entschlossen, damit auch sein Unternehmen auf eine neue Stufe zu heben.

Das geschah, der Firmentradition entsprechend, in enger Zusammenarbeit mit zunächst preußischen, später deutschen Behörden und Militärs: Kurz nach der ersten Vorstellung des Dynamos vor der Berliner Akademie der Wissenschaften machte Siemens der preußischen Armee das Angebot, die Eignung des Dynamos als Minenzünder zu testen. Es geschah zum Zweiten, auch das eine Firmentradition, durch weitere innovative Produkte wie den Lichtbogenofen (1880) und die elektrische Straßenbahn (1881). Und es geschah zum Dritten, wiederum traditionsgemäß, durch die Übernahme und/oder Weiterentwicklung fremder Innovationen. 1877, ein Jahr nachdem Alexander Graham Bell ein Patent auf das Telefon bekommen hatte, führte Siemens ebenfalls Telefone im Angebot, und das, ohne Lizenzgebühren zahlen zu müssen – das Bell-Patent galt in Deutschland nicht.

1904 gestaltete sich eine andere Übernahme wesentlich teurer. Der US-amerikanische Professor Michael I. Pupin hatte sich ein Verfahren patentieren lassen, das erstmals störungsarme Ferngespräche erlaubte. Wer dieses Verfahren in Deutschland anbieten konnte, würde einen deutlichen Wettbewerbsvorteil haben und diesen im Kampf um die Aufträge des einzigen Kunden, der Post, zur Geltung bringen können. Zwei Jahre lang verhandelte Siemens mit Pupin über die deutschen Nutzungsrechte, im Februar 1904 war das Geschäft für die damals sagenhafte Summe von 1,6 Millionen Mark perfekt. »Jetzt wird die Post zahlen müssen«, entfuhr einem der Siemens-Direktoren ein erleichterter Seufzer. Und so geschah es auch.

Ein Müßiggänger macht Siemens Konkurrenz

Dass Erfindungsgeist allein nicht ausreicht, um ein Unternehmen erfolgreich zu machen, wissen wir bereits. Dass auch die Kombination von Erfindungsgeist und kaufmännischem Können nicht genügt, um sich die Konkurrenz vom Leib zu halten, musste Siemens ab 1881 erfahren. Da meldete sich, praktisch aus dem Nichts, ein von Beginn an ernst zu nehmender Wettbewerber: Emil Rathenau (1838–1915). Dieser hatte die Jahre zuvor auf eine für den zupackenden Geist der Gründerzeit äußerst auffällige Weise verbracht – mit Nichtstun. Eine von ihm mitgegründete Maschinenfabrik hatte er im Aktienboom von 1870/71 an die Börse gebracht und 1873 gerade noch rechtzeitig vor dem Crash verkauft. Mit dem Erlös von 300 000 Mark konnte er sorgenfrei auf großbürgerlichem Fuße leben, die Augen offen halten, zu Weltausstellungen fahren und darauf warten, dass die richtige Geschäftsidee seinen Weg kreuzte.

Was ihm begegnete, war – die Glühlampe. 1881 auf der Elektrizitätsausstellung in Paris ließ sich Rathenau von Edisons Beleuchtungssystem und von Edison selbst begeistern. Er besorgte sich die Exklusivlizenz für die Herstellung von Edison-Glühlampen in Deutschland. Wenn Werner Siemens gewusst hätte, was für ein Unternehmen aus dieser Lizenz erwachsen sollte, er hätte sicherlich keine Kosten gescheut, um Rathenau gar nicht erst ins Geschäft kommen zu lassen. Aber bei Siemens hielt man nicht viel von Edisons Kohlefadenlampe. Die Hoffnungen wurden stattdessen auf die im eigenen Haus entwickelte Bogenlampe gesetzt. Als sich die Überlegenheit von Edisons System herausstellte, war Rathenaus Deutsche Edison-Gesellschaft für angewandte Elektrizität AG schon nicht mehr zu stoppen. Ab 1887 hieß die Firma etwas schlanker Allgemeine Elektrizitäts Aktiengesellschaft oder noch schlanker AEG.

Die beiden Unternehmen waren grundverschieden. Siemens zeigte sich technikfixiert, AEG marketingorientiert; Siemens wurde von einer Eigentümerfamilie dominiert, AEG war eine Aktiengesellschaft, geprägt von ihren Managern; Siemens stand auf besserem Fuß mit den großen staatlichen Auftraggebern, AEG hatte dafür Vorteile bei den Kapitalgebern, den großen Aktienbanken; Siemens schließlich wirkte durch und durch deutsch, AEG geradezu amerikanisch. Und trotz (oder gerade wegen?) dieser Unterschiede entwickelten sich die beiden Konzerne fast im Gleichklang: 35 000 Beschäftigte hatte Siemens 1905, AEG überschritt 1907 die 30 000er Marke; AEG verleibte sich Loewes Union, Felten & Guilleaume und die Lahmeyerwerke ein, Siemens holte sich Schuckert und Bergmann; Siemens schloss 1905 ein Kooperationsabkommen mit dem US-Konzern Westinghouse, AEG 1907 eines mit General Electric. Aber manchmal taten sie sich auch zusammen, wie 1919, als sie ihre Glühlampenwerke unter dem neuen Namen Osram fusionierten, oder 1928, als sie gemeinsam die Klangfilm GmbH gründeten, um den Tonfilmmarkt zu erschließen.

Für Karl Marx war klar, was am Ende solcher Fusions- und Übernahmebewegungen stehen würde: ein einziger Überlebender, ein Gigant an Kapital, Umsatz und Arbeitskraft, der schließlich dem »tendenziellen Fall der Profitrate« oder, noch lieber, der großen proletarischen Revolution zum Opfer fallen würde. Teil eins der Prophezeiung war völlig korrekt. In den Jahren nach Marx' Tod entstanden in den Industrienationen tatsächlich genau solche Giganten. Aber die Profitraten fielen ganz und gar nicht, und die Person hinter dem gigantischsten dieser Giganten wurde damit einer der reichsten, wenn nicht gar der reichste Mensch aller Zeiten: John Davison Rockefeller.

John D. Rockefeller: der Dagobert des 20. Jahrhunderts

So, wie sein Berufsleben anfing, hätte aus John D. Rockefeller (1839–1937) auch ein Gewerkschafter werden können. Denn eine schreiende Ungerechtigkeit warf ihn 1858, im dritten Berufsjahr, aus der vorgezeichneten Angestelltenlaufbahn. Im September 1855 hatte der gerade 16 Jahre alt gewordene Rockefeller nach längerer Suche seinen ersten Arbeitsplatz gefunden. Er begann als Lehrling bei der Handelsfirma Hewitt & Tuttle in Cleveland im US-Bundesstaat Ohio. Vier Dollar Wochenlohn kassierte er während seiner kaufmännischen Ausbildung. 15 Monate später gelang ihm der erste Karrieresprung. Aus dem Lehrling wurde ein Hilfsbuchhalter, mit mehr als doppelt so viel Gehalt: 40 Dollar im Monat bekam er dafür, dass er die Bücher des Unternehmens führte. Doch das sollte auch schon der letzte Sprung in seiner Karriere als abhängig Beschäftigter sein. In den Geschäftsbüchern konnte er sehen, dass seine Chefs ihm nur ein Viertel dessen gaben, was sie seinem Vorgänger gezahlt hatten. Er leistete die gleiche Arbeit und war 1500 Dollar pro Jahr vom gleichen Lohn entfernt!

1000 Dollar Startkapital vom Vater – zu 10 Prozent Zinsen

Nichts lag für Rockefeller näher, als eine Gehaltserhöhung zu fordern. Und für die Herren Hewitt und Tuttle lag nichts näher, als ihm diese zu verweigern: Seine geringere Erfahrung und seine Jugend müsse er als lohnmindernd akzeptieren. Aber vertrösten lassen wollte sich Rockefeller nicht. Und den großen Kampf um gleichen Lohn für gleiche Arbeit aufzunehmen war auch nicht seine Sache: Was er tat, sollte sich nicht für irgendeine Allgemeinheit und in ferner Zukunft rentieren, sondern für ihn, und zwar jetzt. Also setzte er alles daran, so schnell wie möglich selbst Unternehmer zu werden – keiner sollte ihn jemals wieder ausbeuten können.

Das Startkapital kam vom Vater: 1000 Dollar, zu 10 Prozent Zinsen. Als Kompagnon gewann der 19-Jährige einen Bekannten, Morris B. Clark, der 2000 Dollar einbrachte sowie 30 Lebensjahre, was bei Verhandlungen mit Geschäftspartnern durchaus von Vorteil war. Sie begannen mit Handelsgeschäften aller Art, Hauptsache, es fiel Gewinn ab. Und das geschah reichlich. Schon nach drei Jahren machten Clark & Rockefeller 100 000 Dollar Umsatz, und der Gewinn lag dutzendfach über dem, was Hewitt & Tuttle ihrem Hilfsbuchhalter zu zahlen bereit gewesen waren.

Rockefeller stand nun, mit ein wenig Eigenkapital und Kreditwürdigkeit ausgestattet, vor der Frage, auf welche Branche er sich spezialisieren sollte, um den größtmöglichen Ertrag zu erzielen. Wir dürfen uns diese Entscheidung tatsächlich genau so vorstellen, wie sie sich dem modellhaften homo oeconomicus darstellen würde. Es musste eine Branche mit extrem hohem Wachstumspotenzial sein, in der für den Einstieg vergleichsweise wenig Kapitaleinsatz notwendig war, und die noch nicht zum Tummelplatz der Großunternehmen geworden war. Anfang der Sechzigerjahre des 19. Jahrhunderts gab es genau eine Branche, die all diese Kriterien erfüllte: Öl. Also machte Rockefeller sich hier an die Arbeit.

Viele Berufsgeschichten von Unternehmern laufen auf diese oder ähnliche Weise ab. Kleine Anfänge, aus denen sich über diverse Probleme und Konflikte ein gedeihliches Geschäft entwickelt. Aber so weit wie Rockefeller hat es keiner dabei gebracht. Der deutsche Wirtschaftspublizist Richard Lewinsohn stellte das schon zu Lebzeiten Rockefellers mit vernehmlichem Zähneknirschen fest: »Erfinder und Entdecker haben, wenn sie die nötige geschäftliche Begabung besaßen oder frühzeitig einen rührigen Kompagnon fanden, Wirtschaft und Zivilisation mit einem Ruck ein Stück vorwärts gebracht und sind dabei selbst schwerreich geworden.

Unternehmernaturen haben sich und der Welt die Erfindungen und Entdeckungen anderer zunutze gemacht und dabei Riesenvermögen angehäuft. Andere wiederum haben alte Produktionszweige an sich gerissen und sind durch überlegenes Können oder geniale Machenschaften auf ihren Sondergebieten zu Reichtum und Macht gelangt. Aber eine Industrie ohne große Entdecker- und Erfindermonopole und ohne überlegene Kapitalkraft im Entstehen abzufangen und sie im Laufe eines fast übermenschlich langen Lebens aus den ersten Anfängen zur gigantischsten und gefährlichsten Weltmacht emporzuführen, das hat nur einer fertig gebracht: John Davison Rockefeller.«

Man könnte behaupten, dass Rockefeller Glück hatte. Schließlich wurde gerade in dem Jahr, in dem er sich selbstständig machte, in Pennsylvania das erste Öl gefunden, woraus sich dann eine weltumspannende und -bestimmende Branche entwickelte. Aber diese Behauptung wäre aus mindestens zwei Gründen anfechtbar: Erstens gab es seither mindestens einmal pro Jahrzehnt eine neu entstehende Branche, die den Ehrgeiz eines jungen Geschäftsmannes absorbieren konnte. Wäre Rockefeller zehn Jahre früher geboren worden, wären es die Eisenbahnen gewesen, zehn Jahre später hätte er sich wahrscheinlich auf die Elektrizität verlegt, noch später hätten Chemie oder Automobile sein Spielfeld werden können. Der zweite Grund ist, dass die Ölindustrie wahrscheinlich eine weit kleinere Rolle in der Weltwirtschaft spielte, wenn sich nicht John D. Rockefeller ihrer angenommen hätte. Wäre die Elektroindustrie sein Geschäft geworden, würden vermutlich auf der ganzen Welt die Autos, oder das, was es stattdessen gäbe, mit Strom fahren – und hätte er die Chemie gewählt, führe heute jeder mit Wasserstoff.

Ohne Schmiergelder keine Ölpipelines

Die Ölförderung selbst, das Abenteuerliche, das Spekulative seiner Branche (mehr dazu im folgenden Kapitel), interessierte den knochentrockenen Geschäftsmann nicht. Rockefellers Reich begann, sobald das Öl aus dem Boden sprudelte. Er kaufte den »Wildcatters«, den wilden Petroleumsuchern, ihre Funde ab, ließ das Rohöl reinigen und verkaufte es weiter. In Cleveland errichtete er eine der ersten Ölraffinerien der Welt. Ist die Raffinerie schon eine Investition, die bedeutende und kalkulierbare Fördermengen voraussetzt, so gilt dies umso mehr für die erste große Rationalisierungsstufe der Ölindustrie: die Pipeline. Sie braucht vergleichsweise hohe Investitionskosten, verursacht aber, einmal fertig gestellt, beim Öltransport praktisch keinen weiteren Aufwand.

Rockefeller war von dieser Technik begeistert – und stellte gleich unter Beweis, wie er die dabei auftretenden Probleme lösen konnte:

- Mit seinem Unternehmen allein war er nicht in der Lage, die Kapazitäten der Rohrleitungen auszulasten; also bildete er einen Zusammenschluss mit mehreren anderen Petroleumraffinerien. Es erwies sich als eine Art Warmlaufen für seine späteren Trust-Arbeiten.
- Für den Transport via Pipeline ist das Rohöl besser geeignet als die verschiedenen Raffinationsprodukte, einfach weil sonst für jedes Produkt eine eigene Leitung gebraucht würde. Um die Transport- und Investitionskosten zu minimieren, baute Rockefeller deshalb seine neuen Raffinerien fernab der Ölfelder, so verbrauchernah wie möglich, und schickte das Rohöl dorthin durch die Pipeline.
- Die einzelnen US-Bundesstaaten, über deren Territorium die Pipelines laufen sollten, konnten den Bau verbieten oder die Vergabe einer Konzession an Bedingungen knüpfen. Rockefeller wandte zur Lösung dieses Problems die damals in den USA übliche Methode an: Bescheidene, nach Dienstgrad gestaffelte Bestechungsgelder brachten jede Genehmigungs- und Aufsichtsbehörde auf Linie.

Verschenke die Lampe, verkaufe den Brennstoff

Die größten Leistungen jedoch erbrachte Rockefeller im Vertrieb. Denn er schuf seinem Produkt, dem Öl, neue Absatzmärkte, die es ohne ihn nie gegeben hätte. Legendär geworden ist seine Eroberung des chinesischen

Marktes: Er ließ Hunderttausende von einfachen Petroleumlampen herstellen und verkaufte sie in China für siebeneinhalb Cent pro Stück, weit unter dem Selbstkostenpreis. Das Plakat zur Markteinführung der Lampe versprach den Chinesen den Himmel auf Erden: »Der Mensch wünscht Glück, langes Leben, Wohlergehen und Frieden; dazu muss er in der Welt des Lichtes leben. Wenn man aber in der Welt des Lichtes leben will, so muss man, wir bitten darum, die neue Erfindung gebrauchen: das echte Lampenlicht der amerikanischen Firma Standard Oil Company of New York.« Auf seine Kosten kam Rockefeller, wir ahnen es bereits, über das Öl, das diese Lampen verbrauchten, und das er natürlich weit über dem Selbstkostenpreis verkaufte.

Aber auch in der amerikanischen Heimat kurbelte Rockefellers Standard Oil Company den Absatz mit einer Methode an, wie sie das modernste Marketing nicht effizienter ersinnen könnte: Er brachte den Menschen das Öl nach Hause. Tausende von Petroleumwagen kurvten durch Stadt und Land, um den Kunden die Schlepperei und dem Unternehmen den gewinnschmälernden Umweg über den Handel zu ersparen.

Nichts jedoch schmälert die Gewinne so sehr wie freier Wettbewerb. Als Kunde hatte John D. Rockefeller ausgiebig und gerne von den verbissenen Konkurrenz- und Preiskämpfen der Eisenbahngesellschaften profitiert: Obwohl es gesetzlich verboten war, einzelnen Unternehmen niedrigere Frachttarife einzuräumen, bekam Standard Oil Rabatte bis zu zwei Dritteln des Listenpreises. Aber in seiner eigenen Branche wollte er um keinen Preis solche Zustände einreißen lassen, die zwar das Geschäft beleben, aber dafür die Profite töten. Da musste es doch eine andere Lösung geben.

Rockefellers Lösung erblickte am 2. Januar 1882 das Licht der Welt: der Petroleum-Trust, sozusagen die Mutter aller Trusts. Etwa 50 Ölunternehmer und -manager schlossen sich zu einer Interessengemeinschaft all ihrer Werke zusammen. Die Firmenanteile wurden an Treuhänder (Trustees) übertragen. Diese koordinieren über den Treuhänderausschuss die Geschäftspolitik der beteiligten Unternehmen und schütten nach einem festgelegten Verteilungsschlüssel die Gewinne aus. Die am Trust beteiligten Unternehmen bleiben also formal eigenständig, geben aber faktisch die Geschäftsführung an den Treuhänderausschuss ab. Und der Leiter dieses Ausschusses hieß – John D. Rockefeller.

Standard Oil, die unbesiegbare Krake

Von Beginn an gediehen die Geschäfte des Trusts prächtig – wenn auch zu Lasten der nicht beteiligten Konkurrenten. Die reagierten auf vier verschiedene Arten: Sie beantragten die Aufnahme in den Rockefeller-Trust, sie versuchten einen eigenen Trust zu gründen, sie versuchten Rockefellers Standard Oil auf dem Rechtsweg zu Fall zu bringen, oder, die häufigste Variante, sie gingen Pleite.

»Octopus«, die Krake, wurde Standard Oil in den USA genannt. Ende des 19. Jahrhunderts als Spottname der Rockefeller-Gegner aufgekommen, bürgerte sich viele Prozesse später der Name so ein, dass ihn am Ende sogar Rockefeller und seine Mitarbeiter für ihr Werk verwendeten. Die Geschichte dieser Prozesse zeigt, wie hervorragend es dem Octopus gelang, »unter peinlicher Erfüllung der Gesetzesvorschriften durch die Maschen ebendieser Gesetz zu schlüpfen« (Lewinsohn):

1887: Urteil auf sofortige Aufhebung des Trusts wegen Verstoßes gegen den Interstate Commerce Act. Rockefeller reagiert nicht.

1889: Anklageerhebung in Ohio wegen Verstoßes gegen die Anti-Trust-Gesetze des Sherman Act. Verurteilung über mehrere Instanzen.

1892: Der Oberste Gerichtshof Ohios verfügt die Auflösung des Standard-Oil-Trusts. Rockefeller liquidiert ihn formvollendet. Einzige Veränderung in der Praxis: Der Treuhänderausschuss tritt nicht mehr offiziell zusammen, sondern trifft sich rein privat.

1899: Der Trust wird auch offiziell neu formiert. Dachgesellschaft ist nicht mehr die Standard Oil of Ohio, sondern die Standard Oil of New Jersey.

1904: Neue Untersuchungen der US-Regierung. Die Standard Oil of Indiana wird beschuldigt, in 4222 Fällen unlauteren Wettbewerb begangen zu haben.

1906: Anklage gegen die Trust-Dachgesellschaft Standard Oil of New Jersey wegen Verstoßes gegen den Sherman Act.

1907: Urteil des Bundesgerichts in Chicago gegen die Standard Oil of Indiana. Schuldig in 1462 Fällen, in jedem wird die Höchststrafe von 20 000 Dollar verhängt, insgesamt also 29,4 Millionen Dollar Geldstrafe. Rockefeller erreicht die Nachricht beim Golfspielen. Sein einziger Kommentar: »Es kann lange dauern, bis dieses Urteil vollstreckt wird.« Fast richtig. Das Urteil wurde nie vollstreckt.

1909: Das Bezirksgericht von Ost-Missouri verurteilt den Standard-Oil-Trust zur Auflösung. Nichts dergleichen passiert.

1911: Das oberste Bundesgericht der USA verfügt am 15. Mai letztinstanzlich die sofortige Auflösung des Standard-Oil-Trusts.

»Nieder mit allen Tyrannen! Gott strafe Standard Oil!«

Danach herrschte Waffenstillstand. Wie schon 1892 wurde der Trust offiziell entflochten, führte faktisch jedoch seine Geschäfte genauso weiter wie bisher. Die nunmehr 34 formell unabhängigen Standard-Oil-Gesellschaften blieben zu Rockefellers Lebzeiten eng miteinander verbunden. Noch 1942 konnte Eugene O'Neill in seinem Theaterstück *Ein Mond für die Beladenen* für alle verständlich schreiben: »Nieder mit allen Tyrannen! Gott strafe Standard Oil!« Erst in der Folgezeit entwickelten sie sich zu eigenständigen Konzernen auseinander. Aus der Hauptgesellschaft etwa, der Standard Oil New Jersey, wurde Exxon, die Standard Oil New York hingegen verwandelte sich in Mobil Oil.

Wenn auch am Ende die Entflechtung des Rockefeller-Trusts gelang – den eigentlichen Konflikt hatte Rockefeller in diesen fast 30 Jahren der juristischen Auseinandersetzung für sich entschieden: Er hatte die Organisationsform des Großkonzerns durchgesetzt. »Er hat den Staat gezwungen, dem Kapital jene Lebensform zu lassen, die es zu seiner Kraftentfaltung braucht«, resümierte Lewinsohn. Wobei die Verabsolutierung, die in »dem Kapital« steckt, zweifellos nicht ganz richtig ist. Es gab damals, und es gibt heute viele Branchen, die ganz ohne Großkonzerne auskommen; es gibt außerdem viele Branchen, in denen die Bildung von Großkonzernen gescheitert ist, weil sie dort nicht die optimale Organisationsform darstellen. Werbeagenturen und Bäckereien haben quasi natürliche Grenzen der Expansion, jenseits deren Kostennachteile, Zentrifugalkräfte oder Qualitätsprobleme die angestrebten Größenvorteile zunichte machen. Für die Ölbranche jedoch gilt das nicht: Je größer und integrierter ein Unternehmen, desto rationeller kann es sich organisieren und desto günstiger kann es produzieren. »Gesetze, die das verhindern wollen, haben genauso viel Erfolg wie der Versuch, die Gezeiten zu verbieten«, urteilte der Biograf von J. P. Morgan, George Wheeler. »Eendracht makkt macht«, Einigkeit schafft Macht, formulierte Ende des 19. Jahrhunderts Henri Deterding, der niederländische Mitbegründer von Royal Dutch/Shell. Aber keiner sah das so früh und so klar wie Rockefeller, und keiner setzte es so konsequent durch.

Das Kapital zu seinem Glück gezwungen

Seine Überzeugungen gegenüber dem Staat durchgesetzt zu haben war dabei nur die eine Seite der Rockefeller'schen Lebensleistung. Nicht weniger schwierig gestaltete sich die Aufgabe, das Kapital an die Lebensform zu gewöhnen, »die es zu seiner Kraftentfaltung braucht«. George Wheeler bezeichnet den Trust zwar als »natürliche Entwicklung des Kapitalismus auf jenen Gebieten, auf denen ein Monopol möglich oder wahrscheinlich ist«, aber die Organisationsform des Trusts war so einfach nicht zu begreifen und schon gar nicht zu praktizieren. Den Versuch, über Preis- oder Mengenabsprachen den Wettbewerb zu beschränken, hatte es schon mehrfach in verschiedenen Wirtschaftszweigen gegeben. Sogar in der Eisenbahnbranche: 1874 hatte Cornelius Vanderbilt seine Konkurrenten zusammengerufen, um sich auf die Vermeidung »schädlichen Wettbewerbs« zu einigen. Dauerhafter Erfolg war solchen Initiativen aber nicht beschieden – sobald es für einen der Beteiligten profitabler erschien, die Absprachen zu brechen, tat er es eben.

Wenn jedoch Rockefeller beteiligt war, kam so etwas nicht vor. Sein »Trust« grenzte sich von anderen Kartellansätzen dadurch ab, dass die Beteiligten auf den Trust vertrauen konnten. Der größte Teil des Wertes, den die Standard Oil zu Rockefellers Zeiten besaß, steckte demnach weder in den Produkten, die sie herstellte, noch in den Fabriken, in denen diese hergestellt wurden – der Wert steckte in der Art, wie das Unternehmen organisiert war. Diese Organisation mit ein paar Dutzend beteiligten Unternehmen und gegen zahllose Anfeindungen aus Staat und Gesellschaft über mehrere Jahrzehnte zu führen, zu pflegen und wachsen zu lassen, das war in der Tat eine beispiellose Leistung.

Der erste Milliardär Amerikas

Dazu passt Rockefellers beispielloses Vermögen. Irgendwann während des Ersten Weltkrieges muss er als erster Amerikaner überhaupt die Milliardengrenze überschritten haben. Denn 1913 wurde sein Vermögen auf 900 Millionen Dollar geschätzt – und sein Jahreseinkommen auf 60 Millionen Dollar. Die Kriegsjahre nutzten seinem Unternehmen eindeutig, müssen seinen Reichtum also noch vermehrt haben. Bei seinem Tod im Jahr 1937 war das Vermögen jedenfalls auf 1,4 Milliarden Dollar angewachsen. Aber das Datum, an dem Rockefeller zum ersten Milliardär der Neuzeit wurde, hat leider niemand ausgerechnet.

Dafür haben Michael Klepper und Robert Gunter etwas ganz anderes ausgerechnet. Sie erstellten 1996 eine Liste der reichsten Amerikaner aller Zeiten und versuchten dafür, die Vermögen der Vanderbilts, Carnegies, Morgans und natürlich auch Rockefellers in heutigen Geldwert umzurechnen. Was also wären John D. Rockefellers 900 Millionen von damals heute wert? Wie immer bei Vergleichen über lange Zeiträume gibt es mindestens zwei Antworten:

- Inflationsbereinigt entsprächen sie etwa 15 Milliarden Dollar. Alle Preissteigerungen seit 1913 ergeben zusammengenommen eine Inflationsrate von mehr als 1500 Prozent. Ein Dollar von damals hat also eine Kaufkraft von mehr als 15 Dollar heute. Damit läge Rockefeller aktuell zwar unter den Top Ten der USA, brächte es aber nur auf ein Drittel des Vermögens von Bill Gates und nicht einmal auf das Siegertreppchen. Damit dürfte Rockefellers Vermögen eindeutig unterschätzt sein.
- In Relation zum Sozialprodukt wären sie etwa 200 Milliarden Dollar wert. Die 900 Millionen Dollar von 1913 entsprachen damals, rein rechnerisch, einem Vierundvierzigstel des US-Bruttoinlandsprodukts. Ein Vierundvierzigstel des heutigen Bruttoinlandsprodukts der USA entspräche folglich etwa 200 Milliarden Dollar und damit dem Fünffachen dessen, was Bill Gates auf die Geldwaage bringt. Dieser Betrag kennzeichnet wohl eher die obere Schranke realistischer Schätzungen.

Wir dürfen also davon ausgehen, dass die Wahrheit irgendwo in der Mitte liegt und dass wir nicht mit letzter Gewissheit sagen können, ob nun Bill Gates oder John D. Rockefeller der reichste Amerikaner aller Zeiten ist. Aber immerhin, einen Vorteil hat Gates auf seiner Seite: Er kann noch zulegen. Und wenn er so alt werden sollte wie Rockefeller, hätte er dafür noch Zeit bis zum 12. September 2053.

Öl: der Rohstoff, aus dem die Träume sind

In einer Kalkulation des Christoph Kolumbus für den Sklavenimport aus der Neuen Welt hatten wir eine Rendite auf das eingesetzte Kapital von mehr als 500 Prozent entdeckt – freilich ohne zu wissen, ob die Kalkulation auch genau so aufgegangen ist. In den Memoiren von Andrew Carnegie finden wir sogar eine Rendite von 2500 Prozent. Nicht kalkuliert, sondern realisiert, und nicht mit Sklaven, sondern mit Öl. »Die berühmtesten Ölquellen in Pennsylvania lagen auf der Storeyfarm. Die wurde uns [1862] für 40 000 Dollar zum Kauf angeboten. Wir erwarben sie. Die Ölquellen auf der Storeyfarm brachten in einem Jahre eine Million Dollar in bar und Dividenden.«

Der Ölboom begann »wie eine große Landpartie«

Carnegie teilt uns nicht mit, ob diese Rendite jedes Jahr oder nur in einem einzigen Jahr erzielt wurde. Wir dürfen allerdings getrost Letzteres annehmen, sonst hätte er sich bestimmt nicht einige Jahre später ins Stahlgeschäft gestürzt, sondern wäre beim Öl geblieben. Denn das, was er 1862 bei seinem Ausflug zum Oil Creek in Pennsylvania erlebte, sagte ihm durchaus zu: »Was mich besonders überraschte, war die gute Laune, die ich überall vorfand. Es war wie eine große Landpartie mit zahlreichen erheiternden Zwischenfällen. Alle waren höchst vergnügt; denn der Reichtum schien ja nun in greifbarer Nähe; alles war in voller Bewegung. Auf der Spitze der Kräne flatterten Fahnen mit den seltsamsten Aufschriften. Ich erinnere mich noch, dass ich eines Tages am Ufer des Flusses zwei

Männer sah, die ihre Pedale eifrig in Bewegung setzten, um Öl zu bohren; auf ihrer Flagge stand: ›Hölle oder China‹; sie bohrten in die Tiefe, ganz gleich, wie weit.«

Warum wurde vor noch nicht einmal 150 Jahren so plötzlich aus einem Rohstoff, den die Menschen seit Jahrtausenden kannten, das schwarze Gold? Jedenfalls nicht, weil man daraus in der Petrochemie großartige Kunststoffe produzieren konnte, denn es gab noch gar keine Kunststoffe; auch nicht, weil man damit Motoren betreiben konnte, denn es gab noch keine Motoren; und auch nicht, weil man damit Straßen asphaltieren konnte, denn auf diese Idee war noch niemand gekommen. Ebenso wenig brauchte man Öl, um daraus mittels Generatoren Strom zu erzeugen, denn Generatoren waren noch unbekannt; ja, man konnte damit nicht einmal Gebäude heizen, denn was sollte man mit Öl im Kamin? Der einzige Zweck, zu dem das Öl damals genutzt wurde, war die Beleuchtung.

Genießen wir noch einmal das Plakat, mit dem Rockefellers Standard Oil Company in China für ihre Petroleumlampen warb: »Wenn diese Lampe auch teurer ist als die rauchende und dunkel brennende eiserne Handlampe, so muss man doch bedenken, dass die Augen klar bleiben, wenn man diese neue Lampe im Hause gebraucht, und dass Mann und Frau mehr Nachtarbeit leisten können, ohne dass sie auf den Augen müde werden, wodurch der Vorteil noch erhöht wird. Wenn im Hause Kinder sind, die Bücher lesen müssen, so wird, je heller das Lampenlicht ist, es ihnen um so mehr Vergnügen bereiten.« Anders gesagt: Erdöl kam in Mode, weil Petroleumlampen weniger Dreck und Gestank verursachten als Talglichter oder Wachskerzen bei gleicher Lichtstärke. Und das war nun wirklich ein äußerst kurzlebiger Verwendungszweck, denn sowohl die Gasbeleuchtung als auch der Siegeszug der elektrischen Beleuchtung nach Erfindung der Glühlampe bliesen der Petroleumlampe sehr schnell den Docht aus.

Zurzeit erleben wir eine ähnliche Situation. Sie betrifft das Glasfaserkabel. Hoch gelobte und bewertete Unternehmen wie Global Crossing oder Carrier One haben diese Datenautobahnen der Zukunft vergraben und sich danach in die Pleite verabschiedet. Mehr als 90 Prozent der weltweiten Glasfaserkapazitäten liegen brach, weil der Datentransport nicht in dem 1999 erwarteten Ausmaß zugenommen hat und weil andere Trägermedien ihre Kapazitäten ebenfalls erweitert haben, insbesondere die nicht leitungsgebundenen wie W-LAN oder UMTS. Aber wenn das Glasfaserkabel schon einmal da ist, wird bestimmt bald jemandem einfallen, wofür man diese Kapazitäten nutzen könnte. Die Informationsgesellschaft ist auf ungestörten Datenfluss ebenso angewiesen wie die Industriegesellschaft auf kalkulierbare Energieversorgung.

Das Öl musste natürlich nicht vergraben werden; es war ja schon da. Überall auf der Welt gab es seit langem bekannte Lagerstätten, an denen Öl oder Asphalt an der Erdoberfläche austrat. Das Steinöl aus Pennsylvania wurde vor Beginn des Booms von den dortigen Indianern in Flaschen gefüllt und als Heilmittel verkauft, für einen Dollar pro Liter. Die bekannten Vorkommen erlaubten auch ohne große Bohr- und Explorationstechnik die Förderung größerer Ölmengen – bald darauf konnte man für einen Dollar bis zu zehn Fässer Öl kaufen.

Selbst wenn die Technik einfach sein konnte, Geld kostete die Ölsuche trotzdem. Alfred Nobel zum Beispiel steckte Anfang der Achtzigerjahre des 19. Jahrhunderts alle Erträge, die ihm aus der Erfindung des Dynamits zuflossen, in die Erdölprojekte seiner Brüder in Baku am Kaspischen Meer. Bereits Mitte 1884 hatte er nominell 9,5 Millionen französische Francs in das kaspische Öl investiert – mehr, als alle seine Dynamit-Aktien zusammen wert waren.

Die Rothschilds streichen die Segel

So einfach das Ölgeschäft auf den ersten Blick aussah – bohren, finden, verkaufen, verdienen –, der Teufel des drohenden Totalverlusts steckte in vielen Details. Der Ölpreis brach immer wieder einmal in sich zusammen, insbesondere dann, wenn Rockefeller eine Chance sah, Konkurrenten durch eine Ölschwemme vom Markt zu fegen. Zudem verursachte der

Transport einen immensen logistischen Aufwand, die Raffination erforderte einen hohen Kapitaleinsatz – und die Pipelines zur Raffinerie beziehungsweise von dort zum Abnehmer führten (und führen) bisweilen über die Territorien vieler, nicht immer zuverlässiger Machthaber.

Angesichts solcher Risiken konnten Privatpersonen, sie mochten noch so reich und einflussreich sein, nicht lange im Konzert der Großen mithalten. Zumindest galt und gilt das für das Ölgeschäft in politisch heiklen Staaten. Nicht nur die Familie Nobel, auch die Rothschilds mussten das einsehen: In der Mitte des 19. Jahrhunderts hatte die multinationale Familie ihre Finanzhoheit an die Nationalstaaten verloren, am Anfang des 20. Jahrhunderts konnte sich ihre Familienorganisation nicht gegen die Kapitalkraft der neu entstandenen multinationalen Aktiengesellschaften behaupten. Sie verkauften ihre südrussische Ölgesellschaft »Bnito«, die eine Zeit lang als größter Konkurrent Rockefellers galt, 1912 an die Koninklyke Nederlandsche Petroleum Maatschappij, oder kürzer: Royal Dutch, die sich wiederum mit einer englischen Tankdampfergesellschaft namens Shell Transport and Trading Company verbunden hatte.

Sieben Schwestern kontrollieren den Weltmarkt

Im internationalen Ölbusiness hatte damals ein Großkonzern in der Tat bessere Chancen, und im Idealfall stammte er aus einem Staat, der ein Pipelineprojekt auch bei widerspenstigen Lokalfürsten durchsetzen kann. So kommen wohl nicht ganz zufällig alle Ölmultis aus den USA und aus Großbritannien. Exxon, Mobil, Chevron, Texaco, Gulf, Royal Dutch/Shell und British Petroleum wurden nach dem Zweiten Weltkrieg berühmt als »die sieben Schwestern«. Bis in die Siebzigerjahre kontrollierten sie das internationale Ölgeschäft.

Dass nicht nur einer, sondern zwei britische Konzerne darunter sind, verdanken wir übrigens Winston Churchill. Am 17. Juni 1914, wenige Wochen vor Ausbruch des Ersten Weltkrieges, überredete er das Parlament, einer Staatsbeteiligung an der Anglo-Persian Company zuzustimmen. Ohne die Intervention Churchills, der damals First Lord der Admiralität war, wäre das Unternehmen höchstwahrscheinlich von Royal Dutch/Shell geschluckt worden – und an dem Quasi-Monopol eines privaten Ölkonzerns konnte die englische Regierung kein Interesse haben. Dies kam in Churchills Rede vor dem Unterhaus auch sehr deutlich zum Ausdruck: »Wir haben keinen Streit mit der Shell. Wir haben sie stets verbindlich, rücksichtsvoll, entgegenkommend gefunden, eifrig bedacht, der Admiralität zu Diensten zu sein und die Interessen der britischen Marine und des britischen Empire zu fördern – zu einem bestimmten Preis. Die einzige Schwierigkeit war der Preis.« So entstand British Petroleum.

Getty: Ein Versicherungsvertreter entdeckt das Ölgeschäft

Obwohl diese Multi-Kultur vom Kapital vieler anonymer Anteilseigner gespeist wird, steht das Öl wohl an zweiter Stelle der Branchen, die im 20. Jahrhundert die meisten Milliardäre produziert haben – nach dem Einzelhandel, versteht sich. Einer der wichtigsten Gründe dafür ist, dass man überall noch welches finden kann. Davon profitierte der im Versicherungsgeschäft tätige George Franklin Getty (1855 – 1930) aus dem US-Bundesstaat Minnesota, der um 1890 den Tipp bekam, sein Glück bei den Osage-Indianern in Tulsa, Oklahoma, zu versuchen: Dort sei gerade Öl gefunden worden, und die neureichen Indianer wären bestimmt an Versicherungen interessiert. Getty gründete dort erst eine Versicherungsfirma namens Minnehoma, stellte aber schnell fest, dass er noch mehr verdienen könnte, wenn er den Indianern nicht Versicherungen verkaufte, sondern ihnen die Ölförderung abnahm. Aus Minnehoma wurde erst Oklahoma Oil, dann Getty Oil, und als Getty 1930 starb, hinterließ er seiner Frau eine Firma im Wert von 12 Millionen Dollar.

Aus der Millionärs- in die Milliardärssphäre kam die Familie durch den Sohn Jean-Paul (1892 – 1976). Sein Vater hatte nichts von ihm gehalten; das Playboy-Leben, das der Sprössling in Los Angeles führte, ekelte ihn an. Gerade einmal 100 000 Dollar vererbte er ihm. George F. Getty war fest davon überzeugt, dass sein Sohn, der sich mit 37 Jahren bereits an der dritten Ehe versuchte, die Firma zugrunde richten würde – und er sagte es ihm auch. Doch die Mutter vertraute auf den Riecher Jean-Pauls; und er roch nicht nur das Geld, sondern vor allem das Öl: Als einer der Ersten überhaupt wandte Getty geologische Erkenntnisse bei der Suche nach Öl an und schaffte deshalb bei seinen Bohrungen eine weit höhere Trefferquote als die Konkurrenz.

Auch bei seinem größten Deal bewies er den richtigen Riecher: 1949 schloss Getty einen 60-Jahres-Vertrag mit der saudischen Regierung, der ihm 50 Prozent der Ölausbeute in einem Landstrich Saudi-Arabiens sicherte, der sich drei Jahre und ein paar Bohrungen später als einer der ölreichsten im ohnehin ölreichen Wüstenstaat erwies. Getty saß auf Öl im Wert von 250 Milliarden Dollar, und er hatte dafür nur 30 Millionen gezahlt. 1957 schätzte die US-Zeitschrift *Fortune* sein Vermögen auf 3 bis 4 Milliarden Dollar und kürte ihn zum reichsten Mann der Welt.

So spendabel er in seiner Jugend war, so geizig wurde Jean-Paul Getty als Milliardär. In seiner Londoner Residenz in Sutton Place hatte er direkt an der ausladenden Treppe eine englische Telefonzelle aufstellen lassen – für Privatgespräche seiner Angestellten. Und als er nach der Renovierung Sutton Place einweihte, stand zur Verwunderung der eintreffenden Gäste eine leibhaftige Kuh auf dem Rasen vor dem Haus. Die Erklärung sollte nicht lange auf sich warten lassen: Auf dem Weg zum Festsaal waren Werbetafeln einer Molkerei aufgestellt, die als Sponsor die Finanzierung der Einweihungsfeier übernommen hatte.

Armand Hammer: Lenins Lieblingskapitalist

Einen ganz anderen Sponsor hatte der US-Unternehmer Armand Hammer (1898 – 1990): Wladimir Iljitsch Lenin. 1919 hatte Hammer, der Sohn eines New Yorker Apothekers, den Grundstein zu seinem Vermögen gelegt, indem er eine trotz Alkoholverbots erlaubte alkoholhaltige

»Medizin« vermarktete. Und weil sein Vater auch Mitgründer der Sozialistischen Partei der USA war, ging Armand Hammer 1921 nach Moskau, um als Arzt die dortige Revolution zu unterstützen. Lenin persönlich ermunterte ihn, der Revolution als Unternehmer zu dienen, was dem sozialistischen Kapitalisten viele Türen öffnete, die andere erst gar nicht zu sehen bekamen. Hammer erhielt die Konzession für eine russische Asbestmine, eröffnete eine Bleistiftfabrik in Moskau und verkaufte große Teile aus dem Kunstbesitz der von den Sowjets ermordeten Zarenfamilie Romanow ins westliche Ausland.

Seinen Einstieg ins Ölgeschäft schaffte er 1956 ohne sowjetische Hilfe: Für gerade einmal 100 000 Dollar kaufte Hammer die Occidental Petroleum Company – und stieß kurz darauf in Kalifornien auf große Öl- und Gasvorkommen. Auf internationaler Ebene machte er dann in einer Weise von sich reden, die den Multis nicht gefallen konnte. Occidental bewarb sich in Libyen um ein Ölfeld, das von Mobil Oil als unergiebig aufgegeben worden war. Den Zuschlag bekam Hammers Company, weil sie versprach, nicht nur nach Öl, sondern auch nach Wasser zu suchen und obendrein in die Düngerproduktion einzusteigen. Anstatt aber an diesen nach Entwicklungshilfe klingenden Wohltaten Pleite zu gehen, stieß sich Occidental Petroleum in Libyen sogar gesund: Das scheinbar ausgetrocknete Ölfeld entpuppte sich als eine der ergiebigsten Lagerstätten des Landes.

Derart als erfolgreicher Unternehmer geadelt, konnte Hammer in die nächste Etappe seiner Wanderung zwischen Ost und West gehen: Für mehrere US-Präsidenten, darunter John F. Kennedy und Ronald Reagan, war er als Handelsberater für Russland und den Nahen Osten tätig. Mit Nikita Chruschtschow und Leonid Breschnew stand er ebenso auf freundschaftlichem Fuß wie mit dem US-Senator Al Gore senior, dem er nach dessen Ausscheiden aus der Politik einen hoch dotierten Posten im Occidental-Reich zuschanzte. Solche Kontakte konnten durchaus hilfreich sein, wenn sich das FBI einmal allzu intensiv für die Verbindungen zwischen Hammer und dem sowjetischen Geheimdienst interessierte. Aber um nicht von Gefälligkeiten einzelner Freunde abhängig zu sein, bedachte

Hammer beide großen US-Parteien großzügig und gleichmäßig mit Spenden – es wird ihm nicht geschadet haben.

Calouste Gulbenkian schreibt ein Buch

Die Ölbranche ist seit eh und je ein großartiges Revier für Mittelsmänner zwischen Wirtschaft und Politik. Von einer einzigen Entscheidung über die Vergabe einer Förderkonzession können Milliardenumsätze der betroffenen Konzerne genauso abhängen wie die außenpolitische Orientierung des jeweiligen Staates. Pipelineprojekte potenzieren die Problematik, da sie in den Boden versenkte Fakten schaffen, die nicht so leicht zu widerrufen sind wie eine Konzession. Wenn es aber jemanden gibt, der dafür sorgen kann, dass der Staat, über dessen Gebiet verhandelt wird, den Ölkonzernen ein akzeptables Angebot macht, dann werden diese ihm einen ordentlichen Preis dafür zahlen, dass er ihre Interessen vertritt. Im Nahen Osten hieß dieser Jemand Anfang des 20. Jahrhunderts Calouste Gulbenkian (1869–1955), und sein Preis lag bei 5 Prozent.

Seine Karriere begann der Armenier Gulbenkian auf eine für Unternehmer äußerst ungewöhnliche Weise: Er schrieb ein Buch. Ein Sachbuch über den Umgang mit Ölreserven, die Frucht seines Ingenieurstudiums am renommierten Londoner Kings College. Daraufhin passierte das, wovon jeder Schriftsteller träumt: Das Buch wurde gelesen! Und dann auch noch von demjenigen, der zur richtigen Zeit am richtigen Platz saß – dem türkischen Minister, der für die Ölreserven des Osmanischen Reiches zuständig war. Und der zeigte sich nicht nur von der schriftstellerischen Leistung des 22-jährigen Ingenieurabsolventen angetan, sondern engagierte Gulbenkian als Berater für die anstehenden Öl- und Pipelinegeschäfte. Und da zum damaligen Osmanischen Reich nicht nur die Türkei, sondern auch die Arabische Halbinsel und der Irak gehörten, gab es einiges zu tun.

Die typische Gulbenkian-Lösung für Förderkonzessionen und Pipelineverträge bestand in der Gründung jeweils eigenständiger Gesellschaften, in denen die betreffende Ölgesellschaft die unternehmerische Führung und die Anteilsmehrheit bekam – und Gulbenkian 5 Prozent der Unternehmensanteile als Vermittlungshonorar. Da eine dieser Gesellschaften die oben bereits erwähnte Anglo-Persian Company war, wurde Gulbenkian auf diese Weise 1914 Anteilseigner von British Petroleum. Aber auch nach dem Zusammenbruch des Osmanischen Reiches war Gulbenkian im politisch instabilen Nahen Osten eine der wenigen berechenbaren Größen. Noch 1928 konnte er dem Expansionsdrang der Ölmultis wirksame Fesseln anlegen: Durch eine simple rote Linie auf der Landkarte kreiste er ein Gebiet ein, innerhalb dessen keiner der Teilhaber der Iraq Petroleum Company (IPC) auf eigene Rechnung tätig werden durfte. Sowohl der Irak als auch Saudi-Arabien lagen innerhalb der roten Linie, und sowohl Shell als auch die beiden Standard-Oil-Gesellschaften von New York (später Mobil Oil) und New Jersey (später Exxon) gehörten zu den Teilhabern der IPC, an der natürlich auch Gulbenkian 5 Prozent hielt. Faktisch war damit drei der mächtigsten Ölkonzerne der Welt verboten, ihre Hand nach den mächtigsten Ölreserven der Welt auszustrecken – es sei denn, sie nähmen ihre Konkurrenten und auch Gulbenkian mit ins Boot.

Erst 1947 konnten sich die Multis unter Mithilfe des US-Präsidenten Harry Truman aus der IPC-Zwangsjacke befreien und in der Folge die Ölförderung in Saudi-Arabien komplett unter amerikanischen Einfluss bringen. Nicht erst seit texanische Ölmanager zu US-Präsidenten gewählt werden, ist die Sicherung der Ölversorgung eines der wichtigsten strategischen Ziele der USA.

Die meisten Milliardenvermögen schuf das Öl allerdings, weil man es den Multis auch wieder wegnehmen konnte. Einer der Hauptvorwürfe gegen den Imperialismus war stets die Ausplünderung der Rohstoffvorkommen in den Entwicklungsländern. Nun war das zwar nicht falsch, aber es blieben immer noch gewaltige Vorkommen übrig. Und erstaunlicherweise wurden (und werden) die Weltölreserven fast jedes Jahr größer, obwohl doch immer mehr davon aus dem Boden gepumpt wird. Jedenfalls war am Ende des Kolonialzeitalters noch so viel Öl übrig, dass es sich lohnte, die Ölmultis ganz aus dem Land zu jagen (wie im Iran, im Irak und in Venezuela), teilweise zu enteignen oder mit der Enteignungsdrohung im Hintergrund die Verträge neu zu verhandeln. Auf diese Weise konnte ein größerer Teil der Profite aus der Ölförderung im Land verbleiben und entweder der Bevölkerung oder dem Machthaber samt seiner Klientel zugute kommen.[8]

Auch bei niedrigen Ölpreisen kommen da unter Umständen gewaltige Summen zusammen. Bei den von der Natur begünstigten Produktionsstätten kann nämlich der zu erzielende Preis gar nicht bis zu den Selbstkosten gesenkt werden. Industrieunternehmen passiert es immer wieder einmal, dass der Abnehmer versucht, sie im Preis bis auf ihre Herstellungskosten zu drücken. Bei Öl geht das nicht. Dafür ist das Produkt zu homogen und zu weit verbreitet – und die Produktionskosten sind zu unterschiedlich. In Alaska oder der Nordsee liegen sie um ein Vielfaches höher als in Texas, und dort weit höher als in Venezuela; am niedrigsten wären sie im Irak, wenn die Lage dort erlauben würde, dass man ungestört Erdöl fördert. Wer sein Öl aus dem Permafrostboden Alaskas herauspumpen muss, kann bei niedrigen Weltmarktpreisen für Rohöl Verluste machen. Wer besonders niedrige Förderkosten oder sonstige Kostenvorteile hatte, kann dadurch bei Schwankungen des Weltmarktpreises mal mehr, mal weniger Profit machen, aber bestimmt keinen Verlust.

Rockefellers Erfolgsrezept wird wiederbelebt

Besonders üppig fließen die Ölmilliarden aber erst, seit sich die Förderstaaten 1973 der Rockefeller-Tradition entsannen und ein Kartell aufmachten, in dem die wichtigsten Anbieter zur Optimierung der gemeinsamen Profite Absprachen über Preis beziehungsweise Menge treffen. Die Lieferkürzung des OPEC-Kartells direkt nach dem Jom-Kippur-Krieg zwischen Ägypten und Israel im gleichen Jahr war dabei nicht in erster Linie ökonomisch, sondern vielmehr politisch motiviert: Die westliche

Welt, insbesondere Israels Schutzmacht USA, sollte unter ökonomischen Druck gesetzt werden, sodass am Ende Israel zum Rückzug gezwungen wäre. Weder Israel noch die USA gaben klein bei. Aber der angenehme Nebeneffekt für die OPEC-Staaten war, dass sie trotz gesunkener Fördermengen zu absolut steigenden Umsätzen und noch weit stärker steigenden Profiten kamen.

Der Ölpreisschock stürzte die Welt in eine Wirtschaftskrise und einige Staaten ins Elend. Vom Umverteilungseffekt profitierten vor allem eine Hand voll Herrscherhäuser, bei denen die Frage nicht so leicht zu beantworten ist, ob es sich um Volks- oder Privatvermögen handelte, das auf diese Weise akkumuliert wurde. Sowohl bei Hassan al-Bolkiah, dem Sultan des Fürstentums Brunei, als auch bei der saudischen Königsfamilie sind die Grenzen der Buchführung fließend. Richtig relevant wird die Verteilungsfrage allerdings beim Sturz eines Regimes, wenn die neuen Machthaber versuchen, die Vermögenswerte ihrer Vorgänger zu beschlagnahmen. Die Erfahrungen mit gestürzten Diktatoren wie Marcos (Philippinen) oder Mobutu (Zaire) zeigen, dass zumindest die auf Schweizer Konten gebunkerten Beträge eindeutig dem Privatvermögen zuzurechnen sind, da diese dauerhaft dem Zugriff eines neuen Regimes entzogen sind.

Schöne neue Warenwelt: Die Marke macht's

Die Rohstoffmärkte sind hart, aber ehrlich: Wer am günstigsten produzieren kann, macht am meisten Profit. Dem Kupferdraht sieht man schließlich nicht an, ob das Kupfer teuer oder billig produziert wurde – es handelt sich immer um das gleiche Kupfer. Wenn die Märkte für Industrieprodukte genauso funktionieren würden, wären sie nicht nur hart, sondern notgedrungen unehrlich. Anders als bei Rohstoffen können hier Welten zwischen zwei völlig identischen Produkten liegen, je nachdem, ob das Unternehmen in Vorleistung gegangen ist, um eine Neuheit auf den Markt zu bringen, oder ob es nur einen Weg gefunden hat, ein bereits erfolgreiches Produkt ein zweites Mal zu platzieren.

Ist eine Idee, ist ein Produkt erst einmal in der Welt, ist es weitgehend ungeschützt der Konkurrenz ausgeliefert. Jeder da draußen kann es kaufen, analysieren, auseinander nehmen, wieder zusammenbauen – und dann selbst versuchen, es zu verkaufen. Das Rezept einer Tütensuppe entschlüsselt ein erfahrener Kopist genauso problemlos wie das von Coca-Cola. Eine erfolgreiche Innovation wie das Brettspiel »Die Siedler von Catan« bringt innerhalb einer Saison Dutzende von ähnlich aufgebauten Produkten ans Tageslicht.

Eigentlich müssten in solchen Fällen Patent- und Urheberrecht greifen. Aber der gesetzliche Schutz weist allzu viele Lücken auf. Bei Thomas Alva Edison sahen wir, wie er durch die Modifikation eines bereits bestehenden Patents dessen Schutzwirkung aushebelte und wie ihm dann selbst durch die schlichte Missachtung seines Glühlampenpatents der Großteil der Früchte dieser epochalen Erfindung vorenthalten blieben. Die Konzerne der Arzneimittelhersteller unterhalten ganze Bataillone von Patentanwälten, die die Ansprüche der eigenen Medikamente wasserdicht formulieren und gleichzeitig Schwachstellen in den Patentschriften der Konkurrenz aufspüren sollen.

Levi Strauss hat Glück mit Nieten

Aber auch, wenn der Patentschutz hält, ist ein Unternehmer noch lange nicht aller Sorgen ledig. Oder besser gesagt, nicht lange, denn kein Patent hält ewig. 1891 erlosch beispielsweise das US-Patent Nr. 139.121, das die Schneider Jacob Davis und Levi Strauss am 20. Mai 1873 angemeldet hatten: die Befestigung von Hosentaschen mit Nieten, um das Einreißen zu verhindern. Jetzt konnte jeder genau die gleichen Hosen produzieren wie Levi Strauss (1829–1902). Der Sohn eines Hausierers aus dem fränkischen Buttenheim war 1847 als 18-Jähriger in die USA eingewandert, hatte bei seinen Brüdern in Manhattan den Stoffhandel gelernt und wollte damit 1853 im kalifornischen Goldgebiet sein Glück machen. Das gelang ihm ausgerechnet mit einem Stoff, der an der Ostküste längst niemanden mehr hinter dem Ofen hervorlockte und seinen Brüdern nur das Lager verstopfte: farbloses Segeltuch. Nicht einmal für Zelte oder Planwagen eignete sich der wasserdurchlässige Stoff. Strauss jedoch stellte fest, dass die Hosen der Goldgräber binnen kurzer Zeit zerschlissen waren. Also ließ er Jacob Davis eine Hose aus dem besonders strapazierfähigen Segeltuch schneidern, von dem er so große Mengen auf Lager hatte. Und die Goldgräber waren begeistert.

Schon in den ersten Jahren nach dem Durchbruch hatte Strauss mit Nachahmern zu kämpfen. Was hätte man auch an dem Einfall schützen sollen, aus Segeltuch eine Hose zu machen? Oder an der späteren Verwendung von Denimstoff statt Segeltuch oder von Indigo als Farbstoff? Die Nieten-Idee war 20 Jahre später tatsächlich patentfähig, und in dieser neuen Variante setzte sich die Blue Jeans etwa ab 1880 in ganz Amerika als Arbeitshose der Farmer und Arbeiter durch. Es war deshalb absehbar, dass 1891, nach dem Auslaufen des Patentschutzes, die Schar der

Kopisten noch weit größer sein würde als in den Anfangsjahren. Dass dennoch bis heute kein Unternehmen der Welt mehr Geld mit Jeans umsetzt als Levi's, beruht auf einem Zauberwort: Marketing.

Den Unternehmen bot die Marke die Chance auf ein dauerhaftes Alleinstellungsmerkmal. Jeans kann jeder machen – aber eine Levi's nur einer. Der Schutz der Markenrechte ist zudem nicht wie bei Patenten mit einer festen Laufzeit versehen: Eine Marke kann theoretisch ewig jung bleiben. Während aber der Preis für patentierte Produkte immer den Beigeschmack hat, dass sich da jemand sein Monopol auf Zeit extra großzügig honorieren lässt, kann bei Markenprodukten jeder Kunde völlig frei entscheiden, ob er den Aufpreis für die Marke zu zahlen bereit ist.

Für die Kunden löste die Entfaltung der Markenwelt ein – nun ja – Luxusproblem. Wer jeden Cent umdrehen muss, um nicht zu verhungern, hat keine Wahl. Aber mit dem ersten Cent frei verfügbaren Einkommens fängt das Problem an. Was damit anstellen? Die Marken präsentierten sich als allzeit hilfsbereite Einkaufsberater, die den jeweiligen Produktnutzen hervorhoben und so die Auswahl erleichterten.

Mit »Henkel's Bleich-Soda« begann die Waschmittelwerbung

In den Siebzigerjahren des 19. Jahrhunderts begann das Markenzeitalter in einer Branche, die uns heute noch als Synonym für die schöne bunte Marketingwelt gilt – Waschmittel. In Deutschland wurde der Sohn eines Dorfschullehrers zum Pionier auf diesem Gebiet: Fritz Henkel (1848 – 1930) gründete 1876 in Aachen eine Fabrik zur Produktion eines »Universal-Waschmittels«. Schon vom Produktionsstart an warb er für sein Produkt in Zeitungen und Zeitschriften, und nach kurzer Zeit verpasste er seiner pulverisierten Mischung aus Wasserglas und Soda den Markennamen »Henkel's Bleich-Soda«. 1899, die Firma war inzwischen nach Düsseldorf umgezogen, überschritt der Jahresumsatz erstmals die Millionenmarke. 1907 schließlich kam der Durchbruch: In den Henkel-

Labors war das erste selbsttätige Waschpulver der Welt erfunden worden, mit dem man, so die Werbebotschaft, »durch einmaliges Kochen ohne Mühe, ohne Reiben blendend weiße Wäsche erzielt«. Das Kind bekam einen Namen, aus den Anfangssilben der Hauptbestandteile Perborat und Silikat, und ein noch nie da gewesener Werbeetat von einer Million Mark spülte Persil in alle Waschküchen – erst in Deutschland, dann in ganz Europa. Innerhalb von sechs Jahren wuchs der Henkel-Umsatz um das Fünfzigfache.

Ins gleiche Metier zog es 1879 William Hesketh Lever, einen jungen Lebensmittelhändler aus Lancashire, der Region zwischen Manchester und Liverpool. Er hatte gerade das bis dahin größte Geschäft seines Lebens gemacht, indem er Butter und Eier nicht mehr vom Großhändler, sondern direkt beim irischen Erzeuger kaufte. Jetzt suchte er eine ähnlich zündende Idee für ein anderes Produkt in seinem Sortiment, für »Lever's reine Honigseife«, die zwar wie Honig hieß, aber ganz normale Kernseife war, von den Levers nur geschnitten und verpackt.

Lever bringt Sunlight in die Waschküche

Die Erleuchtung kam ihm in Liverpool. Dort machte er auf der Heimreise von einem Ferienaufenthalt Station und ging einkaufen – einen Markennamen. Ein Agent für Handelsmarken bot Schutzrechte für Produktnamen an, und Lever schlug zu. Welchen Namen muss eine Seife haben, um im grauen, englischen Alltag zum Erfolg zu werden? Vernünftig wäre ein Name gewesen, der »rein« oder »weiß« beinhaltet, schließlich entspräche das genau der Wirkung, die das Produkt haben soll. Aber wer will schon immer vernünftig sein? Ein schöner Traum hellt das trübe Leben auf, beim Träumen aber könnte doch eine Seife helfen, dachte sich Lever, und ließ sich die Marke Sunlight schützen.

Die Wirkung einer solchen ökonomischen Innovation ist durchaus vergleichbar mit dem, was eine Mutation in der Natur anrichtet. In den meisten Fällen: gar nichts, denn sie stellt sich als nicht lebensfähig heraus und verschwindet schnell wieder. In manchen Fällen: wenig, denn die Neuigkeit bringt keinen Selektionsvorteil und steht deshalb mehr oder weniger gleichberechtigt und unbeachtet neben den traditionellen Lebensformen. Doch wenn sich eine Mutation als Überlebensvorteil erweist, erobert sie sich eine neue ökologische Nische, verdrängt alteingesessene Arten und wandelt die Umwelt nach ihrem Bilde. Ob es sich dabei um einen Finken mit einem besonders harten Schnabel oder um einen Anthropoiden mit ungewöhnlich großem Großhirn handelt, ist dabei im Prinzip unerheblich – wenn auch nicht im Grad der Auswirkungen auf die Umwelt.

Die Marke war über lange Zeit ihres Bestehens eine Nebenform, die zwar existierte (hätte es sonst in Liverpool einen Agenten für Handelsmarken gegeben?), aber kaum beachtet wurde. Jedes Kind brauchte einen Namen, jede neu gegründete Stadt und auch Produkte hin und wieder. Aber erst in einer Situation, in der große Mengen von Menschen ihre Grundbedürfnisse fast völlig durch gekaufte Waren decken mussten, über wenig Zeit verfügten, weil sie fast rund um die Uhr Erwerbsarbeit leisteten, dadurch aber über etwas mehr Geld verfügten, als für das nackte Überleben notwendig war, bestanden Umweltbedingungen, die der Marke ihren Siegeszug ermöglichten.

Nun gut, für den Siegeszug der Unternehmung von William Hesketh Lever war nicht allein der clevere Markenname verantwortlich. Mindestens genauso wichtig war Levers Einfall, seine Reinigungsmittel nicht mehr auf der Basis von tierischem Talg, sondern von pflanzlichen Ölen herzustellen; erstens wegen der besseren Schaumwirkung, zweitens, weil Pflanzenfette wesentlich billiger waren als Talg. Ein Markenprodukt, das in der Anwendung besser und in der Produktion preiswerter ist als die Konkurrenz, bildet einen unschlagbaren Dreiklang: 1885 hatte sich Lever für 4000 Pfund eine kleine Seifenfabrik in Warrington gekauft, 1890 warf seine Firma bereits einen Gewinn von 50 000 Pfund ab. 1894 wandelte er seine Firma in eine AG um. Er und sein Bruder übernahmen für 750 000 Pfund die Stammaktien, das Publikum riss sich darum, 2 Millionen Pfund für die stimmrechtlosen Vorzugsaktien auszugeben.

Drogenskandal um die Brause aus Atlanta

Die Lever-Aktien waren keine kurzfristigen Spekulationsobjekte, sondern eine langfristig profitable Geldanlage, für die damals sonst eher schwindelige Börsenwelt also ein äußerst reelles Investment. Auch jenseits der Börse wirkte sich der Siegeszug der Markenunternehmer segensreich auf die ökonomische Kultur aus. Die neuen Superreichen waren im Durchschnitt weit sympathischere Zeitgenossen als die ungehobelten Räuberbarone vom Schlag eines Vanderbilt oder Gould, die in den Jahrzehnten zuvor die Vermögensranglisten angeführt hatten; denn wer mit einer Marke zum Erfolg kommen will, muss ehrlich sein, langfristig denken und kundenorientiert handeln. Jeder Fleck auf der Weste des Unternehmers, der Firma oder des Produkts kann sich zu einem Skandal und in der Folge zu einer massiven Geschäftsschädigung auswachsen.

1901 hatte Asa Candler (1851 – 1917) aus Atlanta im US-Bundesstaat Georgia mit einem solchen Skandal zu kämpfen, der die Existenz seines Erfolgsprodukts gefährdete: Es mache Amerikas Jugend drogenabhängig, lautete der Vorwurf. Und das war nicht so einfach von der Hand zu weisen, schließlich bildeten Kokablätter einen wichtigen Bestandteil dieses Erfrischungsgetränks – warum sonst hätte der Drogist Doc Pemberton 1886 seine Erfindung Coca-Cola genannt? Für Candler ging es um alles: 1891 hatte er sämtliche Markenrechte sowie die Rezeptur für 2300 Dollar von Pemberton erworben und das bis dahin nur in Atlanta vertriebene Getränk innerhalb weniger Jahre über die gesamten USA verbreitet. Er versuchte es mit Vorwärtsverteidigung und ließ eine Broschüre drucken, in der er zugab, dass Coca-Cola Spurenelemente von Kokain enthielt, aber in so geringer Menge, dass sie nicht süchtig machen könnten. Und er bot an, das Getränk sofort vom Markt zu nehmen, wenn »es einen einzigen Fall von Kokainabhängigkeit gibt, der auf den Konsum unseres Coca-Cola zurückzuführen ist«. Doch obwohl ein solcher Fall niemals präsentiert werden konnte, blieb die Brause im Gerede. 1905 schließlich streckte Candler die Waffen und änderte das Rezept. Seither steckt das Kokain nur noch im Namen, aber nicht mehr im Produkt.

Zuerst erfand Dr. Oetker eine Warzentinktur

Genau zu der Zeit, als Coca-Cola seinen Siegeszug durch die USA antrat, wurde in der Aschoffschen Apotheke in der Bielefelder Niedernstraße das Fundament für eines der heute größten deutschen Vermögen gelegt. Und das mit einem Produkt, von dem kein vernünftiger Mensch jemals vermutet hätte, dass man damit zum Millionär werden kann – kleine Tütchen mit einer Mischung aus 38,3 Prozent Mehl, 32,2 Prozent Natriumbikarbonat und 29,5 Prozent Weinsäure.[9] Der Apotheker August Oetker (1862–1918) hatte 1888 in Botanik promoviert: »Zeigt der Pollen in den Unterabteilungen der Pflanzenfamilien charakteristische Unterschiede?« hieß die Arbeit, die ihm den Titel eines Dr. phil. einbrachte. 1891 erwarb Oetker mit finanzieller Unterstützung seiner Schwiegermutter die Apotheke im Zentrum Bielefelds und machte sich sofort daran, eigene Produkte zu entwickeln und zu verkaufen. Gleich im ersten Jahr bot er den Kunden sechs Innovationen an: medizinische Weine, Sanitätskakao, Fußcreme, Warzentinktur, ein Schönheitsmittel und eben Backpulver.

Backtriebmittel gab es zwar schon längst. In den Backstuben verwendete man einfaches Natron und gereinigten Weinstein, und ein 30 Jahre zuvor von Justus Liebig erfundenes Mittel wurde als »Liebigs selbsttätiges Backmehl« auch an Hausfrauen verkauft. Aber alle Mittel hatten ihre Nachteile: Sie hinterließen einen Nachgeschmack im Gebäck, vertrugen keine Lagerung oder waren schlicht zu teuer. Oetker wollte das ändern. Zwei Jahre lang entwickelte er das Rezept weiter, bis er 1893 eine Pulvermischung hatte, die »ohne Fehlzündung« funktionierte. Dann ermittelte er, wie viel Pulver man für ein Pfund Mehl brauchte, und genau diese Menge füllte er in kleine Tütchen ab und verkaufte sie unter dem Namen »Dr. Oetkers Backin«. Für zehn Pfennig pro Tüte. Das war damals viel Geld, und der Preis enthielt auch ein paar hundert Prozent Gewinnspanne, aber das Produkt fand dennoch reißenden Absatz. Denn Dr. Oetker verkaufte nicht nur ein paar Gramm Backpulver, sondern die Garantie für einen gelungenen Festtagskuchen (für den es auf jeder Packung einen Rezeptvorschlag gab). »Für reine Qualitäten leiste ich volle Gewähr«, schrieb

Oetker bereits in seiner ersten Werbebroschüre – und diese Gelinggarantie war allemal zehn Pfennig wert.

Die Marke erwies sich im 20. Jahrhundert als der nach Gold stabilste Vermögenswert überhaupt. Die meisten der Marken, die unser Leben heute begleiten, stehen uns schon seit einem Jahrhundert zur Seite. Coca-Cola, Aspirin, Dr. Oetker, Odol, Persil, Mercedes, Levi's, Tempo, Radeberger – starke Marken sind kaum totzukriegen. Sie werden in der Phase des Aufstiegs von der Persönlichkeit ihres Schöpfers geprägt und können diesem noch weit über seine physische Existenz hinaus zu quasi ewigem Leben verhelfen. Bei August Oetker war es die kompromisslose Orientierung an Qualität und Service, bei Adidas-Gründer Adolf Dassler (1900 – 1978) die Entwicklung immer besserer Schuhe für die besten Sportler der Welt und bei Coco Chanel (1883 – 1971) ein unverwechselbarer Stil: schlichte, bequeme und stets elegante, kurz: klassische Mode.

»Heinzelmann« schlägt den Besatzern ein Schnippchen

Wie schwer es ist und wie lange es dauert, eine Marke zu zerstören, ist seit bald drei Jahrzehnten im fränkischen Fürth zu beobachten. Dort hatte der gelernte Installateur und begnadete Bastler Max Grundig (1908 – 1989) mit 22 Jahren seine Leidenschaft zum Beruf gemacht. »Ich bin nicht auf die Welt gekommen, um der Größte zu werden. Als junger Mann wollte ich Radio hören«, sagte er in einem Interview kurz vor seinem Tod. »Radio, das war ein Wort, das für mich wahrscheinlich genauso faszinierend war wie heute für Millionen junger Menschen die Begriffe Video oder Computer. Und als ich dann die Chance hatte, Radios zu machen, Herrgott, da habe ich zugegriffen.« 1946 startete er mit einem Schuss Chuzpe seine Nachkriegskarriere: In Deutschland war der Verkauf von Rundfunkgeräten noch von den alliierten Besatzern verboten – nicht aber der Verkauf von Baukästen, aus denen man sich ein Radio basteln konnte. Die bot Grundig unter dem treudeutschen Namen »Heinzelmann« an und wurde damit republikweit bekannt. Mit Radios (ab 1948), Tonbändern (ab 1951) und vor allem Fernsehern (ab 1952) machte er Grundig zum führenden Hersteller der Branche in Europa. Seit Ende der Siebzigerjahre jedoch geriet das Unternehmen durch die wachsende Konkurrenz fernöstlicher Produzenten unter Druck und kam nicht mehr aus der Verlustzone heraus. Umsatz und Mitarbeiterzahl schrumpften von Jahr zu Jahr, das Unternehmen stand mehrmals am Rand der Pleite oder war tatsächlich insolvent – aber wenn es einen Vermögenswert gibt, über den Grundig verfügt, dann ist es die Marke. Immer noch.

Sosehr die großen Marken dieser Welt ihre eigene Persönlichkeit versprühen: Die Unternehmen, die für diese Marken verantwortlich sind, tun das heute nur noch selten. Einige wenige Markenmultis beherrschen den Weltmarkt. Bei Nestlé, Procter&Gamble, Unilever, LVMH, Disney, L'Oréal, um nur die wichtigsten zu nennen, arbeiten austauschbare Manager mehr oder weniger im Hintergrund, vor dem sich die Marken glanzvoll entfalten können. Sie vermögen in Ruhe abzuwarten, bis ihnen die daneben noch bestehenden Markenunternehmen in Familienbesitz, wie Oetker und Henkel in Deutschland, Ferrero in Italien oder Mars in den USA, in die Hände fallen. Irgendwann lässt bei einer Erbengeneration das Interesse am Unternehmen nach (wie jüngst bei Wella), irgendwann schlägt eine Rezession zu oder ein Managementfehler. Die gibt es zwar bei den Procters und Nestlés auch, aber dort bedrohen sie nur eine Marke, nicht die Existenz. Wenn ein Unternehmen hingegen vor allem von einer Marke abhängig ist, liegt es sturmreif, sobald diese Marke ein Problem bekommt.

Die Aufgaben, die heute gleichzeitig gelöst werden müssen, um eine Marke zu lancieren, sind derart komplex, dass es so gut wie unmöglich erscheint, als Einzelunternehmer aus dem Nichts heraus eine erfolgreiche Marke zu etablieren. Das Produkt muss stimmen, die Positionierung ebenfalls, die Werbung muss dazu passen und auch in den richtigen Medien erscheinen, das Produkt muss im Handel so platziert sein, dass die Kunden es auch finden; und damit es nicht nur einmal, sondern auch ein zweites Mal gekauft wird, müssen sowohl Preis-Leistungs-Verhältnis und

Kundendienst als auch Image stimmen, und das alles landesweit, oder noch besser, gleich weltweit, denn wenn es jemandem tatsächlich gelingt, einen Treffer in, sagen wir, Österreich zu landen, kommt garantiert einer von den großen Markenkonzernen und bringt ein Nachahmerprodukt in Deutschland auf den Markt.

Dietrich Mateschitz reitet den Bullen

So gesehen hätte Dietrich Mateschitz gar nicht erst anfangen dürfen. Er konnte nur scheitern. Er fing trotzdem an und scheiterte nicht. Der 1944 geborene Österreicher legte in den vergangenen zwei Jahrzehnten eine Erfolgsstory hin, die genauso unwahrscheinlich klingt wie die Geschichte mit den Backpulvertüten. Eine nach Gummibärchen schmeckende Limonade in Dosen abzufüllen, mit ein paar grob gezeichneten Cartoons zu bewerben und für einen Preis zu verkaufen, zu dem man die fünfzehnfache Menge Coca-Cola bekäme, das war an sich schon ein Husarenritt. Doch Mateschitz, der sein Marketing-Handwerkszeug bei Procter&Gamble gelernt hatte, glaubte fest an die Wirkung von Energydrinks mit dem aufputschenden Taurin, die er als Blendax-Manager auf einer Geschäftsreise in China kennen gelernt hatte. »Ich habe diesen Markt analysiert und mich gewundert, dass es diese Produkte außerhalb Asiens noch nicht gab«, sagte Mateschitz später. Er hängte seine Managerkarriere an den Nagel und machte sich an die Arbeit: Er mixte Taurin mit Koffein, Glucuronolacton und viel Zucker zu einer Brause zusammen, die er Red Bull taufte und mit dem einprägsamen Slogan »Red Bull verleiht Flügel« ins Rennen schickte.

Dass er das vor den Augen von Coca-Cola und Pepsi tat, die innerhalb von wenigen Wochen ein ähnliches Produkt zu einem Drittel des Preises hätten auf den Markt bringen können, erhöhte das Risiko beträchtlich: Es musste nicht nur das Produkt beim Kunden ankommen, es mussten auch die marktbeherrschenden Großkonzerne stillhalten. Und dass er Red Bull 1987 zuerst in seiner österreichischen Heimat platzierte, sich jedoch erst sieben Jahre später an die Eroberung des deutschen Marktes machte, steigerte das Wagnis noch einmal. Jeder hätte ihm zuvorkommen können. Aber niemand schaffte es. Und das gilt bis heute, obwohl eine Zeit lang fast im Wochenrhythmus irgendjemand versuchte, einen Energydrink im Red-Bull-Format auf den Markt zu bringen.

»Das ist nichts für die Schwachen, damit sie stark werden, sondern für die Starken, damit sie noch stärker werden«, sagt Mateschitz über Red Bull. Auf das Wort Marketing würde dieser Satz genauso passen.

Am laufenden Band: der Triumph des Fordismus

Der große Erfolg der ersten Markenartikelhersteller am Ende des 19. Jahrhunderts ist ein deutliches Indiz dafür, dass die industrielle Revolution nun langsam damit aufhörte, ihre Kinder zu fressen. Ganz offenbar war in breiten Bevölkerungsschichten eine Kaufkraft vorhanden, die zumindest etwas über die Sicherung des Existenzminimums hinausging – sonst hätte August Oetker kaum mit Backpulvertütchen für den Sonntagskuchen reüssieren können. Vereinzelte Visionäre sahen damals bereits ein goldenes Konsumzeitalter anbrechen.

Besonders zukunftsfroh zeigte sich die Hannoveraner SPD in einer Erklärung zum 1. Mai 1904: »Ihr Arbeiter werdet einst in eigenen Wagen fahren, auf eigenen Schiffen touristisch die Meere durchkreuzen, in Alpenregionen klettern und schönheitstrunken durch die Gelände des Südens, der Tropen schweifen, auch nördliche Zonen bereisen. Oder ihr saust mit eurem Luftgespann über die Erde im Wettflug mit den Wolken, Winden und Stürmen dahin. Nichts wird euch mangeln, keine irdische Pracht der Erde gibt es, die euer Auge nicht schaut. Was je nur euer Herz ersehnt, was euer Mund erwartungsschauend in stammelnde Worte gekleidet, da habt ihr das leibhaftige Evangelium des Menschenglücks auf Erden! – Und fragt ihr, wer euch solches bringen wird? Nun, einzig und allein der sozialdemokratische Zukunftsstaat!«[10] Diese hemmungslos optimistische Prophezeiung sollte sich als realistischer erweisen als so manche Expertenprognose der damaligen Zeit. Nur bei der Frage der Verantwortlichkeit traf sie knapp daneben: Neben dem »sozialdemokratischen Zukunftsstaat« gab es noch ein paar andere, die dazu beitrugen, die Armut der Masse in einen Wohlstand für viele zu verwandeln. Unter ihnen wiederum ragen zwei besonders hervor: Frederick Winslow Taylor (1856 – 1915) und Henry Ford (1863 – 1947).

Ein hinterwäldlerischer Antisemit revolutioniert den Kapitalismus

Man tritt Henry Ford wohl nicht zu nahe, wenn man ihn als Hinterwäldler bezeichnet. Seinen Geburtsort Dearborn ein Dorf zu nennen wäre für den Zeitpunkt seiner Geburt schon eher hoch gegriffen. Fords Eltern waren Farmer, aber den Gedanken, dass Henry als ältestes von sechs Kindern die Farm übernehmen würde, gab der Vater früh auf: Henrys schwächliche Konstitution sprach dagegen, und seine früh aufblühende Leidenschaft für Basteln, Mechanik und Technik prädestinierte ihn eher für eine handwerkliche Laufbahn. Zeit seines Lebens blieb seine Gedankenwelt der geistigen Enge des Dorfes verhaftet. Henry Ford hasste Komplexität, Parteien, Gewerkschaften, Unmoral, Banken und Juden. Wann immer er sich mit selbst gestrickten Patentrezepten in die Politik einmischte, schwiegen selbst die größten Bewunderer des Unternehmers peinlich berührt. So 1915, als er ein Kreuzfahrtschiff charterte, es mit Pazifisten und Presseleuten füllte und so ausgerüstet nach Europa fuhr, um die dortigen Nationen von der Sinnlosigkeit des Krieges zu überzeugen. Doch weil kein Staatsoberhaupt den berühmten Henry Ford empfangen wollte, kehrte das Friedensschiff unverrichteter Dinge zurück.

Weit bedenklicher waren die antisemitischen Tiraden, die Ford ab Anfang der Zwanzigerjahre verbreitete. 1920 gab er in einem Interview dem »internationalen Judentum« die Schuld an allen Kriegen der Welt, und zwischen 1920 und 1927 publizierte Fords eigene Zeitung, der *Dearborn Independent*, eine 81-teilige Serie über die Juden, »das größte Problem der Welt«. 1922 soll Ford, einem unbestätigten Zeitungsbericht zufolge, einer antisemitischen deutschen Splitterpartei namens NSDAP eine beträchtliche Geldsumme gespendet haben. Ganz und gar bestätigt ist hingegen, dass Henry Ford am 30. Juli 1938, seinem 75. Geburtstag, das

Großkreuz des Deutschen Adlerordens verliehen wurde – mit einer persönlichen Grußbotschaft von Adolf Hitler. Diese höchste Auszeichnung, die ein Ausländer von Nazideutschland erhalten konnte, wurde überhaupt nur zweimal vergeben: an Ford und an Italiens Faschistenführer Benito Mussolini. Es ist an keiner Äußerung erkennbar, dass Ford irgendwann in seinem Leben den Antisemitismus aufgegeben hätte – er hörte nur auf, sich darüber zu äußern. Auch die judenfeindliche Kampagne des *Dearborn Independent* ging 1927 nicht aufgrund besserer Einsicht zu Ende, sondern weil Ford dadurch eine millionenschwere und geschäftsschädigende Schadenersatzklage abwenden konnte.

Diese Entgleisungen schmälern zwar ganz erheblich die historische Größe der Person Henry Fords, nicht aber die seines Werks. Denn zwischen 1908 und 1914 brachte er gleich eine ganze Batterie von Innovationen in die Welt, die die Entwicklung des Kapitalismus nachhaltig positiv beeinflussten: die Massenproduktion, das Fließband, die Massenkaufkraft und die Beteiligung der Arbeiter am Produktivitätsfortschritt des Unternehmens.

Es war eine Kette von Ereignissen nötig, über Jahrzehnte verteilt, um Henry Ford so weit zu bringen. Am Anfang stand eine Art Erweckungserlebnis: Im Juli 1876 begegnete ihm auf der Straße nach Detroit erstmals ein Wagen, der sich aus eigener Kraft vorwärts bewegte. »Von jener Zeit an, da ich als zwölfjähriger Junge zum ersten Mal eine Lokomobile erblickte, hat mein stärkstes Interesse dem Problem der Herstellung einer selbsttätig fahrenden Maschine gegolten«, schrieb Ford später.

Als Zweites kam eine Bauanleitung: Im Januar 1896 veröffentlichte die Zeitschrift *The American Machinist* eine Beschreibung zum Bau eines einfachen Benzinmotors. Henry, damals Chefingenieur der Detroiter Elektrizitätsgesellschaft, begriff sofort: »Hiermit kann man einen Berg von Geld machen.« Drei Jahre später hatte er sich so in die Autobastelei hineingesteigert, dass sein Arbeitgeber ihn vor die Wahl stellte – entweder Auto oder Arbeitsplatz. Ford wählte das Auto und kündigte.

»... das Automobil dem ganzen Volk anbieten ...«

Die dritte Zutat zum Ford'schen Erfolgsrezept war eine fixe Idee: Zu Beginn des 20. Jahrhunderts war nämlich die gesamte noch junge Automobilbranche davon überzeugt, dass Gewinne nur mit teuren Autos für die Oberschicht zu machen seien – nur Ford glaubte an das genaue Gegenteil: »Die richtige Methode ist, das Automobil dem ganzen Volk anzubieten.« Das brachte ihn in direkten Gegensatz zu Alex Malcomson, seinem Partner in der frisch gegründeten Ford Motor Company: Wie sollte man an Menschen, die praktisch kein Geld übrig hatten, einen Luxusartikel wie das Auto verkaufen? Im Mai 1906, nach einem Jahr Machtkampf, verkaufte Malcomson lieber seine Aktien als weiter Ford-Automobile, und damit hatte Henry Ford freie Bahn.

Von dieser Übernahme der Aktienmehrheit bis zum legendären Modell T, das im Oktober 1908 nach zwei Jahren Entwicklungszeit auf den Markt kam, war es für Ford ein logischer Schritt: »Sein Erfolg war einfach unausweichlich. Er musste kommen, denn der Wagen barg alles, was ich an Ideen, Geschick und Erfahrung in ein Automobil hineinzustecken vermochte.« In der Tat war der Wagen vom ersten Moment an ein Hit, und Ford räumte seinem Alter Ego, dem T-Modell, alle Hindernisse aus dem Weg – schon nach einem Jahr strich er alle übrigen Wagen aus dem Programm. Ford baute nur noch einen Wagen in einer Farbe, aber so billig, dass der Traum vom eigenen Automobil für immer mehr Menschen in greifbare Nähe rückte. 1909 setzte Ford als erster Autohersteller der Welt mehr als 10 000 Wagen in einem Jahr ab, zwei Jahre später waren es 34 528 Wagen, und schon 1912 wurde die 100 000er Schallmauer durchbrochen.

Ein gigantischer Erfolg. Der Mann, der mit allen Fasern seines Willens das Auto für jedermann bauen wollte, war drauf und dran, das auch zu schaffen. So viele Widerstände hatte er überwunden, da konnte er es nicht zulassen, dass ihm produktionstechnische Hindernisse den Weg versperrten. Aber in genau dieser Situation befand sich Ford um 1911. Für die großen Stückzahlen, bei denen er inzwischen angekommen war, benötigte er schier unendliche Mengen an Rohstoffen, Vorprodukten, Einzelteilen, Menschen und Platz – mit der traditionellen Organisation der Fabrikarbeit war das schlichtweg nicht zu bewältigen. Aber es musste eine Möglichkeit geben. Er, Henry Ford, hatte die Autoindustrie in eine neue Dimension katapultiert; konnte er da noch in der Produktion mit den Methoden der Jahrhundertwende arbeiten?

Ein Stahlarbeiter revolutioniert die Arbeitswissenschaft

Genau zu dieser Zeit veröffentlichte ein anderer, ebenfalls etwas verschrobener Amerikaner ein Buch, mit dem er den Anspruch erhob, auf einen ganz einfachen Gedanken gekommen zu sein, den weder in der 5000-jährigen Geschichte der Erwerbsarbeit noch in der 200-jährigen Geschichte des Kapitalismus jemand zum Ausdruck gebracht hatte. Schon mit seinem Lebenslauf strahlte dieser Frederick W. Taylor eine unerhörte Einmaligkeit aus: Er ist wohl der Einzige in der Geschichte der Harvard-Universität, der die Aufnahmeprüfung bestand, aber statt dort zu studieren, eine Lehre in einem Stahlwerk machte. Und er dürfte der einzige Vorarbeiter eines Stahlwerks sein, der die Tennismeisterschaft der USA gewann (1881). Danach stieg Taylor zum Ingenieur und leitenden Angestellten auf – und 1901, mit 45 Jahren, wieder aus. Er habe es nicht mehr nötig, einer geregelten Arbeit nachzugehen, meinte er, und widmete sich ein ganzes Jahrzehnt lang seinem Konzept zur »wissenschaftlichen Betriebsführung«.

Angelehnt an die Formulierung eines anderen großen Weltveränderers, Karl Marx, hieß Taylors zentraler Gedanke: Die Unternehmer haben die Arbeit bisher nur verschieden interpretiert – es kommt aber darauf an, sie zu verändern. Durch genaue Beobachtung jedes einzelnen Arbeitsschritts lässt sich der gesamte Arbeitsablauf derart verbessern, dass in weniger Zeit mit weniger Mühe das gleiche oder sogar ein höheres Ergebnis erreicht werden kann. Und so erstaunlich es klingt, vor Taylor war in der

Tat noch niemand auf die Idee gekommen, Arbeitsabläufe zu beobachten, um die Produktivität zu steigern. Es waren zwar immer wieder neue Technologien eingeführt worden, um menschliche Arbeit zu ersetzen – aber nicht, um die menschliche Arbeit effizienter zu machen.

Bei der Herstellung komplexer Produkte stieß (und stößt) die Mechanisierung jedoch an Grenzen. Sie enthalten zu viele Arbeitsschritte, als dass eine Maschine die gesamte Arbeit leisten könnte. Es gab und gibt keine Hemdenherstellungsmaschinen, sondern »nur« Nähmaschinen. Wie die so verbleibende Arbeit am besten zu organisieren wäre, hatte all die ökonomischen Theoretiker nie interessiert. Offenbar musste erst jemand kommen, der selbst in einem Stahlwerk gearbeitet hatte, um darauf zu stoßen, dass Umsatz und Ertrag dadurch gesteigert werden konnten, dass man den Arbeitern bei der Arbeit zusah.

Jetzt wurde es dafür höchste Zeit. Taylors Buch *Principles of Scientific Management* fand bei Kapitalisten und Kommunisten gleichermaßen viel Anklang. Taylor entwickelte sich schnell zum gut bezahlten Vortragsreisenden und zum wahrscheinlich ersten hauptberuflichen Unternehmensberater: »Consultant to management« stand auf seiner Visitenkarte, und das zu einer Zeit, als das Wort Management gerade erst erfunden worden war. Schon ein Jahr nach der Veröffentlichung durfte Taylor seine Prinzipien vor einem Ausschuss des US-Repräsentantenhauses darlegen. Dabei wirkte er so überzeugend, dass die Politiker die Hoffnung hegten, die Anwendung der Taylor'schen Regeln könnten der heimischen Industrie einen Konkurrenzvorsprung auf dem Weltmarkt verschaffen, und die Unternehmen aufriefen, sich diese Vorschläge zu Eigen zu machen.

Das Fließband ermöglicht Ford die Massenproduktion

Henry Ford hielt zwar nicht viel von Politikern, aber in diesem Punkt gab er ihnen voll und ganz Recht. Taylors Ideen waren genau das, was ihm noch gefehlt hatte, um sein Problem zu lösen. Eine Teilung der Arbeit in kleinste Einheiten, die Eliminierung aller überflüssigen Bewegungen und

Denkvorgänge, das würde die Produktion so rationalisieren, dass sie in jede beliebige Höhe steigen konnte. Die Einführung des Fließbands im Frühjahr 1913, und damit der eigentliche Beginn der Massenproduktion, war die logische Konsequenz.

Das Fließband als solches war zwar keine neue Erfindung – bereits 50 Jahre zuvor wurden im Schlachthof von Chicago die geschlachteten Tiere auf diese Weise den verschiedenen Weiterverarbeitungsschritten zugeführt. Aber gekoppelt mit den Erkenntnissen Taylors führte es bei Ford zu einer kompletten Revolutionierung der Fabrikarbeit. Hingebungsvoll und seitenlang berichtet Ford in seinem autobiografischen Werk *Erfolg im Leben* (1922) über die Spareffekte, die sich durch die neue Technik ergaben. Nur ein Beispiel: 1912, vor Einführung des Bandes, brauchte ein Arbeiter etwa 20 Minuten für die Herstellung eines Schwungradmagneten. Mit dem Fließband wurde 1913 die Produktion in 29 verschiedene Arbeitsschritte zerlegt, die Herstellungszeit sank auf 13 Minuten und 10 Sekunden pro Magnet. 1914 lenkte man das Fließband 20 Zentimeter höher und verminderte dadurch die Arbeitszeit auf 7 Minuten pro Magnet. Innerhalb von nur zwei Jahren verdreifachte sich damit die Arbeitsproduktivität bei der Herstellung von Schwungradmagneten, und dies war nicht einmal ein besonders herausragendes Beispiel.

7882 unterschiedliche Arten von Verrichtungen habe die letzte Zählung in seiner Fabrik ergeben, beschrieb Ford 1922. Besonders stolz war er darauf, dass er auf diese Weise auch Behinderten die Fabrikarbeit ermöglichte: »3595 Verrichtungen verlangten keinerlei körperliche Anstrengungen. Ein größerer Teil dieser leichten Arbeiten hätte auch von Schwerbehinderten geleistet werden können. Wenn die Arbeit nur genügend eingeteilt ist, dürfte es keinen Mangel an Arbeitsgelegenheit für die physisch Benachteiligten geben.«

Von Ford'schen Löhnen konnte man Ford'sche Autos kaufen

Um dorthin zu kommen, hatte Ford allerdings noch ein gravierendes Problem zu lösen: Er musste die Arbeiter davon überzeugen, am Fließband zu arbeiten. Das Jahr 1913 war unter diesem Aspekt nämlich eine einzige Katastrophe. Die Fluktuation im Werk stieg auf über 300 Prozent – im Durchschnitt blieb ein Arbeiter keine vier Monate bei Ford! Die Arbeit am Band war zwar körperlich weniger anstrengend als die Beschäftigungen vorher, aber die Monotonie der Tätigkeit und die soziale Isolation wogen für die Arbeiter weit schwerer, und wer konnte, wechselte die Firma. Obwohl die Einarbeitungszeit auf die einzelnen Posten am Fließband relativ kurz war, musste ein Personaldurchsatz in dieser Größenordnung einen großen Teil der potenziell erreichbaren Produktivitätsvorteile zunichte machen, bevor sie entstehen konnten.

Die Lösung, auf die Ford verfiel und die er stets als »meine großartigste Idee zur Kostensenkung« verteidigte, wurde am 5. Januar 1914 verkündet: Ford verdoppelte die Löhne auf 5 Dollar pro Tag und senkte gleichzeitig die tägliche Arbeitszeit von neun auf acht Stunden. Die Arbeit suchenden Menschen Detroits rannten ihm die Fabriktore ein, die Fluktuation ging dramatisch zurück, die Produktivität stieg weiter, und noch schneller wuchs der Flächenbedarf für den Firmenparkplatz: Von Ford'schen Löhnen konnte man sich Ford'sche Autos kaufen.

Diese Botschaft war so einfach, dass sich keiner der Konkurrenten ihr entziehen konnte. Das von ihnen anfangs heftig bekämpfte Lohnmodell Fords übte einen solchen Sogeffekt auf die Beschäftigten aus, dass der Rest der Branche darauf reagieren musste. Und da ein Ford nicht einfach aus der Welt zu schaffen war, zog man notgedrungen nach. Das Fließband vervielfachte also nicht nur die Arbeitsproduktivität – die Unternehmen konnten auch gar nicht anders, als einen großen Teil dieser Produktivitätsfortschritte an die Beschäftigten weiterzugeben. Dafür aber, dass sie das später nicht vergaßen, gab es die Gewerkschaften.

Taylorismus + Gewerkschaft = Konsumzeitalter

Die amerikanische Erfindung des Taylorismus gab den Unternehmen das Instrument in die Hand, um die Produktivität der Industriearbeit zu steigern. Und die europäische Erfindung der Gewerkschaft war das Instrument der Beschäftigten, das ihnen erlaubte, an den Früchten zu partizipieren. Keines der beiden Instrumente kann ohne das andere erfolgreich gespielt werden: Eine Produktivitätssteigerung geht ins Leere, wenn sich niemand die zusätzlich hergestellten Produkte leisten kann – übertriebene Lohnerhöhungen wiederum führen nicht zu steigender Kaufkraft, sondern nur zu steigender Geldentwertung.

Die »Verfünfzigfachung der Produktivität der Industriearbeit im 20. Jahrhundert« (Peter F. Drucker) lässt sich größtenteils auf die Taylorisierung sämtlicher Produktionsprozesse zurückführen. Der Fordismus, die arbeitsteilige Massenproduktion standardisierter Güter, bildete dabei nur die erste Etappe. Er war geeignet für alle Arten von komplexen, in großen Mengen hergestellten Waren. Zu deutsch also: für Konsumgüter. Und genau das waren auch die Produkte, die von nun an immer häufiger nachgefragt wurden. Es entwickelten sich die ersten Großkonzerne für Güter des täglichen Bedarfs – für Nahrungsmittel (Knorr, Nestlé, Leibniz), für Reinigungsmittel (Lever, Henkel, Procter&Gamble) und für Geld. Volks- und Raiffeisenbanken, Spar-, Bauspar- und Darlehenskassen entstanden als Selbsthilfeorganisationen der Arbeiter, Bauern und Handwerker, die ihre Interessen von den bestehenden Privatbanken nicht vertreten sahen und dennoch den Einstieg in die Geldwirtschaft schaffen wollten.

Die Autoindustrie jedoch blieb die Schlüsselindustrie sowohl für den Taylorismus als auch für das Konsumzeitalter. Alle weiteren Mutationen, die die Massenproduktion im Laufe des 20. Jahrhunderts durchlief, hatten hier ihren Ursprung oder erlebten hier zumindest ihren Durchbruch. Die wichtigsten davon:

◇ Die Produktion wurde vielfältiger. An Fords Fließband konnte nur ein einziges Modell in immer der gleichen Ausstattung montiert werden. Beim Modell T ging das viele Jahre lang als notwendiges Übel durch und wurde für den niedrigen Verkaufspreis in Kauf genommen. Die Konkurrenz jedoch bot für ihre Modelle Motor-, Farb- und Ausstattungsvarianten und schaffte es, diese Variationen mit der kostengünstigen Fließbandfertigung zu kombinieren. Inzwischen geht die Individualisierung der Produktion sogar wieder bis zur Einzelfertigung. Manche Autofabriken sind in der Lage, computergesteuert alle Ausstattungswünsche desjenigen Kunden zu berücksichtigen, dessen Auto gerade zusammengebaut wird.

◇ Der Output wurde flexibler. Das Modell T wurde sechs Tage die Woche in drei Schichten rund um die Uhr hergestellt. Die Taktlaufzeit war vorgegeben und damit auch die Produktionsmenge – der Vertrieb würde die Autos schon unterbringen. Diesen paradiesähnlichen Zustand erreicht heute kein Unternehmen mehr. Die Fabriken sind weit stärker von der tatsächlichen Entwicklung der Nachfrage abhängig, die Produktionsmenge passt sich deshalb weit flexibler an die Spitzen und Täler des Auftragsbestands an.

◇ Der Materialfluss wurde optimiert. Ford verbesserte ab 1913 den Fluss des Produkts, Toyota optimierte ab 1955 den Fluss der Vorprodukte. Um Stockungen zu vermeiden, sollte an jeder Stelle der Produktion genug Material zur Verfügung stehen – und zwar genau zur richtigen Zeit, am richtigen Ort und in der richtigen Qualität. Außerdem in genau der richtigen Menge, denn ungenutzt herumliegendes Material ist nichts anderes als totes Kapital. Das Kanban-System, das bei Toyota erstmals angewandt wurde, bedeutet nichts anderes als die konsequente Taylorisierung des Materialnachschubs.

»Just in time« schlägt »Alles aus einer Hand«

Gerade die letztgenannte Innovation beendete schließlich eine der monströsesten Folgen des Fließbandwesens, das ungehemmte Größenwachstum der Fabriken. Auch hier hatte Henry Ford mit seinem River-Rouge-Werk den Dinosauriertrend gesetzt. In der 1922 fertig gestellten Anlage machte Ford praktisch alles selbst. Er verfügte über eigene Kraftwerke, Stahlwerke, Walzwerke und einen eigenen Hafen, er fertigte die Vorprodukte, und die Montage machte er natürlich sowieso. Für den US-Wirtschaftshistoriker Alfred D. Chandler ist dies ein Paradebeispiel für die »sichtbare Hand« des Konzernmanagements, die sich vor einem Jahrhundert der »unsichtbaren Hand« des Marktes als überlegen erwies: Wenn komplexe Produkte in großen Mengen hergestellt werden, ist der optimale Fluss der Vorprodukte ein entscheidender Faktor. In einer noch mäßig entwickelten Industriegesellschaft besteht ein hohes Risiko, dass einer der Lieferanten ausfällt oder so schlechte Qualität abliefert, dass dadurch das Gesamtprodukt beeinträchtigt wird. Damit ist es ökonomisch rationaler, sich als Unternehmer möglichst große Teile der Wertschöpfungskette für das Erfolgsprodukt auf das eigene Konzerngelände zu holen.

Je mehr sich Arbeitsteiligkeit und Wettbewerb entwickeln, desto weniger zählt jedoch das Argument der Produktionssicherung. Sobald es Zulieferer gibt, die in der Lage sind, *just in time* die benötigten Produkte bereitzustellen, machen sich bei der Eigenproduktion vor allem die Nachteile bemerkbar: Die Unternehmensorganisation wird schwerfällig und bürokratisch, der Innovationsgrad ist geringer. Ein Unternehmen kann seine Wettbewerbsfähigkeit eher dadurch steigern, dass es sich auf seine Kernkompetenzen konzentriert, als dadurch, dass es versucht, alles selbst zu machen. Schlechte Zeiten für Dinosaurier.

Von Wallenstein bis Stinnes: die Kriegs- und Krisengewinnler

Wäre nicht vor 65 Millionen Jahren jener Meteorit in den Golf von Mexiko gefallen, die Säugetiere hätten keine Chance gehabt. Sie waren winzig, schwach und denkbar schlecht an die Umweltbedingungen der Kreidezeit angepasst: Wofür brauchte ein Tier im damaligen Klima des ewigen Sommers eine körpereigene Vorrichtung zur Temperaturregulierung? Die Sonne sorgte doch von ganz allein dafür, dass der Körper angenehm warm wurde. Die Dinosaurier, die auf solchen Unfug verzichteten, konnten ihre Energie darauf verwenden, zu wachsen, und das taten sie reichlich.

Dann schlug der Meteorit ein, die in die Atmosphäre geschleuderte Materie verdunkelte auf Jahre hinaus die Sonne, der Winter kam in die Welt – und die Dinosaurier verschwanden aus ihr. Überlebt haben dagegen ein paar kleine Lebewesen, die sich den Luxus eines eigenen Kraftwerks leisteten, um ihre Körpertemperatur unabhängig von den Außentemperaturen konstant zu halten: die Säugetiere. In der direkten Auseinandersetzung chancenlos gegen einen Saurier im Vollbesitz seiner Kräfte, konnten sie sich in der großen Katastrophe über die reiche Beute freuen, die die verendenden Riesenechsen für sie darstellten.

Faunenschnitt nennt sich ein solches Ereignis in der biologischen Evolution. In der ökonomischen Evolution heißt es Krieg, Bürgerkrieg, Weltwirtschaftskrise oder Hyperinflation. Es kümmert sich nicht darum, nach welchen Regeln vorher gelebt und gewirtschaftet wurde, es hat seine eigenen Regeln, und gewinnen kann nur, wer überlebt.

Hugo Stinnes: »Zweckmensch jenseits von Geist und Gottheit«

Das macht die Menschen, die eine solche ökonomische Katastrophe als Sieger überstehen, nicht unbedingt sympathisch. Jedenfalls nicht dem Schweizer Historiker Jakob Burckhardt: »In jeder Krisis schwimmt eine bestimmte Quote von fähigen, entschlossenen und eiskalten Menschen mit, welche mit der Krisis nur Geschäfte machen und vorwärts kommen wollen. Diese Art der Haltefest, Raubebald und Eilebeute schwimmt um jeden Preis oben, und um so viel sicherer, da kein höheres Streben sie irre macht.« Ebenso wenig dem Sohn des AEG-Gründers, langjährigen AEG-Chef und kurzzeitigen deutschen Außenminister Walther Rathenau (1867–1922), der sich mit hoch konzentrierter Abscheu über den großen Krisengewinnler seiner Zeit äußerte – Hugo Stinnes (1870 – 1924): »Er ist ein Zweckmensch jenseits von Geist und Gottheit, würde aber, wenn er die ganze deutsche Wirtschaft in Magen und Mastdarm geschlungen hätte, sich noch als Retter des Vaterlandes feiern lassen.«

Rathenau verabscheute ihn mit gutem Grund. Erst hatte Hugo Stinnes ihm im Juli 1920 eine »fremdrassige Seele« unterstellt und sich dann Rathenaus Erzkonkurrenten Siemens einverleibt. Das Ende 1920 von Stinnes geformte Holding-Konglomerat nannte sich Siemens-Rheinelbe-Schuckert-Union, und Carl Friedrich von Siemens bemerkte zu den auf 80 Jahre fusionierten Stinnes-Siemens-Interessen, »dass wir wirtschaftlich auf Gedeih und Verderb verknüpft sind, dass der Gewinn des einen gleich dem des anderen zu betrachten ist, und zwar auf möglichst lange Zeit hi naus, sodass nach menschlichem Ermessen nur ein gemeinsames wirtschaftliches Endziel erreicht werden kann« – eine Episode der Unternehmensgeschichte, an die sich heutige Siemens-Chronisten kaum erinnern wollen. Der von Siemens so Gelobte und von Rathenau so Gescholtene widersprach dem Verdikt des Letzteren keineswegs, drückte den gleichen Sachverhalt allerdings wesentlich prosaischer aus: »So habe ich meine Unternehmungen organisiert, um mit einem Mindestmaß an Kosten zum Höchstmaß des Ertrages zu kommen.«

Die beiden wichtigsten Methoden, mit denen Hugo Stinnes, der sich zeitlebens »Kaufmann aus Mülheim« nannte, geringe Kosten und hohen Ertrag kombinierte, sind seit jeher typisch für Krisenzeiten:

- Die Geier-Methode: Er machte kranke und schwache Unternehmen ausfindig, kaufte sie günstig auf, um dann durch Filetierung beziehungsweise Ansanierung ihren Wert zu steigern. Seinen ersten größeren Brocken genehmigte sich Stinnes 1899 gemeinsam mit August Thyssen – die Saar-Mosel-Bergwerksgesellschaft, eine französisch-belgische Gründung aus dem Jahr 1873. Hier konnte er die Talente in großem Stil einsetzen, die sein Biograf Gert von Klass ihm zubilligte: »Das nicht Florierende, der Besserung Bedürftige zieht seine Kraft an, die es zum Gestalten und Umgestalten drängt. Was andere verfahren haben, wieder ins rechte Gleis zu bringen ist seine Lust.«
- Die Heißluft-Methode: Stinnes setzte für den Unternehmenskauf eine Akquisitionswährung ein, die dem Verkäufer als werthaltiger erschien, als sie in Wirklichkeit war.

Bevor wir uns die Umsetzung dieser Methoden bei Stinnes näher anschauen, gehen wir noch einmal drei Jahrhunderte zurück und verfolgen, wie perfekt der größte Feldherr der Dreißigjährigen Krieges die Heißluft-Methode einsetzte.

Wie Wallenstein sich halb Böhmen kaufte

Albrecht Wenzel Eusebius von Wallenstein (1583–1634) hatte Kaiser Ferdinand II. geholfen, 1620 den Aufstand der böhmischen Protestanten gegen das katholische Habsburg niederzuschlagen, bei dessen Beginn mit dem Prager Fenstersturz 1618 man damals noch nicht wissen konnte, dass er einen 30 Jahre währenden Krieg mitten in Europa entfesseln würde. Im Jahr 1622 ging es erst einmal darum, den Besitz der Rebellen auf Kaiser, Kriegsherren und Konsorten umzuverteilen: Der politische Regent Böhmens, Karl Fürst von Liechtenstein, konfiszierte die Güter der protestantischen Adligen, insgesamt ein Territorium von etwa der Größe Bayerns. Der militärische Befehlshaber Böhmens, Albrecht von Wallenstein, sorgte dafür, dass die Beschlagnahmungen tatsächlich stattfanden. Der Kaiser verkaufte den größten Teil der so eingesammelten Besitzungen an loyale Beamte und Militärs. Und damit diese sich den Kauf auch leisten konnten, wurde 1622 kurzerhand die Landeswährung Gulden nominal auf die Hälfte, faktisch auf ein Zehntel abgewertet.

Die Durchführung dieser Abwertung oblag einem Münzkonsortium unter Führung des holländischen Bankiers Hans de Witte, dem neben hohen Habsburger Hofbeamten auch Wallenstein und Fürst Liechtenstein angehörten. Als ein Jahr später die böhmischen Dörfer verteilt waren (und Kaiser Ferdinand II. seine in gutem Geld gemachten Schulden in schlechtem Geld zurückgezahlt hatte), wurde der Gulden wieder in den alten Stand zurückversetzt. Wallenstein hatte sich in dieser Zeit insgesamt 59 Ländereien gekauft, von denen er den größten Teil nach dem Ende der Münzverschlechterung wieder mit Gewinn verkaufte. Für sich behielt er »nur« das Herzogtum Friedland, das inklusive angrenzender Arrondierungen ein Herrschaftsgebiet von gut 9000 Quadratkilometern umfasste.

Der Megakonzern des Inflationsgewinnlers

Hugo Stinnes hatte Anfang der Zwanzigerjahre des 20. Jahrhunderts zwar keinen direkten Einfluss auf die Währungspolitik seines Landes, aber das war auch gar nicht nötig. Er kaufte, ganz schlicht, in Reichsmark, der gültigen deutschen Währung. Er glaubte nur nicht mehr an sie. Als einer der Ersten war er davon überzeugt, dass die ökonomische Zwangslage Nachkriegsdeutschlands zu einer Hyperinflation führen würde: So, wie die Alliierten, vor allem Frankreich, mit dem geschlagenen Deutschland umgingen, konnte die Währung gar nicht mehr auf die Füße kommen. Bereits in der Frühphase der Inflationszeit, im Jahr 1920, holte er sich gestützt auf dieses Kalkül den Bochumer Verein für Bergbau und Gussstahlfabrikation. Als Stinnes' Unternehmen Deutsch-Lux die Aktien des

Bochumer Vereins zum Kurs von 600 Prozent des Nominalwerts übernahm, schrieb die *Frankfurter Zeitung*, das sei ein recht gesalzener Preis. An der Börse erzählte man sich, Deutsch-Lux habe 230 Millionen Mark aufwenden müssen. Das waren nach den Begriffen der Zeit märchenhafte Kurse – wenn man an die Mark glaubte, was zu diesem Zeitpunkt noch viele taten. Mochte ihr Kurs im Augenblick auch fallen, eines Tages würde sie wieder sein, was sie immer gewesen war. Hatte sie nicht lange zu den stabilsten Währungen der Welt gezählt?

Hugo Stinnes rechnete ganz anders. Wenn man annimmt, dass der Bochumer Verein noch immer die 70 Millionen Goldmark wert war, die er vor dem Krieg galt, und dann den gerade aktuellen Dollarkurs der Mark einsetzt, so kostete das Unternehmen zwar 230 Millionen Mark in Papier, aber eben nur 15 Millionen Mark in Gold. Ein besseres Geschäft war kaum zu machen. Also ging er daran, noch mehr Geschäfte dieser Sorte abzuschließen. Papiergeld ausgeben, Sachwerte dafür einnehmen, das war seine Devise in der Inflationszeit bis Ende 1923.

Dabei kam einiges zusammen. Stinnes' Besitztümer erstreckten sich über die ganze Skala der industriellen Produktion: vom Kohlebergbau bis zum Film, vom Holzeinschlag in den eigenen Wäldern über die Papierfabrikation bis zur *Deutschen Allgemeinen Zeitung* und zum *Kladderadatsch*. Unmöglich sie aufzuzählen, denn Stinnes war Anfang 1924, kurz nach dem Ende der deutschen Hyperinflation, maßgeblich beteiligt an 69 Betrieben der Bauindustrie, 66 chemischen, Papier- und Zuckerwerken, 59 Erzbergwerken, 57 Bank- und Versicherungsgesellschaften, 56 Hütten- und Walzwerken, 81 Steinkohlebergwerken, 49 Braunkohlebetrieben, 37 Ölfeldern und Petroleumbetrieben, 389 Handels- und Verkehrsgesellschaften, Filialen und Vertretungen, 100 Fabriken der Metallindustrie, 83 Bahnen und Reedereien und 88 sonstigen Gesellschaften. Er kontrollierte 1535 juristisch selbstständige Unternehmungen mit 2888 Betrieben, Teilbetrieben und Niederlassungen.

Der Hamburger Reeder Albert Ballin (1857–1918) hatte schon vor dem Kaufrausch der Inflationszeit über Stinnes' Sammelleidenschaft gespottet: »Wie manche Kinder keinen Tortenrest, manche Männer keine hübsche Frau stehen lassen können, so kann Stinnes kein Geschäft stehen lassen. Jedes, auch wenn's einem andern gehört, will er (möglichst billig) mitnehmen.« Und das war genau die Eigenschaft, die er brauchte, um in einer Hyperinflation einen Megakonzern zu schaffen.

Wir werden niemals erfahren, ob Hugo Stinnes in der Lage gewesen wäre, seinen Konzern in der Nach-Inflationszeit zu konsolidieren. Mit 54 Jahren starb er am 10. April 1924 nach einer Gallenblasenoperation. Unter seinen Nachfolgern fiel sein Reich schnell wieder in sich zusammen – weshalb uns auch verborgen bleibt, ob Stinnes bei seinem Tod einer der reichsten Männer der Welt war oder nur einer der scheinreichsten.

Wir dürfen allerdings davon ausgehen, dass es dem manischen Firmensammler schwer gefallen wäre, vom Erfolgsmodell der Inflationsjahre auf Gegenkurs umzuschwenken. Die wenigsten, die mit einer ausgefeilten Methode immer wieder Erfolg hatten, können in einer solchen Situation aus ihrer Haut. Camillo Castiglioni, ebenfalls ein Inflationsspezialist und Anfang der Zwanzigerjahre Alleineigentümer einer Münchner High-Tech-Firma namens BMW, konnte es jedenfalls nicht: 1924 wurde er bei Spekulationen auf dem falschen Fuß erwischt, nach weiteren Fehlspekulationen musste er 1929 alle ihm verbliebenen BMW-Aktien verkaufen.

Die großen Umwälzungen, die sich in Hyperinflationen vollziehen, sind im Regelfall nur von kurzer Dauer. Es gibt ein paar glückliche Gewinner, die innerhalb weniger Jahre wieder in den Schoß der weitgehend wie zuvor funktionierenden Wirtschaft zurückfallen: Auf eine intakte Wirtschaft wirkt eine Hyperinflation in etwa so wie im 13. Jahrhundert auf China die Eroberung durch die Mongolen – erst wechselt das Führungspersonal, dann setzt das System sich über die Personen durch. Entweder werden die Sieger Teil des Systems, oder sie werden wieder ausgeschieden.

Flick und Quandt im Übernahmefieber

Stinnes und Castiglioni schieden aus. Flick und Quandt blieben. Beide Familien legten in der Inflationszeit den Grundstock für ihre Vermögen, die heute zu den größten Deutschlands zählen. Beide standen weit von Stinnes' monströsen Ausmaßen entfernt, sie waren ganz normale Krisengewinnler, so wie von Golo Mann beschrieben: »Grausame Welt, die dem hart und eintönig Arbeitenden nur das Allernotwendigste gewährt, die die Alten, aus der Bahn geworfenen ins Elend stößt und die Geriebenen, geschickt Operierenden, brutal Zupackenden ins Licht üppigen Wohlstands sich erheben lässt.«

Friedrich Flick (1883 – 1972) hatte im Ersten Weltkrieg begonnen, eine Stahl- und Kohlefirma aufzubauen, die sich bis 1924 durch kreditfinanzierte Zukäufe zu einem regelrechten Konzern auswuchs. Günther Quandt (1881 – 1954), von Haus aus Textilfabrikant, hatte von 1918 bis 1921 als Vorstandsmitglied des Kali-Unternehmens Wintershall dazu beigetragen, diesem durch mannigfache Übernahmen eine monopolähnliche Stellung zu verschaffen, und dabei Lust am Jonglieren mit Firmen bekommen. 1922 hatte er gerade 45 Millionen Mark flüssig, so ziemlich das Letzte, was er sich damals wünschte: »Ein solcher Markbetrag in dieser von den Stürmen der Inflation gepeitschten Zeit war – kurz gesagt – ohne Sinn und Verstand. In wenigen Tagen, ja Stunden, konnte das große Vermögen zu einem Nichts zerrinnen.« Also kaufte er sich in aller Heimlichkeit in die Hagener Accumulatoren-Fabrik (AFA) ein, wahrscheinlich das einzige renommierte Unternehmen in Deutschland, bei dem über die Börse die Aktienmehrheit zu bekommen war. Binnen weniger Monate brachte er die AFA gegen den Widerstand von Vorstand und Aufsichtsrat in seine Gewalt. »Zum ersten Mal gelang der Familie die Übernahme einer Firma von Weltgeltung«, notiert Quandts Biograf Rüdiger Jungbluth – es sollte nicht das letzte Mal sein.

Haffa und Ehlerding machen einen Deal zu viel

Zuletzt konnten wir hyperinflationäre Phänomene in der Börsenblase der Jahrtausendwende beobachten. Im New-Economy-Boom gelang es ein paar Spezialisten, ihre Aktien so hoch zu treiben, dass sie im Ausgleich dafür ungerechtfertigt große Unternehmenswerte an sich reißen konnten. In Deutschland erwies sich Thomas Haffa als Meister in dieser Kunst der Vermögensumverteilung, in den USA war es der AOL-Gründer und Time-Warner-Übernehmer Steve Case und in Asien Richard Li, der Sohn des Altmeisters Li Ka-shing, der sich mit seiner Luftnummer Pacific Century Cyberworks die altehrwürdige Hongkong Telecom unter den Nagel reißen konnte. Aus den Ranglisten der reichsten Menschen der Welt sind sie aber allesamt wieder verschwunden: Case und seine Getreuen wurden mit dem andauernden Kursverfall einer nach dem anderen aus dem fusionierten Unternehmen AOL Time Warner hinausgedrängt; Richard Li plagt sich mit Schuldenbergen herum, weil er versäumt hat, rechtzeitig abzuspringen; und Thomas Haffas EM.TV wurde zum Verhängnis, dass Haffa im März 2000 dem Formel-1-Boss Bernie Ecclestone ein milliardenschweres Zahlungsversprechen machte, das er nicht mit Aktien, sondern nur mit Bargeld erfüllen konnte.

Den berühmten einen Deal zu viel machte im Jahr 2000 auch der gerade eben noch erfolgreiche Hamburger Investor Karl-Heinz Ehlerding, als er mit hohen Krediten belastet die Commerzbank attackierte – und dabei Haus und Hof verlor. In einer Situation, in der praktisch alle Aktien grandios überbewertet waren, wäre es sinnvoll gewesen, durch Leerverkäufe auf fallende Kurse zu spekulieren. Ehlerding jedoch suchte weiter nach unterbewerteten Aktien. Von denen gab es aber in dieser Börsensituation nicht mehr als Stecknadeln im Heuhaufen.

Josef Neckermann arisiert sich einen Konzern

So dramatisch den betroffenen Aktionären solche inflationär angetriebenen Umverteilungen auch erscheinen, sie wirken harmlos im Vergleich mit politisch oder militärisch motivierten Umverteilungen. Diese gehen in der Regel mit Unterdrückung, Vertreibung oder Ermordung der bisherigen Vermögensbesitzer einher. Das klassische Vorbild hierfür sind die Proskriptionen, mit denen Sulla im Jahr 82 vor Christus die Anhänger des im Bürgerkrieg unterlegenen Marius enteignete: Wer auf Sullas schwarzer Liste stand, hatte Vermögen und Leben verwirkt. Siegreiche Pro- und Konterrevolutionäre griffen seither immer wieder auf dieses Verfahren zurück. Der jüngste, noch aktuelle Fall betrifft die Vertreibung, in einigen Fällen auch Ermordung weißer Farmer in Simbabwe durch Anhänger des Diktators Robert Mugabe.

Die tiefgreifendste derartige Umverteilung in Deutschland unternahm die NS-Regierung: die so genannte »Arisierung« jüdischer Unternehmen.[11] Einige der größten Vermögen Nachkriegsdeutschlands hatten hierin ihren Ursprung – so der Hertie-Warenhauskonzern, den Georg Karg mithilfe von Bankkrediten 1933 der Gründerfamilie Tietz abkaufte. In Konkurrenz dazu entstand gleichzeitig der Horten-Konzern, den Helmut Horten durch Arisierung einer ganzen Reihe von jüdisch geführten Provinzwarenhäusern errichtete. Auch ein dritter der großen Einzelhandelskonzerne der Nachkriegszeit startete auf diese Weise. Am 25. Oktober 1935, einen Monat nach den Nürnberger Rassegesetzen, erwarb der Kohlenhändlererbe Josef Neckermann (1912 – 1992) die beiden Würzburger Kaufhäuser von Siegmund Ruschkewitz. Ein »bewegender Augenblick«, fand der 23-jährige Neckermann, der »etwas Eigenes, etwas ganz Großes« wollte und davon träumte, »ein richtiger Unternehmer zu werden«. Und während die Welt einem Alptraum zustrebte, ging sein Traum in Erfüllung: 1938 kaufte er, die NSDAP machte es möglich, für 1,14 Millionen Reichsmark eines der größten Versandhäuser Deutschlands, die Berliner Wäschemanufaktur des Juden Karl Amson Joel. »Wenn ich es nicht tue, macht es ein anderer«, sagte Neckermann nach dem Krieg.

Flick und Quandt schwenken von der Rüstungs- zur Autoindustrie

Auch Friedrich Flick und Günther Quandt profitierten beim Konzernaufbau erst von Arisierungen und dann, nach Kriegsbeginn, von Sonderkonditionen beim Erwerb von Firmen in den besetzten Gebieten. Den größten Teil ihres jeweiligen Vermögenszuwachses in der NS-Zeit verdankten sie jedoch der Rüstungskonjunktur. Quandt hatte 1928 die Berlin-Karlsruher Industriewerke übernommen, die im Ersten Weltkrieg unter ihrem angestammten Namen »Deutsche Waffen- und Munitionsfabriken« auf Hochtouren produzierten. Ab 1933 wurden sie wieder auf Hochtouren gebracht. 1939 lobte Quandt sich selbst für seine Leistung, »im Augenblick der Machtergreifung dem Führer ein Werk zur Verfügung zu stellen, in dem die Herstellung von Heeresgeräten in größtem Umfang sofort wieder aufgenommen werden konnte«.

Beide Unternehmer setzten im Krieg in großer Zahl Zwangsarbeiter und KZ-Häftlinge in ihren Rüstungsbetrieben ein. Beide wurden nach dem Krieg inhaftiert und vor Gericht gestellt. Obwohl sich ihr Verhalten in der NS-Zeit nicht allzu sehr unterschied, wurde Friedrich Flick als Kriegsverbrecher zu sieben Jahren Haft verurteilt (aber 1950 nach vier Jahren begnadigt), während man Günther Quandt als Mitläufer einstufte. Ihm dürfte dabei geholfen haben, dass Joseph Goebbels ihn, den Ex-Mann seiner Frau Magda, nicht ausstehen konnte.

Gemeinsam war wiederum beiden, dass ihr Industrievermögen von den Siegermächten nicht beschlagnahmt wurde, sodass sie in der Bundesrepublik nicht bei null, sondern viele Millionen darüber anfingen. Für Flick sollte sich dabei eine Auflage der Alliierten geradezu als segensreich erweisen: Er musste den größten Teil seines Montanbesitzes verkaufen. Also stieß er seine Kohlengruben zu guten Preisen ab – und kaufte sich 40 Prozent von Daimler-Benz. 1959 scheiterte der von Flick und der Deutschen Bank lancierte Versuch, die kriselnde Münchner BMW AG unter das Daimler-Konzerndach zu ziehen. Bei den Bayern übernahm daraufhin Günther Quandts Sohn Herbert (1910 – 1982) die Kontrolle. Die beiden Unternehmerkarrieren, die sich seit 40 Jahren fast im Gleichklang entwickelt hatten, fanden nun in der Automobilbranche ihre Fortsetzung.

Russlands Oligarchen schnappen sich das Volksvermögen

Einen ganz eigenen Sonderfall der politisch motivierten Umverteilung gab es in den Neunzigerjahren des vergangenen Jahrhunderts in Russland zu beobachten. Da wurde nicht, wie sonst, eine alte Vermögenselite enteignet, um einer neuen Platz zu schaffen – es gab ja keine alte Vermögenselite. Um der neuen Elite ihre Medien-, Finanz- und Ölkonzerne sowie ihre Villen in Cannes und Marbella zu verschaffen, musste also das russische Volk enteignet werden. Das Vorgehen dabei war in der Tat einzigartig. Man besorgte sich ein paar liberale, im Westen akzeptierte Aushängeschilder, die für die gerade zerfallende Sowjetunion einen schocktherapeutischen Übergang in die Marktwirtschaft forderten – so wie Jegor Gaidar mit seinem unvergessen naiven 500-Tage-Plan. Wichtiger Teil der Schocktherapie war eine radikale Privatisierung der obsoleten Staatswirtschaft, die es den Marktkräften erlauben sollte, ihre wohltätigen Energien zu entfalten. Und besonders wichtig war, dass in der entscheidenden Zeit der richtige Mann als Privatisierungsbeauftragter im Kreml saß: Anatolij Tschubajs, so genannter Reformer, eng befreundet mit der Tochter von Zar Boris Jelzin und auch sonst mit vielen guten Freunden gesegnet.

1995 organisierte Tschubajs mithilfe eines »Aktien gegen Kredit«-Programms die »Privatisierung« der profitabelsten Schlüsselindustrien. Der Chef der Onexim-Bank Wladimir Potanin stellte im Namen einiger guter Freunde unter Ausschaltung jeglichen Wettbewerbs einen Kredit in Höhe von 2 Milliarden Dollar bereit – im Austausch gegen die Aktien der zu privatisierenden Betriebe. Nach der Durchführung dieses Privatisierungsprogramms gehörte ein Löwenanteil des Aktienkapitals einer Hand voll Superreicher, den so genannten Oligarchen. Wenn keine Instanz existiert, die stark genug ist, um das Verfahren zu kontrollieren, bestimmt eben das Recht des Stärkeren, wer dabei die Glückslose zieht und wer die Nieten. Boris Beresowskij, Wladimir Gussinskij, Viktor Tschernomyrdin, Michail Chodorkowskij und Roman Abramowitsch hatten in diesem Sinn das Recht auf ihrer Seite.

Dann aber ließ der neue, weit stärkere Zar Wladimir Putin verlauten, dass alle Russen vor dem Gesetz gleich seien, und nun wurden zwar nicht die Privatisierungen selbst, wohl aber dabei aufgetretene kriminelle Handlungen verfolgt. Seither sammelt Putin die Milliardenvermögen der Oligarchen nach und nach wieder ein. Die Medien-Oligarchen Beresowskij und Gussinskij wurden ins Exil gezwungen, Yukos-Oil-Chef Chodorkowskij endete vorerst im Gefängnis, und Multi-Investor Abramowitsch darf in England sein Geld für den FC Chelsea ausgeben. Mit einem Jahrzehnt Verspätung wird sich damit die Wirtschaftsstruktur einstellen, die von Anfang an die sinnvollere postkommunistische Ordnung gewesen wäre: Ein staatlich dominierter, weltmarktfähiger Kern von Rohstoffkonzernen, deren Überschüsse irgendwie den Rest des Landes finanzieren müssen. Ökonomisch sinnvoll eingesetzt können sie dazu führen, dass weitere Sektoren der russischen Wirtschaft konkurrenzfähig werden, und damit einen etwas nachhaltigeren Wachstumsprozess in Gang setzen. In diesem Fall dürfte es höchstens ein weiteres Jahrzehnt dauern, bis es wieder einen russischen Milliardär zu vermelden gibt.

Die Preiskrieger: Der Handel wird zur Weltmacht

Seit Jahrtausenden sind die meisten Reichen Händler von Beruf. Billig einkaufen, teuer verkaufen, davon ließ es sich schon immer gut leben. Scheinbar hat sich daran bis heute nicht viel geändert: Von den 15 größten Vermögen der Welt in der *Forbes*-Rangliste des Jahres 2004 entstammen acht aus der Branche der An- und Verkäufer. Und doch vollzog sich hier im 20. Jahrhundert eine komplette Umstülpung der Machtverhältnisse. Denn all die Händler, die es in den vergangenen gut 100 Jahren zu außerordentlichem Reichtum brachten, waren – Einzelhändler.

Aus Kleinkrämern werden Riesenkonzerne

Dies ist ein absolutes Novum in der Wirtschaftsgeschichte. Die Kaufleute, die es in früheren Epochen zu großen Vermögen brachten, waren Fernhändler, Großhändler oder allenfalls Spezialhändler, die sich auf besonders lukrative Artikel konzentriert hatten. Das galt für die Reeder und Großkaufleute im antiken Milet wie in den Hansestädten des Mittelalters, es galt für die Handelshäuser der Fugger und Welser am Beginn der Neuzeit genauso wie für die Sklavenhändler in den darauf folgenden Jahrhunderten. Die Einzelhändler hingegen, die den täglichen Bedarf der Menschen deckten, waren, nun ja, Kleinkrämer am Ende der Wertschöpfungskette.

Doch heute sind die Kleinkrämer ins Gigantische gewachsen. Der US-Supermarktkaiser Sam Walton trug ein paar Jahre lang den Ehrentitel des reichsten Menschen der Welt – seinen Erben sprechen die Reichtumsschätzer von *Forbes* zusammengenommen mehr als doppelt so viel Vermögen zu wie dem aktuellen Spitzenreiter Bill Gates. Die deutschen Discountfürsten Karl und Theo Albrecht haben, ebenfalls zusammengezählt, in der Vermögensrangliste mit 41,1 Milliarden Dollar inzwischen fast zu Gates aufgeschlossen, der es auf 46,6 Milliarden Dollar bringt. Und eine schwedische Zeitung beansprucht für den Möbelhändler Ingvar Kamprad sogar den Titel des derzeit reichsten Menschen der Welt – der Ikea-Gründer besitze ein Vermögen von etwa 52 Milliarden Dollar.

Letztere Zahl müssen wir zwar in das Reich des Lokalpatriotismus verweisen: Kein Einzelhandelsunternehmen der Welt ist das Vierfache seines Jahresumsatzes wert. Dennoch muss in der uralten Welt des Handels etwas passiert sein, das dort die Anhäufung solch großer Reichtümer ermöglicht. Aber was? Sehen wir uns dafür zunächst an, was *nicht* passiert ist:

- Die Gewinnspannen sind nicht gestiegen, sondern gesunken. Renditen von mehreren 100 oder 1000 Prozent auf das eingesetzte Kapital, wie sie einst der Gewürz- oder der Sklavenhandel brachten, gibt es heute nicht mehr. Der Profit der Handelskonzerne beträgt nur selten mehr als 1 Prozent vom Umsatz beziehungsweise 15 Prozent des eingesetzten Kapitals. Wichtigster Grund für die gesunkenen Spannen ist das gesunkene Risiko. Es geht fast gegen null. Keine Karawane kann ausgeraubt, keine Karavelle gekapert werden. Das (extrem geringe) Hauptrisiko des Transports trägt größtenteils der Lieferant, den Rest die Versicherung.
- Die Markttransparenz ist nicht gesunken, sondern gestiegen. Sie ist so groß wie nie zuvor. Die Lieferquellen und die Vertriebswege sind weltweit bekannt und ausgeleuchtet, und auch die Kalkulationen der Händler wie der Lieferanten bergen keine tiefen Geheimnisse. Im Prinzip kann jede Handelskette der Welt bei jedem Produzenten der Welt einkaufen. Und während die Einkaufspreise zumindest noch einen Hauch von Vertraulichkeit genießen, sind die Verkaufspreise für jedermann öffentlich, werden in Katalogen, Prospekten und Annoncen verbreitet.
- Es gibt keine Monopole, sondern eine große und aggressive Konkur-

renz. Einst durften die Europäer die Kostbarkeiten aus dem fernen Asien nur in Venedig kaufen. Wer immer das Marktmonopol Venedigs durchbrechen wollte, bekam es mit der Seestreitmacht der Lagunenrepublik zu tun. So etwas ist längst passé. Die Standorte des Einzelhandels müssen dezentral, in möglichst großer Nähe zum Endverbraucher platziert sein. Das führt regelmäßig dazu, dass sich vier bis acht miteinander konkurrierende Einzelhändler auf engstem Raum nebeneinander ansiedeln. Und alle kämpfen nach allen erlaubten und manchmal auch unerlaubten Regeln um die Gunst der Käufer.

Einzelhandel, das bedeutet heute einen zentralen Einkauf, viele dezentrale Verkaufsstätten und jede Menge Logistik dazwischen. Nichts davon ist patentiert, jeder kann sich die guten Ideen der Konkurrenz jederzeit zu Eigen machen. Und jederzeit können sich neue Mitbewerber auf das Spielfeld begeben – schließlich ist der Handel die einfachste Einstiegsmöglichkeit in die Marktwirtschaft, die es gibt. Eine solche Ökonomie mit vollkommenem Wettbewerb und vollkommener Information wäre nach herrschender Meinung der Wirtschaftswissenschaftler eigentlich eines der besten Rezepte zur Verhinderung von Reichtum, weil kein Unternehmen sich einen Extraprofit aus dem Markt herausschneiden kann. Und doch entspringen aus dieser Branche einige der größten Vermögen der Welt. Versuchen wir einmal, dieses Rätsel anhand der uns am nächsten liegenden Dagoberts zu lösen: der Gebrüder Albrecht.

Das Albrecht-Rezept: kleines Angebot, noch kleinerer Preis

»Wenn uns bei der Kalkulation etwas beschäftigt, dann nur, wie billig wir eine Ware verkaufen können, und nicht, welchen höchsten Verkaufspreis wir erzielen können.« Das sagte Karl Albrecht im Jahr 1953 über das Erfolgsgeheimnis seines Unternehmens – das erste und gleichzeitig auch das letzte Mal, dass sich einer der Albrecht-Brüder öffentlich zu seinen Geschäftsprinzipien äußerte. Noch ein Zitat aus diesem historischen Dokument: »Seit 1950 verfolgen wir neben dem Grundsatz des kleinen Warenangebots den des niedrigen Preises. Ich bin überzeugt, dass diese beiden Grundsätze voneinander nicht zu trennen sind. Heute haben wir die denkbar besten Erfahrungen damit gemacht.«

50 Jahre später sind die Erfahrungen noch weit besser geworden. Der Umsatz liegt 5000-mal so hoch, der Jahresgewinn irgendwo in der Größenordnung einer Euromilliarde. Niemand in Europa ist derzeit reicher als Karl Albrecht (*1920), meint *Forbes*, und schätzt sein Vermögen auf 23 Milliarden Dollar – der Herrscher über Aldis südliche Reichshälfte erreicht damit Platz drei der Weltrangliste hinter Gates und Warren Buffett. Sein zwei Jahre jüngerer Bruder Theo liegt mit geschätzten 18,1 Milliarden Dollar »nur« auf Platz 14.

Und das Erfolgsgeheimnis der Krämerssöhne aus Essen-Schonnebeck? Schon vor 20 Jahren stellte das Fachblatt *Lebensmittelzeitung* fest: »Kaum ein Marketingkonzept ist so gründlich analysiert worden, kaum eines liegt so nachvollziehbar offen – und dennoch hat beinahe eine ganze Branche dem Aufstieg eines Unternehmens und dem damit verbundenen Wachstum dieses Vertriebssegments tatenlos und fantasielos zugesehen.« Zwar nicht ganz taten-, aber doch erfolglos. Alle Versuche der alteingesessenen Handelskonzerne, das Albrecht-Konzept zu kopieren, erlitten kläglichen Schiffbruch. Der langjährige Aldi-Manager Dieter Brandes fand dafür eine scheinbar paradoxe Erklärung: »Das Know-how von Aldi ist so einfach, dass niemand es glauben mag. Darum ist das Nachahmen so schwer.«

Die Einkaufsmacht lässt die Großen noch größer werden

Eines der zentralen Elemente in diesem Know-how hat mit Wissen nichts zu tun: die Macht des Einkäufers. Sie ist der fundamentale Unterschied zwischen den heute herrschenden Marktbedingungen und denen, die in allen anderen Epochen galten. Sie ist der ausschlaggebende Faktor für die

Herausbildung des Dinosaurier-Effekts, der uns schon mehrfach begegnete: Die Einkaufsmacht schafft Umweltbedingungen, die einseitig die größten Händler bevorzugen – wie in der Kreidezeit wird schiere Größe zum evolutionären Selektionsvorteil. Dieser sich selbst verstärkende Effekt funktioniert ganz einfach. Je größer die Menge ist, die ein Einkäufer abnimmt, desto bessere Konditionen kann er vom Produzenten bekommen. Je bessere Konditionen er bekommt, desto günstiger kann er seine Waren weiterverkaufen. Je günstiger er seine Waren verkaufen kann, desto mehr kann er umsetzen. Und je mehr er umsetzen kann, desto besser wird seine Verhandlungsposition den Produzenten gegenüber. Eine Aufwärtsspirale, die in den vergangenen Jahrzehnten die Handelsketten größer und größer werden ließ – und die Gewinne der Industrieunternehmen hart begrenzte, die ihre Produkte über den Einzelhandel verkaufen.

Verstärkt wurde dieser Effekt in den meisten Industriestaaten durch die Aufhebung der Preisbindung für den überwiegenden Teil der Erzeugnisse. Den herstellenden Unternehmen ging damit die Möglichkeit verloren, für die eigenen Produkte den Preis selbst zu bestimmen. Im Verhältnis zwischen Lieferanten und Handelsketten verlagerte sich damit die Macht noch deutlicher auf die Seite der Handelsketten, deren Einkäufern es immer leichter fiel, alle Luft aus der Kalkulation der Gegenseite herauszupressen.

Aldi kam bereits als relativ kleines Unternehmen in den Genuss der Größenvorteile beim Einkauf. Durch die konsequente Beschränkung des Sortiments auf 600 Artikel wurde mit jedem einzelnen Produkt im Angebot ein relativ hoher Umsatz erzielt. Für die Produzenten war Aldi deshalb schon früh ein bedeutender Kunde und bekam damit auch die entsprechenden Konditionen. Inzwischen ist die Kette längst bei allen Produkten, die sie verkauft, der mit Abstand wichtigste Abnehmer.

Die Gewerkschaft machte die Aldi-Brüder so reich

Dass gerade in Deutschland das Discountprinzip so profitabel wurde, hat jedoch nicht nur mit der unternehmerischen Qualität der Albrecht-Brüder zu tun und auch nicht allein mit der Nachlässigkeit der Konkurrenz, wiewohl beides eine Rolle spielte. Es kam auch eine typisch deutsche Spezialität hinzu: die Produktivitätsorientierung der Gewerkschaften.

Kein anderer Arbeitsplatz im Einzelhandel ist so produktiv wie der eines Aldi-Mitarbeiters. Extrem hoher Warenumsatz mit extrem wenig Personal, da kann niemand sonst mithalten. Die Aldi-Manager dürfen sich deshalb über jede Erhöhung der Tariflöhne freuen: Weil bei ihnen die Personalkosten einen kleineren Anteil an den Gesamtkosten ausmachen, wird in der Relation die Konkurrenz von einer allgemeinen Lohnsteigerung immer stärker getroffen. Die strikte Orientierung der Gewerkschaft an möglichst hoher Produktivität, die in den Industriebranchen durchaus ihre Berechtigung hat, führte im Einzelhandel zur Benachteiligung all jener Unternehmen, die durch Service, Beratung und beziehungsweise oder längere Öffnungszeiten eine bessere Einkaufsqualität als die rein rechnerisch hoch produktiven Discounter hätten anbieten können. Hart zu sich selbst, wie die Deutschen es nun einmal sind, haben sie sich verboten, entspannt und gut gelaunt einzukaufen, und damit den Aldis und Lidls die Kassen gefüllt – hätte Max Weber das »protestantische Einkaufsethik« genannt?

Die Handelsgewerkschaft HBV (heute ver.di) war stark genug, um ordentliche Lohnsteigerungen durchzusetzen und kundenfreundliche Regelungen zu verhindern, etwa beim Ladenschluss. Niemand profitierte davon so stark wie der Anbieter mit der höchsten Arbeitsproduktivität. Aber die Gewerkschaft war gleichzeitig zu schwach, um den Albrecht'schen Extraprofit abzuschöpfen. Aldi-Kassiererinnen mögen die höchsten Löhne der Branche haben – gemessen an ihrer Produktivität sind sie hoffnungslos unterbezahlt. Die beiden reichsten Männer Deutschlands, gleichzeitig zwei der reichsten Menschen der Welt, verdanken also ihren Platz auf dem Treppchen der Plutokraten nicht zuletzt der Gewerkschaft.

Ikea: das reaktionäre Möbelhaus

Nun haben wir im Industriezeitalter gelernt, dass ein Unternehmen mit besonders hoher Arbeitsproduktivität auch ökonomisch besonders fortschrittlich ist. In diesem Fall allerdings sträuben wir uns gegen die scheinbar daraus folgende Einsicht, es müsse sich bei Aldi um ein besonders fortschrittliches Unternehmen handeln. Und wir sträuben uns völlig zu Recht. Das zeigt sich, wenn wir nicht die Arbeitsproduktivität eines Unternehmens als Maßstab anlegen, sondern die Arbeitsteiligkeit einer Gesellschaft. Am Ausmaß der Arbeitsteilung erkenne man deren Entwicklungsstand, konstatierte Karl Marx, und so betrachtet sind die Discounter ein klarer Rückschritt. Noch deutlicher als bei Aldi wird bei Ikea, dem »unmöglichen Möbelhaus« aus Schweden, wo der Webfehler im System versteckt liegt. Ikea verfügt über eine ähnlich hohe Produktivität wie Aldi, und sein Gründer Ingvar Kamprad (*1926) rangiert bekanntlich ebenfalls an der Weltspitze der Superreichen. 1943, als 17-Jähriger, eröffnete er seinen ersten Laden, das Ikea-Prinzip des Großmöbelhauses mit Selbstbedienung erblickte schließlich 1965 das Licht der Welt, als Kamprad auf 45 000 Quadratmeter Fläche Ikea Stockholm eröffnete.

Die Preise sind niedrig, die Produktivität hoch, die Kundenzufriedenheit auch. Trotzdem handelt es sich bei Ikea um ein geradezu reaktionäres System, denn die Arbeitsteilung besteht nicht darin, dass jeder das tut, was er am besten beherrscht, sondern dass derjenige, der die Rechnung bezahlt, auch noch alles selber machen darf: Sowohl in den Preisen als auch in der Produktivitätsberechnung tauchen nur die dem Unternehmen entstandenen Kosten auf. Und die sind tatsächlich gering, weil Ikea den größten Teil des Zeitaufwands auf seine Kunden abwälzt. Diese verwenden einen guten Teil der Freizeit, die ihnen durch die steigende Arbeitsproduktivität in der Industrie zugefallen ist, freiwillig darauf, mit Inbusschlüsseln bewaffnet Küchenoberschränke zusammenzuschrauben (oder an Aldi-Kassen Schlange zu stehen).

Würden die Ikea-Kunden ihre für die Montage aufgewendete Zeit mit in den Kaufpreis einrechnen, erschiene das Möbelhaus tatsächlich als unmöglich: weil es zu diesen hohen Preisen nicht konkurrenzfähig wäre. Aber so rechnet (noch) keiner. Und für die Kunden gibt es keine auch nur annähernd so schlagkräftige Interessenvertretung, wie es die Gewerkschaften für die Beschäftigten sind. Also werden wir auf absehbare Zeit damit leben müssen, dass im Einzelhandel, wie in vielen anderen Dienstleistungsbranchen, die Arbeitsteiligkeit der Wirtschaft und damit das Rad der Zeit zurückgedreht wird und dass die größten dieser Reaktionäre damit auch noch das meiste Geld verdienen.

Warenhäuser für die Städte, Versandhäuser für die Provinz

Am Ende des 19. Jahrhunderts hingegen war es noch genau umgekehrt. Da gab es die größten Profite für diejenigen Einzelhandelskonzerne, die die Arbeitsteiligkeit der Gesellschaft vorantrieben: die Anbieter von Fertigwaren, die Heimarbeit ersetzten (das Gegenteil des Ikea-Prinzips), und die Versandhändler, die die ganze Vielfalt der Warenwelt bis in die hinterste Provinz brachten (das Gegenteil des Aldi-Prinzips, das die Uniformität bis in die Stadtzentren bringt).

Die sichtbarste Innovation dieser Zeit waren die Warenhäuser. Konsumtempel, die alles boten, was das Herz begehrt und für Geld zu kaufen ist. Den Anfang machte 1852 Le Bon Marché in Paris, in den folgenden Jahren und Jahrzehnten zogen Unternehmer in allen Metropolen der westlichen Welt nach. Harrod's in London, Macy's in New York, Marshall Field's in Chicago, und schließlich kam auch Deutschland an die Reihe. 1879 gründete Leonhard Tietz das Handelsunternehmen, aus dem später die Kaufhof AG werden sollte, drei Jahre später eröffnete sein Bruder Oscar (1858 – 1923) seinen ersten Laden in Gera, dem 1894 sein erstes repräsentatives Warenhaus in München folgte. 1900 eröffnete Oscar Tietz ein Warenhaus am Leipziger Platz im Herzen Berlins, praktisch zeitgleich mit dem Haus der Gebrüder Wertheim. 1912 schließlich stieß Rudolph Karstadt (1856 – 1944) zum Kreis der deutschen Warenhausbetreiber hinzu.

Was die Warenhäuser für die Stadtzentren, waren die Versandhäuser für die Provinz. Und hier insbesondere in den Vereinigten Staaten, die gerade erst dabei waren, die gigantische Fläche ihres Binnenlandes zu erschließen. Durch das zunehmend dichter werdende Eisenbahnnetz waren die Farmer zwar nicht mehr völlig von der Außenwelt abgeschnitten, aber mehr als das spärliche und teure Sortiment des Krämers im nächsten Dorf bekamen sie nicht zu Gesicht. Wie es dabei noch im 19. Jahrhundert zuging, schilderte anschaulich der später als Zirkusdirektor berühmt gewordene Phineas T. Barnum, der in seiner Jugend in einem solchen Kramladen gearbeitet hatte: »Ich schloss manchen schlauen Handel mit alten Weibern ab, die ihre Einkäufe mit Butter, Eiern, Bienenwachs, Federn und Lumpen bezahlten, und mit Männern, die unsere Gebrauchsgegenstände gegen Hüte, Axtstiele, Hafer, Mais, Buchweizen, Hickorynüsse und andere Dinge eintauschten.«

In diese triste Idylle platzte 1893 der Sears-Katalog wie ein Knallfrosch hinein. 196 Seiten hatten Richard Warren Sears (1863–1914) und Alvah Curtis Roebuck (1864–1948) zusammengestellt. Es gab Uhren, Schmuck, Waffen, Nähmaschinen, Möbel, Geschirr, Lastwagen, Sättel, Schuhe, Musikinstrumente, Kleidung, kurz: Die große, weite Welt war da im Angebot. Zwei Jahre später umfasste der Katalog bereits 507 Seiten – und von 388 000 Dollar im Jahr 1893 stieg der Umsatz bis 1900 auf 11 Millionen Dollar. Wobei zu diesem Aufstieg maßgeblich beitrug, dass ab 1896 die Post an jede noch so entlegene Adresse Pakete ohne Extrakosten zustellte.

Sears: Als Katalogeinkauf noch ein Kündigungsgrund war

Die Dorfkaufleute waren über die Konkurrenz von »Rears & Soreback« (Arsch und Kreuzweh) überhaupt nicht erfreut. In einigen Orten organisierten sie Katalogverbrennungen, in anderen streuten sie das Gerücht, das Versandhaus werde von Negern geführt, und in Warsaw im US-Bundesstaat Iowa wurden in einem Wahlkampf sogar alle Bürgermeisterkandidaten dazu verpflichtet, jeden städtischen Angestellten zu entlassen, der bei einem Versandhaus kaufte. Richard Sears konterte mal defensiv, mal offensiv: Der Katalog von 1903 versicherte, dass jede Warensendung ohne von außen erkennbaren Absender verschickt und »jede Transaktion streng vertraulich« gehandhabt werde. Zwei Jahre später hielt Sears seine Kunden bereits für so selbstbewusst, dass er ihnen Prämien versprach, wenn sie das Unternehmen an Freunde und Nachbarn weiterempfahlen – mit überwältigendem Erfolg.

Weit weniger überwältigend war der Reichtum, den die beiden Gründer ansammelten. Als Richard Sears 1914 starb, hinterließ er ein Vermögen von 25 Millionen Dollar. Eine riesige Menge Geld, sicherlich, die heute einem Betrag zwischen einer halben und 5 Milliarden Dollar entspräche,[12] aber nicht einmal ein Zehntel dessen, worüber damals Andrew Carnegie verfügte, von Rockefeller ganz zu schweigen. Mag sein, dass Sears einfach zu früh das Zeitliche segnete: 1919 machte das Unternehmen mehr Profit, als es 1900 insgesamt an Umsatz verzeichnet hatte.

Alvah Roebuck hingegen war noch am Leben, als der Konzern, der seinen Namen trug, 1946 die Umsatzmilliarde überschritt. Es konnte ihm aber gleichgültig sein, denn er hatte bereits 1894 alle seine Anteile verkauft – für 25 000 Dollar. Eine Zeit lang arbeitete er noch im Unternehmen weiter, gründete dann eine Firma, die Filmprojektoren herstellte, und versuchte sich schließlich mit wenig Erfolg als Grundstücksmakler in Florida. 1934, mit 70 Jahren, begann seine dritte Karriere bei Sears & Roebuck: Er besuchte die Einzelhandelsgeschäfte, die das Unternehmen be trieb, schüttelte den Kunden die Hand und erzählte ihnen, wie damals, in seiner Jugend, alles angefangen hatte. Das tat er 14 Jahre lang, bis zu seinem Tod.

Der Großkonzern, in dem Roebuck auf seine alten Tage arbeitete, hatte nichts mehr mit dem Unternehmen zu tun, das er als Gründer selbst mitgestaltet hatte. Das ist nicht nur üblich so, sondern auch der wohl einzige Faktor, der dem Dinosaurier-Effekt entgegenwirkt. In der Regel setzen Unternehmen, die besonders erfolgreich und profitabel arbeiten, mit den Jahren Speck an. Da werden die Dienstwagen üppiger, die Stabsabteilungen größer, es wird repräsentiert und intrigiert, und der Chef schaut nicht mehr so genau hin wie früher, weil Zweitfrau und Drittwohnsitz ihren Tribut fordern. All das ist menschlich: Wer in einer erfolgreichen Organisation arbeitet, hat andere Ansprüche als einer, der erst noch um den Erfolg kämpfen muss – das war schon bei Cäsars Legionären so. Und Multimilliardäre verhalten sich eben anders als einfache Existenzgründer.

Es sei denn, diese Multimilliardäre heißen mit Nachnamen Albrecht. Denn dann macht es keinen Unterschied, ob man ein paar Tausend, ein paar Millionen oder ein paar Milliarden Euro auf dem Konto hat. Es wird einfach weitergemacht wie immer, und das Umsatz- und Profitwachstum bleibt grenzenlos. Ex-Aldi-Manager Brandes macht daraus ein Rezept: »Viele Menschen – auch Manager – sind wankelmütig. Aber worauf kommt es an? Ein gutes Konzept durchhalten. Richtig erkannte Prinzipien stur verfolgen. Den Verlockungen widerstehen. Konsequenz heißt: Bewährte Methoden nicht dauernd ändern, sondern der Redensart folgen: Schuster, bleib bei deinen Leisten.« Er sieht bei Aldi schon die Dämme brechen, weil die ehemals strikt eingehaltene Obergrenze von 600 Artikeln im Sortiment überschritten wurde: »Aldi Nord hat sein Sortiment in den vergangenen Jahren um 100 Artikel ausgeweitet. Das ist in meinen Augen eine schwerwiegende prinzipielle Änderung mit einer Tendenz zur Systemänderung. [...] Im Grunde beginnt mit der Sortimentserweiterung ein Wertewandel. Es besteht keine Sicherheit mehr dafür, dass Aldi Nord seinen Weg so konsequent und erfolgreich wie bislang fortsetzen kann und so konsequent einfach bleiben kann wie in der Vergangenheit.«

Ebay: Ein neuer Marktplatz ändert das Einkaufsverhalten

Doch Einfachheit und Konsequenz sind nicht nur ein Erfolgsrezept, sondern gleichzeitig eine Chance für Neueinsteiger. Denn gerade erfolgreiche Händler verhalten sich meist wie Brandes' Schuster, bleiben bei ihren

Leisten und lassen die Finger von neuen Produkten und Vertriebswegen: Schließlich waren sie gerade mit den alten erfolgreich, und was gestern einen Euro Profit eingebracht hat, wird das wohl morgen auch noch schaffen. Dadurch ergeben sich unter geänderten Umweltbedingungen neue Marktnischen für Einzelhändler. Und deshalb wird es weiterhin immer wieder Versuche geben, jenseits der Dinosaurier eine neue Welt aufzubauen.

Das mag aufgrund sich wandelnder Ansprüche geschehen, wovon zum Beispiel der 1988 von nordrhein-westfälischen Grünen gegründete Edel-Öko-Versender Manufactum profitierte. Häufiger jedoch geschieht es angeregt durch eine neue Technik, so wie wir es die vergangenen Jahre hindurch in überreichlicher Zahl in Verbindung mit dem neuen Medium Internet gesehen haben. Eine Einzelhandelsneugründung hat tatsächlich Erfolg gehabt: der 1995 von Jeff Bezos gegründete Internetbuchladen Amazon.com. Es ist auch nicht auszuschließen, dass einige weitere ebenfalls noch Erfolg haben werden, etwa mit dem Verkauf von Musik oder Reisen. Doch einen weit stärkeren Einfluss als alle Internetshops zusammen hat jetzt schon der Internetmarktplatz Ebay, der seinen Gründer Pierre Omidyar und seine Chefin Meg Whitman zu vielfachen Milliardären gemacht hat. Ebay tritt selbst nicht als Händler auf – es stellt eine neue Infrastruktur dar, die das Einkaufsverhalten ändert, ähnlich wie es vor 30 Jahren die Innovation der Fußgängerzone tat. Deshalb wird es Händler geben, die über diesen Vertriebsweg neue Geschäftsfelder erschließen, und es könnten daraus, zumindest potenziell, neue Unternehmen entstehen, die eine ähnliche Erfolgsgeschichte schreiben wie die Handelsketten in der zweiten Hälfte des 20. Jahrhunderts.

Wal-Mart: zur Kundenfreundlichkeit verdonnert

Dass wir diese Unternehmen noch nicht kennen, heißt nicht, dass sie nicht schon existieren. So veröffentlichten zum Beispiel Tom Mahoney und Leonard Sloane 1966 das gründlich recherchierte Buch *The Great*

Merchants über die wichtigsten amerikanischen Kaufleute »von Tiffany bis Woolworth«, so der Untertitel der 1970 erschienenen deutschen Ausgabe. Der heute mit Abstand größte amerikanische Einzelhandelskonzern, Wal-Mart, wird darin jedoch mit keinem Wort erwähnt, obwohl er schon seit 1962 besteht. Im gleichen Jahr, in dem Theo Albrecht in Dortmund erstmals einen seiner Läden »Aldi« nannte und Beate Uhse in Flensburg den ersten Sexshop der Welt eröffnete, machte auch Sam Walton in Rogers im US-Bundesstaat Arkansas seinen ersten Supermarkt auf. Er zeigte, dass selbst in einer Einzelhandelswelt, die schon voller großer Ketten ist und in der kein Kunde darauf wartet, dass eine weitere Kette hinzukommt, immer noch eine Chance besteht, genau das zu tun. Denn Wal-Mart hatte nicht nur eine bessere Logistik als die Konkurrenz, sondern auch kundenfreundlichere Mitarbeiter. Nicht unbedingt, weil eine Wal-Mart-Verkäuferin per se freundlicher wäre als eine im Supermarkt um die Ecke, sondern weil die Regeln des Unternehmens sie zur Kundenfreundlichkeit verpflichten: Die Angestellten müssen jedem Kunden, der sich ihnen auf mehr als drei Meter nähert, ihre Hilfe anbieten.

Nun ist es scheinbar aussichtslos, mit so einfachen Regeln innerhalb von gerade einmal 40 Jahren vom Niemand zum zweitgrößten Unternehmen der Welt zu werden. Sie führen schließlich zu einem allenfalls hauchdünnen Wettbewerbsvorteil gegenüber der Konkurrenz, und es würde Jahre oder gar Jahrzehnte dauern, bis man mit diesem kleinen Unterschied einen bereits etablierten Wettbewerber in die Knie zwingen könnte. Außer – ja, außer beide Unternehmen sind börsennotiert. Denn selbst bei einer nur minimal besseren Rentabilität kann das eine Unternehmen den Aktionären des anderen Unternehmens eine bessere Performance ihres Investments in Aussicht stellen, wenn sie ihm die Firma verkaufen. Und tritt diese Verbesserung tatsächlich ein, werden sich beim nächsten Objekt der Begierde die Aktionäre noch weniger sträuben, wenn ihnen die No-Name-Company Wal-Mart aus Bentonville, Arkansas, ein Übernahmeangebot macht. Noch ein paar Übernahmen später ist schließlich aus dem Newcomer selbst ein Dinosaurier geworden.

Der Börsenboom: Wall Street makes the Superstar

Die Wall Street ist die Kathedrale des Kapitalismus, des freien Spiels der Kräfte, des Profits. Doch den Grundstein für diese Kathedrale legte eine derzeit verpönte Spielart der Marktwirtschaft – ein Kartell.

Jedes Kartellamt hätte die Wall Street verboten

Denn wie sonst sollte man die Absprache nennen, die 24 New Yorker Wertpapierhändler am 17. Mai 1792 trafen? Sie kamen überein, dass sie Aktien und Anleihen bevorzugt untereinander handeln wollten, und sie legten einen Mindestpreis für ihre Provision fest: ein Viertelprozent des jeweils gehandelten Betrages. Auf dieses so genannte Buttonwood Agreement, abgeschlossen unter einer Platane (engl. Buttonwood) vor dem Haus Wall Street 68, führt die New York Stock Exchange ihr Entstehen zurück, auch wenn sie erst 1817 offiziell gegründet wurde. Hätte es damals schon ein Kartellamt gegeben, es hätte diese Preisabsprache garantiert verboten. Nicht einmal die notorisch kartellverdächtige Baustoffbranche würde sich heute trauen, eine solche Absprache zu treffen, und schon gar nicht in aller Öffentlichkeit. Aber weil sich damals niemand berufen fühlte, dem freien Wettbewerb zu seinem Recht zu verhelfen, konnte sich aus dem Kartell der 24 der mächtigste Kapitalmarkt entwickeln, den die Welt je gesehen hatte.

Der Weg dahin war damals noch weit. Es gab gerade einmal vier Wertpapiere, die in New York, Boston und Philadelphia gehandelt wurden: drei Staatsanleihen von 1790 sowie die Aktien der Bank of the United

States, die seit dem Juli 1791 im Umlauf waren. Im 19. Jahrhundert entwickelte sich New York schnell zum wichtigsten Finanzplatz der USA, weil es durch seine Rolle als wichtigster Überseehafen des Landes der attraktivste Standort für in- und ausländische Banken war. Für Geldanleger hingegen ließ die Attraktivität deutlich zu wünschen übrig. Die Börse von New York erschien als ähnlich zwielichtige Veranstaltung wie die Börsen in Europa – mit dem Unterschied, dass man in Europa wusste, dass die Rothschilds faktisch die Börsen kontrollierten und damit ein Mindestmaß an Verlässlichkeit boten, während in den USA nur der Markt selbst den Markt machte.

»... wie im Dunkeln schwarze Schweine hüten«

Die ersten großen Vermögen, die an der Wall Street entstanden, waren noch von äußerst anrüchiger Abstammung – es handelte sich um die Vermögen der Eisenbahnbarone aus den Jahren nach dem amerikanischen Bürgerkrieg. Von den damaligen Praktiken war schon an früherer Stelle die Rede. Cornelius Vanderbilt brachte es dadurch als erster Amerikaner auf ein Vermögen von mehr als 100 Millionen Dollar. In der *Forbes*-Rangliste des Jahres 1999 über die reichsten Amerikaner aller Zeiten landete er damit hinter Rockefeller und fast gleichauf mit Andrew Carnegie auf Platz drei – seine 105 Millionen Dollar entsprachen 1999, gemessen am Anteil am Bruttoinlandsprodukt, 95,9 Milliarden Dollar, etwa halb so viel wie dem Spitzenreiter Rockefeller zugerechnet wurde.

Noch gegen Ende des 19. Jahrhunderts waren die Zustände an der Wall Street nicht geeignet, Vertrauen in die Seriosität des US-Kapitalmarkts zu erwecken. Auch die Art, wie 1892 Thomas Alva Edison aus seinem eigenen Unternehmen hinausfusioniert wurde, war schließlich kein Ruhmesblatt für die amerikanische Aktienkultur. Die Wall Street genoss zu der Zeit in etwa den gleichen Ruf wie heute die Börse von Shanghai: ein hoch riskanter Finanzplatz in einem viel versprechenden Emerging Market, von Insidern beherrscht, die nach Lust und Laune entschieden, ob mit regulären oder mit gezinkten Würfeln gespielt wurde. »Spekulieren, ohne Insider zu sein, ist wie im Dunkeln schwarze Schweine hüten«, meinte damals der legendäre Spekulant Daniel Drew, und er wusste, wovon er sprach.

Von diesem trüben Ausgangspunkt bis zum Durchbruch als Weltkapitalmarkt brauchte die Wall Street knapp sechs Jahrzehnte und drei große Schritte. Für den ersten Schritt sorgte ab 1895 eine höchst sichtbare, harte Hand, der zweite Schritt erfolgte 1934 mit der Einsetzung einer mächtigen Polizei, und der dritte war die Erfindung des modernen Pensionsfonds im Jahr 1950. Aber der Reihe nach.

John Pierpont Morgan – der Sheriff der Wall Street

Als John Pierpont Morgan (1837–1913) im Januar 1895 den Kredit der Vereinigten Staaten von Amerika rettete, war er bereits 57 Jahre alt und hatte noch kaum von sich reden gemacht. Sicher, da gab es diese hässliche Geschichte aus dem Bürgerkriegsjahr 1861, als er mit ein paar Kollegen einer Regierungsstelle in New York 5000 ausgemusterte Karabiner für 3,50 Dollar das Stück abnahm, sie auf Hochglanz polieren ließ und dem Kommandeur von St. Louis für 22 Dollar weiterverkaufte, aber das war längst verjährt. Und bei der Gründung von General Electric 1892 über Edisons Kopf hinweg war er zwar dabei, aber die zentrale Rolle bei diesem Geschäft sprachen die Zeitgenossen der Familie Vanderbilt zu. Doch dann kam die Währungskrise von 1895. Das Vertrauen in die US-Staatsfinanzen nahm in jenem Januar rasant ab, immer mehr Anleger tauschten ihre Papierdollars in Gold ein, sodass die Goldreserven der Zentralbank Besorgnis erregend schwanden. Das Ausland würde in dieser Situation nicht, zumindest nicht allein, in die Bresche springen – die Wall Street musste es richten, wenn sie keinen Staatsbankrott riskieren wollte.

Das sah auch August Belmont so, der Geschäftsträger von Rothschild in New York: Nur wenn die US-Finanziers, also die Wall Street, eine substanzielle Staatsanleihe übernehmen würden, könnte damit das Vertrauen in den Dollar und die Staatsfinanzen wiederhergestellt werden. Also suchte er jemand, der sowohl die US-Regierung als auch die Wall Street überzeugen konnte, und entschied sich für Morgan. Belmont und Morgan führten gemeinsam die Verhandlungen, und Morgan platzierte schließlich eine Staatsanleihe über 100 Millionen Dollar. Danach war er der König der Wall Street.

Er sorgte dort etwa auf die gleiche Weise für Ordnung wie ein Sheriff im Wilden Westen: Gegenüber einem Haufen hasardierender Desperados verspricht die Einführung eines ordentlichen Faustrechts mehr Erfolg als der Entwurf eines kompletten Strafgesetzbuches. Keiner sollte versuchen, ein größerer Betrüger zu sein als J. P. Morgan selbst, und wenn die Spekulanten ein paar Unternehmen zum Spielen haben wollten, sollten es wenigstens ordentliche Unternehmen sein. Morgans Meisterstück in diesem Sinn war 1901 die Bildung von U. S. Steel mit anschließendem Börsengang: Der größte Stahlkonzern des Landes und zugleich die am höchsten kapitalisierte und meistgehandelte Aktie an der Wall Street; obendrein die größte Provision für die Initiatoren – bei einem Aktienkapital von 1400 Millionen Dollar strichen sie 150 Millionen ein.

Aber auch sonst war Morgan der Mann für die ganz großen Spiele. Mal entfesselte er zusammen mit den Vanderbilts heftigste Schlachten um Eisenbahnaktien gegen Edward Harriman, der wiederum mit Rockefeller im Bunde war, mal einigte er sich heimlich mit Harriman, um all die Kleinspekulanten auflaufen zu lassen, die darauf wetteten, dass sich die beiden Magnaten gegenseitig überbieten würden. Ein andermal versuchte er sogar alle Eisenbahnmagnaten unter einen Hut zu bringen, um die ruinöse Konkurrenz zu beenden. 1907 war er der Hauptverantwortliche für einen Börsencrash mit nachfolgender Wirtschaftskrise in den USA, weil er nur bei komplett darnieder liegender Ökonomie erreichen konnte, dass Präsident Theodore Roosevelt die Übernahme der Tennessee Coal, Iron and Railroad Company durch U. S. Steel zuließ – von Gesetzes wegen war dies eindeutig verboten.

Das brachte ihm 1912 schließlich doch eine Anhörung vor einem

Untersuchungsausschuss des US-Kongresses ein. Morgan gab leutselig Auskunft über sein Finanzimperium: Das Bankhaus J. P. Morgan & Co. beherrschte unmittelbar 39 Gesellschaften mit einem Eigenkapital von insgesamt 10 Milliarden Dollar und mittelbar mehr als 200 weitere Unternehmen mit zusammen mehr als 50 Milliarden Dollar Eigenkapital. Unter seiner Ägide hatte also die Wall Street die Kontrolle über die US-Volkswirtschaft übernommen – die sie bis zum heutigen Tag behält.

SEC – die Polizei der Wall Street

Wenn die Wall Street unter J. P. Morgan das Herz der US-Wirtschaft geworden war, dann geriet der 23. Oktober 1929 zu ihrem Infarkt. Der Börsencrash am legendären Schwarzen Freitag beendete ein Jahrzehnt von kreditfinanziertem Spekulationstaumel und High-Tech-Optimismus. Es war damals zwar völlig zu Recht die Automobilindustrie als Branche der Zukunft entdeckt worden, die Erwartungen jedoch, die in den Kursen der Auto-Aktien steckten, liefen dem tatsächlichen Branchenwachstum etwa um zwei Jahrzehnte voraus. Die Ernüchterung des Kurssturzes deckte viele Schwachstellen des Systems auf; wie ein Herzinfarkt Zeugnis von der ungesunden Lebensweise des Patienten ablegt. Und so wie der Arzt einem Infarktpatienten nach dem Zusammenbruch zu einer radikalen Umstellung seines Lebenswandels rät, verordnete das ab 1932 auch Präsident Franklin D. Roosevelt der Wirtschaft und der Börse. »New Deal« hieß sein Zauberwort, und ein Bestandteil des großen Pakets, das Roosevelt schnürte, war die Schaffung einer speziellen Börsenaufsicht namens Securities and Exchange Commission am 6. Juni 1934.

Von beiden Seiten des politischen Spektrums hagelte es damals Kritik: Den Rechten war es nicht recht, dass nun eine Behörde den freien Markt kontrollieren sollte, und die Linken opponierten gegen den von Roosevelt selbst ausgesuchten Gründungspräsidenten der SEC: Joseph P. Kennedy (1888 – 1969) als Börsenkontrolleur, das schien, als habe man den Bock zum Gärtner gemacht. Nicht nur, dass er in der Prohibitionszeit durch Alkoholschmuggel reich geworden war – für viele der Manöver, die der Spekulant Kennedy an der Börse durchgeführt hatte, hätte ihm der Börsenaufseher Kennedy ein Ermittlungsverfahren anhängen müssen. Roosevelt war sich dessen durchaus bewusst: »It takes a thief to catch one«, antwortete er seinen Kritikern, man braucht einen Dieb, um einen Dieb zu fangen.

Er sollte auf fulminante Weise Recht bekommen. Kennedy blieb zwar nur 16 Monate an der Spitze der SEC, aber in dieser Zeit schaffte er es, der Behörde in der Financial Community Respekt zu verschaffen. 2300 Ermittlungsverfahren eröffnete die SEC in seiner Amtszeit, und die anfangs noch zahlreichen Versuche von Unternehmen, die neuen Veröffentlichungspflichten zu boykottieren, wurden von Kennedy meist in Vier-Augen-Gesprächen im Keim erstickt, besser gesagt, in Alkohol ertränkt – schließlich war er Generalimporteur für Gordon's Dry Gin und Dewar's Scotch Whisky.

Erst durch die Arbeit der SEC wurde die Wall Street zu einem Finanzplatz, den man jedem Geldanleger empfehlen konnte. Jetzt waren es nicht mehr nur ein paar mächtige Männer, die wussten, wie es um die Unternehmen stand, mit deren Aktien sie handelten: Jeder Investor hatte und hat jederzeit freien Zugang zu den wichtigsten Unternehmensinformationen, und das vorgeschriebene Testat eines unabhängigen Wirtschaftsprüfers gibt außerdem die Gewähr, dass diese Informationen im Großen und Ganzen auch stimmen. Wer dennoch betrügt und manipuliert, muss jederzeit damit rechnen, von der schärfsten Börsenpolizei der Welt in Handschellen abgeführt zu werden.

Die Pensionsfonds finanzieren die Wall Street

Nach dem Zweiten Weltkrieg waren die USA unbestritten die stärkste Macht der Welt – sowohl militärisch als auch politisch und ökonomisch. Sie hatten außerdem den besten Kapitalmarkt der Welt, mit den anlegerfreundlichsten Regeln und der schärfsten Aufsicht. Es fehlte nur an Investoren. Der Rest der Welt brauchte sein Geld, um die Kriegsschäden zu beseitigen, und die Amerikaner kauften Aktien vorwiegend, um zu spekulieren. Wer langfristig investieren wollte, kaufte Anleihen. Insbesondere für die extrem langfristige Geldanlage, die Altersvorsorge also, waren Aktien verpönt, während US-Staatsanleihen die bevorzugte Anlageform darstellten. Das, so meinte Charles Wilson, konnte auf Dauer nicht funktionieren: Wenn die immer zahlreicher werdenden amerikanischen Wohlstandsbürger sich auf diesem Weg eine ordentliche Rente ansparen wollten, würde der Staat geradezu gezwungen, sich in immer höhere Schulden zu stürzen – eine solche Altersvorsorge wäre auf Sand gebaut.

Daher dachte sich Wilson Ende der Vierzigerjahre ein neues System der privaten Altersvorsorge aus: Pensionsfonds, die in die Aktien von US-Unternehmen investieren durften. Wenn so die Ersparnisse der Bürger quasi in der amerikanischen Wirtschaft angelegt wurden, entspräche das einer Sachkapitaldeckung der Altersvorsorge, die Rentner wären dadurch finanziell am weiteren Wirtschaftswachstum beteiligt. Weil Charles Wilson nicht irgendein Professor oder Beamter war, sondern der Präsident von General Motors, schlug er im April 1950 der Gewerkschaft der Automobilarbeiter die Einrichtung eines solchen Pensionsfonds für die Arbeiter von General Motors vor. Und weil das, was gut für General Motors ist, auch gut für Amerika ist, setzte sich diese Innovation in rasender Geschwindigkeit durch: Innerhalb nur eines Jahres wurden weitere 8000 Pensionsfonds eröffnet.

In Deutschland wurde nur wenig später die Altersvorsorge durch die Rentenreform von 1957 an die Lohnentwicklung gekoppelt (also durch Humankapital gedeckt), die Unternehmensfinanzierung dagegen ruhte weiterhin auf dem Standbein des Bankkredits. Die USA koppelten beide Funktionen an den Aktienmarkt.[13] Und damit brauchten sich die amerikanischen Börsen über den Zustrom von Kapital auf lange Sicht keine Sorgen mehr zu machen. Jetzt endlich war alles beisammen: ein funktionierender Kapitalmarkt mit den härtesten Spielregeln der Welt und einer auf Jahrzehnte hinaus gesicherten Nachfrage nach Wertpapieren.

Die Folgen waren ein geradezu explosionsartiges Wachstum der Geldvermögen und ein relatives Schrumpfen der größten Vermögen. Als *Forbes* 1999 die reichsten Amerikaner aller Zeiten ermittelte, fanden sich unter den ersten 40 nur vier, also genau 10 Prozent, die ihr Vermögen nach dem Zweiten Weltkrieg angehäuft hatten. Effiziente und transparente Kapitalmärkte führen eben eher zu einer breiteren Verteilung des Wohlstands; zwar nicht unbedingt in dem Sinn, dass alle Bürger in seinen Genuss kommen (das ist keine Angelegenheit der Kapitalmärkte, sondern der Sozialpolitik), aber doch dahingehend, dass der Extraprofit einiger weniger Marktteilnehmer auf Kosten aller anderen reduziert wird – wenn Insidertrading verboten ist, müssen eben alle, in den Worten Daniel Drews, ihre schwarzen Schweine im Dunkeln hüten.

George Soros: 1 Milliarde Dollar Profit an einem Tag

Manchmal sieht es allerdings so aus, als habe jemand eine Taschenlampe eingeschmuggelt. Dann erscheint ein Meisterspekulant auf der Börsenbühne, dem wie von Zauberhand alles gelingt, was er anpackt. Er verfolgt üblicherweise seine ganz spezielle Methode, mit der er dem Rest des Marktes ein Schnippchen schlägt: Das kann ein Liquidator sein wie der Brite James Goldsmith oder wie Karl-Heinz Ehlerding, der Mischkonzerne aufkauft, in ihre Einzelteile zerlegt, diese wieder verkauft und dadurch Profit macht, dass die Summe der Teile mehr Geld einbringt, als das Ganze gekostet hat. Das kann jemand wie der Fondsmanager Kurt Ochner sein, der massiv bei marktengen Titeln einsteigt, deren Kurse dadurch nach Belieben hochtreibt und dann seinen Gewinn einfährt, wenn er einen Dummen findet, der ihm zum Höchstpreis die Aktien wieder abkauft. Oder es handelt sich schlicht um einen Spieler, der die Börse dafür nutzt, mit großem Einsatz zu wetten – wie George Soros (*1930).

Am 16. September 1992 strich der gebürtige Ungar den wohl größten Gewinn ein, der jemals mit einer einzelnen Börsenwette erzielt wurde: Etwa 1 Milliarde Dollar Profit machte Soros' Quantum-Hedgefonds, als die

Bank of England um vier Uhr nachmittags den Kurs des Britischen Pfundes freigab. Im August war Soros zu der Überzeugung gelangt, dass das Pfund überbewertet sei und seine fixierte Position im Europäischen Währungssystem EWS nicht halten könne. Und dann attackierte er: Er lieh sich immense Summen in Britischen Pfund, die er sofort bei britischen Banken in D-Mark umtauschte. Die Banken forderten die D-Mark bei der Bank of England an, die auf diese Weise einen Abfluss an Währungsreserven erlitt. Je größer der Abfluss, desto größer die Wahrscheinlichkeit, dass das Pfund abgewertet oder sein Kurs freigegeben werden musste – dann könnte Quantum zum nun niedrigeren Kurs Pfund kaufen und die aufgenommenen Kredite begleichen.

Je länger er das Spiel betrieb, desto mehr Marktteilnehmer schlossen sich ihm an. Und als am 15. September der damalige Bundesbankpräsident Helmut Schlesinger bei einer Pressekonferenz beiläufig bemerkte, das EWS bedürfe einiger »Anpassungen«, war die Sache klar. Einen Tag später hatte die Bank of England die Hälfte ihrer gesamten Währungsreserven eingebüßt und gab das Pfund frei. Innerhalb weniger Stunden verlor es fast 9 Prozent seines Werts. Soros' Spekulation war aufgegangen – und er selbst weltberühmt als »der Mann, der die Bank von England besiegte«.

1997 attackierte Soros auf die gleiche Weise und mit ähnlichem Erfolg die Währungen von Thailand und Malaysia, doch seither ist es um ihn ruhiger geworden: Die russische Währungskrise ein Jahr später erwischte ihn im ungünstigen Moment, und um die Performance seines Quantum-Fonds war es in den vergangenen Jahren auch nicht zum Besten bestellt. Spekulanten geben üblicherweise eine recht kurzfristige Veranstaltung: Sie gewinnen oder sie verlieren; wenn sie fünfmal nacheinander gewonnen haben, sind sie bekannt, bei zehnmal sind sie berühmt, und wenn sie beim elften Mal daneben liegen, sind sie pleite. Daniel Drew war einer der berüchtigtsten Spekulanten der ohnehin berüchtigten Eisenbahn-Ära – und starb ebenso völlig verarmt wie sein deutsches Pendant Bethel Henry Strousberg. Auch Karl-Heinz Ehlerding hat praktisch die gesamten Gewinne aus früheren Börsengeschäften wieder eingebüßt, und bei George Soros ist es noch ungewiss, ob er sich trotz des sehr unglücklichen Händchens der vergangenen Jahre weiterhin eines Milliardenvermögens erfreuen darf.

Warren Buffett: Langeweile als Erfolgsrezept

Doch während solche Spielertypen seit eh und je zur Börse dazugehören, erlauben nach ordentlichen Regeln funktionierende Kapitalmärkte den Vertretern eines weiteren Menschenschlags, dort reich zu werden: den langfristig orientierten Investoren. Sie beschäftigen sich mit den Firmen, denen sie ihr Geld anvertrauen wollen, sie wollen, dass diese Unternehmen wachsen und gedeihen, damit es ihren Investments genauso ergehe. Sie stehen fern vom Ruch der Spekulation und betreiben die Geldanlage in Aktien als einen anständigen Beruf. Außer den hohen Summen, mit denen sie täglich umgehen, ist nichts Aufregendes an ihnen, und nirgends wird man so viele Langweiler auf einmal treffen wie bei einer Party, auf der sich nur Fondsmanager versammeln. Aber für Menschen, die unser Geld anlegen, ist das ein nicht zu unterschätzender Vorzug.

Der Inbegriff solcher Langeweile ist derzeit der zweitreichste Mann der Welt. Er wohnt in Omaha, einer der nichtssagendsten Städte Amerikas, deren größtes Verdienst darin besteht, vor 130 Jahren der Ort gewesen zu sein, an dem sich die Eisenbahnbauer vom Pazifik und die vom Atlantik trafen. Er isst gerne Steaks, mag Cola und Baseball, und er ist Chef und Hauptaktionär einer Firma, deren Name so viel Spannung verheißt wie ein Krocket-Spiel: Berkshire Hathaway. Was hat dieser Warren Buffett (*1930), was die anderen nicht haben?

Er besitzt einige der Qualitäten, die auch den Gebrüdern Albrecht eigen sind. Er hat sich ein Set von einfachen Regeln gestrickt, an die er sich konsequent hält: nur Aktien von Unternehmen, die er versteht, nur Produkte, die ihm gefallen. Und er ist immun gegen all die Anfechtungen, die der Superreichtum so mit sich bringt. Er isst immer noch gerne Steaks, er trinkt immer noch gerne Cola, und von Omaha bringt ihn auch keiner weg. Als einzige Extravaganz hat er sich das Baseballteam von Omaha gekauft.

Besonders immun ist Warren Buffett gegen eine Anfechtung, die gerade am Kapitalmarkt häufig auftritt: der Guru-Virus. Wer es einmal bis zum Guru-Status gebracht hat (wofür ein paar kleine Manipulationen oder schlicht Glück schon ausreichen), kann für einige Zeit damit kalkulieren, dass seine Anhänger jede Aktie kaufen werden, die er empfiehlt. Damit treiben sie zwangsläufig den Kurs dieser Aktie nach oben, die Performance des Gurus glänzt umso mehr, und er kann sich durch das eine oder andere Insidergeschäft eine Extrascheibe Profit abschneiden. Wer sich auf dieses Spiel einlässt, wird fast zwangsläufig seinen Guru-Status wieder verlieren – weil er nicht mehr darauf achtet, welches Unternehmen tatsächlich etwas taugt, sondern nur noch darauf, bei welchem er die Aktien am besten in Bewegung setzen kann. Dass Warren Buffett dafür unempfänglich war, stellte er in den Jahren 1999 und 2000 unter Beweis. Als alle Anleger auf die heißen Aktien der New Economy ansprangen, blieb Buffett bei seinen Favoriten, bei Coca-Cola, Fedex und Gillette, und nahm in Kauf, dass er und seine Performance belächelt wurden. Aber er glaubte dem Kurswunder nicht – sollten die anderen ruhig ihre Riesen-Buchgewinne einfahren, Buffett behielt die Nerven. Und als den Internetkapitänen ihre virtuellen Milliarden unter den Fingern zerrannen, blieb er ganz oben in der Geldrangliste.

Oder doch fast ganz oben. Denn obwohl Warren Buffett seit vielen Jahren in der Spitzengruppe mitmischt, reichte es noch kein einziges Mal für Platz eins. In der jüngsten *Forbes*-Liste verkürzte er den Abstand zu Bill Gates zwar von 10,2 auf 3,7 Milliarden Dollar, landete aber wieder auf dem zweiten Platz. Wenn er wollte, könnte Warren Buffett allerdings innerhalb weniger Tage diese Positionen vertauschen: Er müsste nur die Bemerkung fallen lassen, dass er Microsoft für überbewertet hält und deshalb in dieser Aktie »short« gegangen ist, also auf fallende Kurse spekuliert. Zumindest kurzfristig würde dies dazu führen, dass die Microsoft-Aktie und damit das Gates-Vermögen auf Talfahrt gingen und das Orakel aus Omaha der reichste Mann der Welt wäre. Bill Gates kann wahrlich von Glück sagen, dass Warren Buffett so uneitel und langweilig ist.

Bill Gates: der Dagobert des 21. Jahrhunderts

Am 12. August 1981 stellte IBM, der größte Computerkonzern der Welt, seinen ersten Personal Computer (PC) vor. Ein großer Schritt für ein Unternehmen, dessen langjähriger Chef Tom Watson einmal behauptet hatte, es würde auf der Welt nie mehr als fünf Computer geben. Aber der Markt entschied anders. In den Siebzigerjahren hatten aufmüpfige Rivalen wie Apple und Commodore das Marktsegment des PC geschaffen – und die Nachfrage war immens. Viele waren zur Präsentation des neuen Produkts geladen, nur die kleine Zulieferfirma aus Bellevue bei Seattle im US-Bundesstaat Washington nicht, von der das Betriebssystem des IBM PC stammte: Microsoft.

Für den IBM-Auftrag zog er sogar Anzug und Krawatte an

Zu diesem alles entscheidenden Auftrag in der Firmengeschichte kam Microsoft wie die Jungfrau zum Kinde. Niemand dort hatte nämlich einen blassen Schimmer, wie ein Betriebssystem für einen solchen Computer aussehen musste. Seit seiner Gründung am 4. April 1975 hatte Microsoft lediglich Computersprachen entwickelt. Das heißt: nicht eigentlich entwickelt, sondern bereits existierende Sprachen an einzelne Computermodelle angepasst. Immerhin verfügte die Firma bereits über eine gewisse Übung darin, erst den Auftrag zu ergattern und dann das Produkt herzustellen: Ihre Gründer Bill Gates (*1955) und Paul Allen (*1953) hatten Ende 1974, damals noch unter dem Firmennamen Traf-O-Data, dem

MITS-Chef Ed Roberts geschrieben, dass sie eine Version der Programmiersprache Basic entwickelt hätten, die für den MITS Altair passen würde, den ersten Minicomputerbausatz der Welt. Genau das brauchte Roberts damals dringend, und er lud die beiden ein, ihr Produkt zu präsentieren. Der Termin verzögerte sich allerdings etwas – schließlich kann man ganz schlecht etwas präsentieren, das es noch gar nicht gibt. Aber nach sieben Wochen war Paul Allen mit dem Altair Basic tatsächlich fertig, und Traf-O-Data kam unter dem wesentlich besser passenden Namen Microsoft ins Geschäft.

Aber IBM war nicht Altair. IBM war Big Blue, nicht nur der größte Computer-, sondern auch der größte Softwarekonzern der Welt. Warum ließ sich IBM für die Basissoftware seines PC mit einer 32-Mann-Firma ein, die über keinerlei Erfahrung mit diesem Produkt verfügte? Nun, sie hatten es vorher durchaus mit jemand anderem versucht, mit Gary Kildall, dem Chef von Digital Research. Er hatte das Betriebssystem CP/M entwickelt, das für IBM gut geeignet gewesen wäre. Kildall aber ließ die seriös gekleideten Herren abblitzen, die mit ihm verhandeln wollten – er drehte lieber noch ein paar Runden mit seinem Privatflugzeug, als mit IBM Geschäfte zu machen. Also probierte man es mit denen, die eigentlich nur, wie damals bei Altair, eine passende Version der Programmiersprache Basic liefern sollten. Als die Unterhändler von Big Blue im Juli 1980 bei Microsoft zu Besuch waren, standen Bill Gates und Paul Allen nicht nur pünktlich und dienstfertig bereit, sondern hatten sich sogar in Anzug und Krawatte geworfen.

Nicht dabei war Mary Gates, Bills Mutter. Dennoch war sie für den IBM-Auftrag von mindestens so großer Relevanz wie ihr Sohn – denn sie saß im Vorstand der Wohltätigkeitsorganisation »United Way«. Dort saß außerdem ein gewisser John Opel, im Hauptberuf Chairman von IBM, für den deshalb Microsoft anfangs »die Firma von Mary Gates' Sohn« war. Alles, was an Gerüchten über den Intimitätsgrad dieser wohltätigen Bekanntschaft in Umlauf ist, müssen wir natürlich als reine Spekulation zurückweisen. Wie dem auch gewesen sein mag: Microsoft bekam den Auftrag.

So weit hatte Bill Gates also Glück. Aber wie sagte schon John D. Rockefeller: »Um ein reicher Mann zu werden, muss man vor allem drei Dinge haben: Glück, Glück und wieder Glück. Allerdings muss man auch verstehen, das Glück auszunützen.« Und das machte der hochbegabte Anwaltssohn aus dem äußersten Nordwesten der USA auf eine Art, die eines Dagoberts würdig war.

Für 75 000 Dollar bekam Microsoft alle Rechte an DOS

Besser gesagt: auf zwei Arten. Kunststück Nummer eins bestand darin, dem Riesenkunden IBM kein Produkt zu verkaufen, sondern nur eine Lizenz. Über die weitere Nutzung des Betriebssystems, das es noch gar nicht gab, würde nicht IBM entscheiden, sondern Microsoft. Das Kunststück gelang nicht zuletzt deshalb, weil der Computergigant von seinem neuen Produkt selbst nicht so recht überzeugt war: Es handelte sich um keine Eigenentwicklung, sondern um einen aus vielen Einzelteilen verschiedener Fremdanbieter zusammengesetzten Schnellschuss: Diskettenlaufwerk von Tandon, Netzteil von Zenith, Prozessor von Intel – warum sollte man ausgerechnet beim Betriebssystem so tun, als hätte man es selber gemacht, wo es doch die IBM-Programmierer für unter ihrer Würde hielten, sich mit solchem Kinderspielzeug wie dem PC zu beschäftigen?

Kunststück Nummer zwei war, ein Betriebssystem aufzutreiben, um den IBM-Auftrag auch erfüllen zu können. Aber da erinnerte sich Paul Allen daran, dass vor einiger Zeit ein gewisser Tim Paterson von dem Computerhändler SCP vorbeigekommen war – er habe ein neues Betriebssystem entwickelt, ob Microsoft Interesse daran hätte, seine Software an dieses System anzupassen. Hatte Microsoft damals nicht, was auch am Namen des Betriebssystems gelegen haben mag: Q-DOS hieß es, und diese Abkürzung stand für »quick and dirty operating system«. Das war zwar völlig angemessen für ein in zwei Monaten hingeworfenes Programm, aber eben nicht gerade Vertrauen erweckend.

Ein anderer Unternehmer wäre in dieser Situation wahrscheinlich zu Paterson gegangen und hätte gesagt: Ich habe einen großartigen Auftrag, du hast das dazu passende Produkt, lass uns das Ding zusammen machen. Nicht so Bill Gates. Er schlug dem Programmierer vor, für seine Software die Vermarktung zu übernehmen. Honorar für Paterson: 10 000 Dollar pauschal plus 15 000 Dollar für jeden Lizenznehmer; ein Kunde stehe sogar schon bereit. Paterson schlug ein – was er zu diesen Konditionen sicherlich nicht getan hätte, wenn er gewusst hätte, dass es sich bei dem Kunden um IBM handelte. Einen Monat bevor der IBM-PC angekündigt wurde machte Bill Gates ein noch unverschämteres Angebot: weitere 50 000 Dollar für alle Rechte an dem Betriebssystem und ein Arbeitsvertrag bei Microsoft. Und wieder war Paterson einverstanden.

Kein Wunder, dass sich Patersons Ex-Firma kurz darauf betrogen fühlte und Microsoft verklagte – das Betriebssystem war schließlich von einem SCP-Angestellten entwickelt worden. Fünf Jahre später kam es zum Vergleich: SCP erhielt eine Million Dollar, aber die Rechte an DOS (inzwischen die Abkürzung für »disk operating system«) blieben bei Microsoft. Die erste Aneignung fremden geistigen Eigentums war erfolgreich abgeschlossen – Bill Gates würde daraus sein Geschäftsmodell machen.

Familie Gates hatte gar keine Garage

Die Informationstechnologie war im letzten Viertel des 20. Jahrhunderts der Inbegriff für High Tech und Innovation. Aus der Garage auf den Weltmarkt, das war die Silicon-Valley-Story, wie sie Hewlett-Packard und Apple in Reinkultur verkörperten. Aber den größten Profit machte ein Unternehmer, dessen Firma nicht eine einzige grundlegende Innovation erdacht oder auf den Markt gebracht hatte und die außerdem weder im Silicon Valley saß noch in einer Garage gegründet wurde. Auch wenn die Legende von der Garagengründung Microsofts unzählige Male weiterverbreitet wurde, ist sie schlicht falsch: »Wir hatten gar keine Garage«, stellte Gates' Vater klar.

Historisch betrachtet ist diese Konstellation gar nicht so ungewöhnlich. Sowohl in der Elektro- als auch in der Autoindustrie gab es ähnliche Verhältnisse. Ein Jahrhundert zuvor, als die Elektrizität die Unternehmenslandschaft umstülpte, gehörten die Firmen zweier der wichtigsten Innovatoren zu den Gewinnern: Siemens und General Electric (obwohl ihm selbst davon nichts mehr gehörte, war die Firma doch aus einer Gründung Edisons entstanden); aber die technisch wenig innovative AEG machte sich in Deutschland daran, Siemens den Rang abzulaufen – ihren Gründer Emil Rathenau können wir uns in der Tat als das damalige Pendant zu Bill Gates vorstellen. Und als die Automobile das Antlitz der Industrie veränderten, waren wiederum einige der Erfinder auch unternehmerisch ganz vorne mit dabei, etwa Carl Benz, Gottlieb Daimler oder Robert Bosch. Die mit Abstand größten Gewinne strich jedoch damals die Ford Motor Company ein – und von Henry Ford stammen zwar jede Menge Innovationen auf dem Feld der Arbeitsorganisation, aber nur wenige auf dem Gebiet der Automobiltechnik.

Finde die besten Produkte – und verkaufe sie als deine eigenen

Bei Microsoft wäre in Bezug auf Innovationen schon das Wort »wenige« übertrieben, wie ein Blick auf die Ursprünge der wichtigsten Produkte des Unternehmens zeigt:

- Die grafische Benutzeroberfläche wurde im Januar 1984 von Apple auf den Markt gebracht. Windows von Microsoft erschien in der ersten Version im November 1985, und erst die Version 3.0 von 1990 wurde ein Erfolg.
- Die ersten wirklich brauchbaren Textverarbeitungsprogramme hießen Wordstar (Markteinführung 1979) und WordPerfect (1980). Word von Microsoft folgte erst 1983.
- Die Mutter aller Kalkulationsprogramme hieß Visicalc und wurde 1977 von Dan Bricklin entwickelt – der es jedoch versäumte, ein Pa-

tent darauf anzumelden. Microsofts Multiplan (1983) und Excel (1987) waren in allen wichtigen Funktionen schlichte Nachbauten von Visicalc. Bricklins Firma Software Arts wurde von der Marktmacht der Nachahmer überrollt und verkaufte schließlich 1985 die Rechte an Visicalc für 800 000 Dollar an die Softwarefirma Lotus.

- Der erste Internetbrowser hieß Mosaic und wurde 1993 von Mark Andreessen programmiert. Als Netscape Navigator eroberte er den Weltmarkt – und ab 1995 verdrängte ihn der weitgehend baugleiche Internet Explorer von Microsoft.
- Den Markt für Spielkonsolen erschlossen Nintendo mit dem Game Boy (1989) und Sony mit der Playstation (1994). Am 15. November 2001, pünktlich zum Weihnachtsgeschäft, griff Microsoft mit der Xbox an. Das Ergebnis des Rennens steht noch aus. Sony ist schließlich von anderem Kaliber als Dan Bricklin.

Es handelt sich hier nicht um eine willkürliche Auswahl. Für alle Microsoft-Produkte gilt in der einen oder anderen Form, dass sie auf Technologien aufbauen, die andere Unternehmen zuvor entwickelt haben. Das Geschäftsmodell, das Bill Gates zum reichsten Menschen der Welt machen sollte, lautet also in etwa: Beobachte den Markt, bis du ein Produkt identifiziert hast, das es verdient hat, massenhaft verbreitet zu werden – und verbreite es dann weltweit unter deinem eigenen Namen. Hin und wieder ging Microsoft dabei den offiziell vorgesehenen Weg für die Aneignung fremden geistigen Eigentums und kaufte es. DOS kostete, wie gesehen, 75 000 Dollar, für den Webmail-Dienst Hotmail hingegen zahlte Gates 1997 dessen Gründer Sabeer Bhatia satte 400 Millionen Dollar.

Meistens jedoch bevorzugte Microsoft die Eigenentwicklung, sprich: die Adaption fremder Produkte auf eigene Rechnung. Insbesondere durch die hässlichen Tricks, die er bei dieser Strategie anwandte, machte sich Bill Gates bei vielen Mitspielern der Softwarebranche verhasst. Da wurden neue Microsoft-Produkte Jahre im Voraus angekündigt und nicht selten mit falschen oder verschleiernden Angaben über den wirklichen Erscheinungstermin versehen. Vaporware, Dunstprodukte, nannte man diese noch gar nicht existente Software, die aber schon der Konkurrenz das Geschäft verdarb: Warum sollte ein Käufer sich für das Produkt eines unbedeutenden Herstellers entscheiden, wenn Microsoft »in Kürze« ein womöglich besseres Gegenstück auf den Markt bringen würde? Da werden Konkurrenzprodukte vom Microsoft-Betriebssystem nicht mehr unterstützt, es wird auf Firmenkunden Druck ausgeübt, damit sie nicht mehr bei den Wettbewerbern einkaufen, es wird schlicht alles getan, um aus einer Wettbewerbsposition in eine Monopolstellung zu gelangen; um also einen Zustand zu erreichen, den jedes Unternehmen gerne erreichen möchte. Aber dass es immer wieder nur Bill Gates schafft, dorthin zu kommen, nimmt der Rest der Branche eben übel.

»Wenn es Standards gibt, kann man mehr verkaufen«

Wäre er ein schlichter Dieb gewesen, schon früh in seiner Karriere hätte ein Strafprozess Bill Gates den Garaus gemacht, oder er wäre schlicht bei den Kunden durchgefallen. Die Storys über sein unfeines Verhalten waren schließlich früh genug und weit genug verbreitet. Wir sind deshalb geneigt, das Microsoft-Imperium milder zu beurteilen. Es hat eine Aufgabe erledigt, die sich in früheren industriellen Revolutionen in dieser Form nicht stellte: die weltweite Normung. Chinesische Eisenbahnen müssen nicht die gleiche Spurweite haben wie deutsche, amerikanische Hochspannungsleitungen müssen nicht auf der gleichen Spannung laufen wie europäische – aber japanische Computer sollten ungefähr so funktionieren wie brasilianische. Der PC erblickte 1977 das Licht einer bereits globalisierten Welt, und er erwies sich als eines der wichtigsten Instrumente, um diese Globalisierung weiter zu befördern. Dafür jedoch müssen sich Computernutzer überall auf der Welt verstehen, müssen über Länder- und Firmengrenzen hinweg ihre Dateien austauschen und miteinander kooperieren können. Ohne Microsoft wäre das nicht passiert.

Das heißt, theoretisch hätte es passieren können, dass sich die Welt auf offene Standards einigt, die eine ähnliche Interaktionsfähigkeit ermöglichen. Das Beispiel des patentfreien (Open Source) Betriebssystems Linux zeigt ja durchaus, dass Tausende von Programmierern überall auf der Erde fähig sind, ein gemeinsames Projekt unentgeltlich zum lebendigen Weltstandard voranzutreiben. Allerdings beruht ein großer Teil der in Linux investierten kreativen Energie auf dem unter Programmierern weit verbreiteten Wunsch, Bill Gates in der Hölle schmoren zu sehen. Aber diesen Anreiz zu unbezahlter Arbeit gäbe es ohne Microsoft nicht.

Vermutlich wären wir ohne den großen »Monopolisator« deshalb nicht in vielen Open-Source-Projekten gelandet, sondern in einem kompletten Chaos. Hersteller aus verschiedenen Ländern hätten jeweils ihre Lobby mobilisiert, um ihren eigenen Standard zum Weltstandard zu erheben. Beim Farbfernsehen und beim Videorecorder haben wir über lange Jahre einen Kampf zwischen verschiedenen Systemen gehabt und ertragen – bei einer so globalen und interaktiven Branche wie der PC-Software wäre dies weit schwerer gefallen und weit teurer geworden.

So wurde es für uns einfacher und für Bill Gates lukrativer. Um es mit seinen Worten zu sagen: »Wenn es Standards gibt, kann man grundsätzlich mehr verkaufen. In gewisser Hinsicht führt das in einzelnen Produktkategorien zu einem natürlichen Monopol: Ein Hersteller entwickelt ein gutes Produkt, und durch die Kombination von Anwenderloyalität, gutem Ruf, Marketing und Preisgestaltung kann er sich damit eine extrem starke Position verschaffen.«

Financial Engineering bläht das Vermögen auf

Und diese »extrem starke Position« reichte aus, um bereits mit 31 Jahren Milliardär zu werden? Und mit 38 Jahren der reichste Mensch der Welt? In absoluten Beträgen gerechnet sogar der reichste Mensch aller Zeiten? Nicht allein. Es war noch etwas anderes mit im Spiel. Schon bei Cäsar haben wir darauf hingewiesen, dass sein Privatvermögen in Höhe von 3 Milliarden Sesterzen 1 Milliarde Sesterze enthielt, die den erfolgsabhängigen Gehaltsbestandteil, quasi die Aktienoptionen seiner Soldaten darstellte und deshalb nach heutigen Buchhaltungskriterien kein Vermögen wäre, sondern eine Rückstellung. Bei Microsoft führte ein hochgradig legaler, aber reichlich fragwürdiger Umgang mit der eigenen Aktie zu einer ähnlichen Aufblähung des Vermögens.

◇ Steuern sparen, auf Dividende verzichten: Junge, stark wachsende Unternehmen sparen sich häufig die Ausschüttung von Dividenden, weil sie ihre Erträge von heute lieber in das Wachstum von morgen investieren. So jung ist Microsoft schon lange nicht mehr. Auf den Konten des Unternehmens liegt ein zweistelliger Milliardenbetrag in bar und wartet offiziell auf günstige Investitionsgelegenheiten. Faktisch handelt es sich um nicht ausgeschüttete Gewinne. Würden sie als Dividende ausgezahlt, müsste Großaktionär Gates diese Erträge versteuern. Solange sie in der Firma verbleiben, halten sie den Aktienkurs hoch und damit auch Gates' Vermögen. Durch den Verkauf von Aktien kann er sich seine eigene Gewinnausschüttung in der ihm passenden Höhe genehmigen – und nur auf die Kapitalerträge dieser Transaktionen wird eine 20-prozentige Steuer erhoben. Immerhin, dieses Steuerminimierungs- und Vermögensmaximierungsmodell wurde inzwischen modifiziert: 2003 hat Microsoft erstmals in der Unternehmensgeschichte Dividende gezahlt. Acht Cent je Aktie.

◇ Gehälter sparen, in Optionen bezahlen: Wenn bei einem Unternehmen damit zu rechnen ist, dass sein Aktienkurs beständig weiter steigt, sind viele Mitarbeiter gerne dazu bereit, für ein relativ geringes Festgehalt zu arbeiten, wenn sie dafür zusätzlich mit Aktienoptionen honoriert werden. Bei Microsoft war damit über viele Jahre hinweg zu rechnen, und lange Zeit ging die Rechnung auch auf: In den Börsenwunderjahren 1999 und 2000 entfielen bis zu 75 Prozent der gesamten Arbeitseinkommen der Microsoft-Mitarbeiter auf die Einnahmen aus Optionsprogrammen. Damit konnte sich Bill Gates Lohnkosten sparen, zugleich seine Profite erhöhen, den Kurs der Microsoft-Aktie steigern und dadurch neue Anreize zur Bezahlung in Aktienoptionen schaffen sowie sein Vermögen erhöhen.

- Auf Hausse spekulieren, Put-Optionen verkaufen: Viele Jahre lang kam ein guter Teil der Bargeldeinnahmen Microsofts aus einem etwas merkwürdig klingenden Aktiengeschäft: Das Unternehmen verkaufte Put-Optionen auf Microsoft-Aktien und kassierte die Optionsprämie ein. Microsoft versprach dafür, zu einem bestimmten Stichtag den Optionsinhabern Microsoft-Aktien zu einem vorher festgelegten Preis abzukaufen. Die für die Investoren logisch genug klingende Begründung war, dass Microsoft, um einer Verwässerung der Aktien durch die vielen Optionsprogramme zu begegnen, ohnehin in großem Umfang eigene Aktien zurückkaufen musste (wofür es die milliardenschweren Steuergutschriften einsetzen konnte, die es für die von den Beschäftigten ausgeübten Optionen bekam). Durch den Verkauf von Put-Optionen konnte sogar beim Rückkauf noch Geld verdient werden, die Optionsprämie nämlich.

Zurzeit noch mindert es lediglich den Glanz der Gates'schen Milliarden, dass sie zu einem erklecklichen Teil nicht durch den Verkauf von Software zustande kamen, sondern durch Financial engineering, also Spekulationen mit der Microsoft-Aktie. Je nach Stimmung an der Börse, Konjunkturlage und Zustand des Unternehmens können solche Tricks aber auch das Vermögen selbst erheblich vermindern. Denn Bill Gates hat sich auf diese Weise seinen ganz persönlichen Dinosaurier-Effekt geschaffen: Solange alles wächst und gedeiht, wirkt die Microsoft-Finanzarchitektur wie ein Perpetuum mobile – doch wenn an der Börse der Rückwärtsgang eingelegt wird, entpuppt sie sich plötzlich als Damoklesschwert. Denn bei fallenden Aktienkursen werden die Optionen der Mitarbeiter wertlos, ihre Rechnung geht nicht mehr auf und sie verlangen mehr Gehalt, sodass ausgerechnet jetzt, in der Krise, die Personalkosten steigen und dadurch die Krise verschärfen. Wenn der Aktienkurs weiter fällt, werden plötzlich auch die Put-Optionen zum Problem: Eigentlich müsste das Unternehmen gar keine Aktien zurückkaufen, weil der Kurs so niedrig ist, dass die Mitarbeiter keine Optionen ausüben können; durch die an Spekulanten verkauften Put-Optionen muss Microsoft aber beträchtliche Mengen seines Bargeldbestands für den Ankauf eigener Aktien ausgeben, und das zu Kursen, die erheblich über dem aktuellen Börsenkurs liegen. Was wiederum den Kurs noch weiter drückt.

Wir können zwar inzwischen davon ausgehen, dass sich Microsoft selbst bei widrigster Börsensituation nicht mehr auf diese Weise kaputtkriegen lässt. Dafür ist schlicht der Bargeldbestand zu hoch und die Marktposition zu überlegen. Bill Gates verfügt also über ein durchaus reales Vermögen, das allerdings um einiges kleiner ist als die von *Forbes* berechneten 46,6 Milliarden Dollar. Und das nicht nur wegen der finanziellen Merkwürdigkeiten. Die Vermögensberechnung auf der Grundlage des aktuellen Börsenkurses beruht nämlich auf der Fiktion, Bill Gates könne alle seine Microsoft-Aktien zum Tageskurs veräußern. Was natürlich nicht der Fall ist, er kann sie allenfalls, wie bisher auch, in homöopathischen Dosen verkaufen: Wollte er morgen früh versuchen, alle seine Aktien loszuwerden, würde er damit einen so gigantischen Kurssturz auslösen, dass bis zum Abend sein Vermögen um etwa 90 Prozent geschrumpft wäre – denn wer möchte schon gerade in dem Moment Microsoft-Aktien kaufen, in dem Bill Gates alle seine Anteile abstößt?

Ein Blick in die Kristallkugel

Auch Bill Gates wird vergehen. Die Branche, die ihn groß machte (und die er groß machte), die Softwareindustrie, wird zwar noch lange groß und wichtig bleiben, aber sie wird keine Karrieren vom Typ Gates' mehr ermöglichen. Dennoch wird Bill Gates nicht der Letzte seiner Art sein. Es wird immer wieder Menschen geben, denen die Kombination von Geld und Macht so wichtig ist, dass sie auch mit zehnstelligem Bankkonto nicht zum Augenblicke sagen, verweile doch, du bist so schön. Und es wird immer wieder Branchen geben, die den Aufstieg zu märchenhaftem Reichtum ermöglichen – oder neue Techniken, vielleicht auch nur neue Regeln, die traditionelle Branchen so auf den Kopf stellen, dass ein Underdog die Chance hat, an allen vorbei zum »Upperdog« zu werden.

Reichtum im Reich der Freiheit?

Wir müssen nicht befürchten, dass uns der Stoff ausgeht, aus dem die Innovationen sind. Ganz im Gegenteil: »Der Unterschied zwischen unserer Zivilisation, die verhältnismäßig primitiv ist, und der hochkomplexen Gesellschaft der Zukunft entspricht in etwa dem zwischen einer Maschine im klassischen Sinn und einer Maschine im Sinn eines lebenden Organismus«, konstatierte Stanislaw Lem (*1921), der geniale Futurosoph des 20. Jahrhunderts, 1964 in der *Summa technologiae*, seinem Opus magnum. Lem schaut nicht darauf, was als Nächstes passieren könnte, sondern fragt, was überhaupt möglich ist – und da haben wir noch viel vor uns: »Betrachten wir uns als eine sehr frühe Stufe innerhalb eines Entwicklungsprozesses, der für die Art vor einer halben Million von Jahren und für die Zivilisation vor wenigen Jahrtausenden begann, und nehmen wir an, dass diese Entwicklung noch Jahrmillionen dauern kann (aber nicht muss), dann besteht überhaupt kein Anlass, unsere gegenwärtige Unwissenheit auch für die weitere Zukunft zu unterstellen.«

Bei solchen Zeithorizonten leidet natürlich die kurzfristige Umsetzbarkeit, die wiederum zum Zwecke der Bereicherung zwingend erforderlich ist. Das gilt etwa für Lems Intelligenzverstärker, eine Maschine mit einem IQ in der Größenordnung von 10 000. »Die Möglichkeit, einen solchen Verstärker zu konstruieren, ist nicht minder real als diejenige, eine Maschine zu bauen, die hundertmal stärker ist als der Mensch«, behauptet Lem, fügt aber selbst hinzu: »Einstweilen sind freilich die Aussichten, dass er konstruiert wird, nicht allzu groß.«

Dafür wird anderes konstruiert werden. Wir haben gerade erst begonnen, eine Branche aufzubauen, die auf Jahrzehnte, wenn nicht Jahrhunderte hinaus Raum für Innovationen – und damit auch für Milliardenvermögen bietet: die Gentechnologie. Was uns dort blüht, wissen wir nicht. Gene, die Äpfel wachsen lassen, ohne den mühevollen Umweg über einen Apfelbaum zu nehmen; Schutzimpfungen gegen Krebs; Bakterien, die Gold aus dem Meerwasser filtern; Computerprozessoren aus Nukleinsäuren. Ein »Reich der Freiheit« prophezeit uns Lem, »wenn wir imstande sein werden, als Schöpfer mit der Natur zu konkurrieren«. Aber noch sind wir allenfalls Zauberlehrlinge.

Ein Rupert Murdoch für die Gentechnologie?

Die exorbitanten Börsenwerte der zumeist winzigen Biotechunternehmen beruhen denn auch weniger auf deren realistischen Geschäftsaussichten als vielmehr auf der Hoffnung, bei der ersten Microsoft des Aminozeitalters dabei sein zu können. Vermutlich wäre es hier vielversprechender, nicht nach einem Bill Gates, sondern nach einem Rupert Murdoch zu suchen. Denn der biotechnologische Fortschritt wird von irrationalen, aber schlagkräftigen Gutmenschen ebenso blockiert wie vor 20 Jahren in Großbritannien jeglicher Fortschritt von den dortigen Gewerkschaften. Seit Jahrzehnten schon hatte kein Unternehmer mehr den offenen Konflikt mit der gewerkschaftlichen Blockadepolitik gewagt – bis 1986 Murdoch in einer Nacht-und-Nebel-Aktion seine komplette Zeitungsdruckerei aus der Fleet Street nach Wapping verlagerte und ohne Gewerkschaftler weitermachte. Damit steigerte er nicht nur seine Profite weit über die Renditen der Konkurrenz, er gab auch den Anstoß für die überfällige Modernisierung der britischen Wirtschaft. Die Biotechbranche scheint für einen ähnlich brachialen Modernisierungsansatz reif zu sein, es ist dort nur bisher kein Unternehmer in Sicht, der auch nur ansatzweise über einen Murdoch'schen Durchsetzungswillen verfügte.

Natürlich gibt es auch sanftere Wege zum Superreichtum. Aus der Kristallkugel blitzt uns noch ein Megatrend entgegen, der reihenweise Entfaltungsmöglichkeit für die Milliardäre von morgen bietet: die Individualisierung. Vor 100 Jahren häuften diejenigen am meisten Vermögen an, die wie Ford oder Henkel möglichst vielen Menschen ein identisches Produkt verkaufen konnten. Inzwischen stehen die Chancen für die Unternehmer besser, die möglichst vielen Menschen ein jeweils individuelles Produkt verkaufen können. Ein Beispiel hierfür könnte eine Branche sein, die sich heute allenfalls im kunsthandwerklichen Stadium befindet: das Coaching.[14]

Ein Henry Ford für die Coachingbranche?

Die heute in dieser Branche vorherrschenden Einzelkämpfer vertreten mehrheitlich die Auffassung, dass ihr Erfolgsgeheimnis die hoch individuelle Betreuung ihrer Kunden in einer über viele Jahre gepflegten persönlichen Beziehung ist. Sie konzentrieren sich dementsprechend auf eine kleine Zielgruppe von Spitzenverdienern im Management. Aber die Fragen, die sich den obersten Angestellten stellen, bewegen auch die meisten übrigen Beschäftigten: Was will ich? Was kann ich? Wo stehe ich jetzt? Wo will ich hin? Und wie komme ich dorthin? Keiner der heutigen Anbieter jedoch unternimmt einen ernsthaften Versuch, diesen Markt zu erschließen. Ähnlich wie vor einem Jahrhundert die Automobilbauer drängeln sich heute alle Coaches um ein paar Hand voll reicher Kunden.

Diese Branche braucht also nicht so sehr einen Rupert Murdoch, sondern eher einen Henry Ford. Nur mit dem Unterschied, dass es hier nicht um die kostengünstige Massenproduktion komplett standardisierter Produkte geht, sondern um das Anbieten individueller Produkte nach einer standardisierten Methode. In der Unternehmensberatung heißen solche Methoden etwa Gemeinkostenwertanalyse oder Portfolio-Matrix. Wo derartige Standards aufkommen, entstehen fast zwangsläufig auch Konzerne, wie McKinsey oder die Boston Consulting Group.

Im Bereich der Arbeitnehmerberatung könnte die Feedbackanalyse ein solches Verfahren sein. Bereits im 16. Jahrhundert wandten sowohl Johannes Calvin als auch Ignatius von Loyola sie mit großem Erfolg bei der Unterweisung ihrer Priester an. Für den Management-Philosophen Peter F. Drucker ist diese Methode noch immer der beste Weg, um herauszufinden, wo die eigenen Stärken liegen. Er beschreibt die Feedbackanalyse so: »Wann immer ein Mensch eine Schlüsselentscheidung fällt und wann immer er eine entscheidende Handlung ausführt, ist es erforderlich, die eigenen Vermutungen über das, was geschehen wird, niederzuschreiben. Neun bis zwölf Monate später blickt man von dem, was tatsächlich erreicht wurde, zurück auf die Erwartungen. Diese einfache Methode erlaubt einem, innerhalb eines sehr kurzen Zeitraums von vielleicht zwei bis drei Jahren herauszufinden, wo die persönlichen Stärken liegen, und den Menschen wird bewusst, was sie daran hindert, den vollen Ertrag ihrer Stärken ausschöpfen zu können.«

Mag sein, dass die Methode einfach ist und dass man sie auch ohne Coach anwenden kann. Es ist auch einfach, weniger zu essen oder mit dem Rauchen aufzuhören. Und trotzdem bringen es Produkte und Dienstleistungen auf Milliardenumsätze, die uns dabei helfen sollen, diese einfachen Leistungen zu vollbringen. Wer es schafft, eine praktikable, standardisierbare Form der Feedbackanalyse als Coaching-Dienstleistung zu verkaufen, wird damit ebenfalls einen milliardenschweren Markt in aller Welt erschließen können.

Ein Frederick Taylor für die Krankenhäuser?

Aber es muss nicht immer gleich eine ganz neue Branche sein. Manchmal genügt schon so etwas Simples wie die Änderung eines Abrechnungsverfahrens, das einen ganzen Wirtschaftszweig erst in Aufruhr versetzt, ihn dann zum Umbruch zwingt und dadurch massive Bereicherungschancen für diejenigen eröffnet, die mit den neuen Bedingungen am besten zurecht kommen. In Deutschland werden wir gerade Zeugen eines solchen Umbruchs. Er kreist um die drei Buchstaben DRG. Das ist die Abkürzung für »Diagnosis Related Groups«, zu deutsch: Fallpauschalen. Und er betrifft eine Branche, die zwar extrem viele Millionäre, aber extrem wenige Milliardäre hervorgebracht hat: die Krankenhäuser.

Stark vereinfacht dargestellt bedeutet die Umstellung vom Kostensatzdenken auf das Fallpauschalensystem einen Zwang zur Effizienz: Eine Blinddarmoperation bringt immer die gleichen Einnahmen – und die Klinik schneidet ökonomisch umso besser ab, je weniger sie ausgeben muss, um einen Patienten von seinem Blinddarm zu befreien. Gerade weil sich bisher die Einnahmen der Krankenhäuser in erster Linie danach richteten, was sie ausgaben (ein Privileg, das sonst vor allem bei Rüstungsaufträgen üblich ist), ist das ökonomische Effizienzdenken dort nur mäßig ausgeprägt. Ein Unternehmer mit einem Ansatz wie Frederick W. Taylor müsste also in der Lage sein, Krankenhäuser besonders effizient zu führen, und damit eine bessere Rendite erzielen können als die Konkurrenz. Wenn das zutrifft, wird es sich für ihn auch lohnen, weitere Krankenhäuser aufzukaufen und ebenfalls auf Effizienz zu trimmen. Mit zunehmender Konzerngröße kann er bei seinen Zulieferern noch bessere Konditionen bekommen, seine Rendite noch weiter steigern und noch mehr Krankenhäuser kaufen – sodass er am Ende einen gigantischen Klinikkonzern sein Eigen nennt.

Derzeit gibt es gleich einige Unternehmen in Deutschland, die genau auf diesem Pfad unterwegs sind. Sie heißen Rhön-Klinikum, Asklepios Klinik GmbH und Helios-Kliniken, und sie versprechen sich neue Umsatz- und Profitchancen durch die Einführung der Fallpauschalen in Deutschland ab Januar 2005. Ob dieses System wirklich neue Milliardäre produziert, hängt nicht zuletzt davon ab, zu welchen Bedingungen die expansionswilligen Anbieter miteinander konkurrieren – je friedlicher sie sich die Märkte aufteilen, desto größer werden die Gewinne sein.

Ein Günther Fielmann für die Wellness?

Hin und wieder kann sogar eine Situation entstehen, in der sich ganz ohne technischen Fortschritt oder behördlich verordnete Strukturbrüche neue Profitchancen in einer bereits etablierten Branche ergeben. Zum Beispiel am 18. März 2003. An jenem Tag teilte der US-Konzern Procter&Gamble (P&G) mit, dass er gerade für 3,2 Milliarden Euro sämtliche Aktienpakete der Erben des Wella-Gründers Franz Ströher gekauft hatte. Für die Familie Ströher war das nach 123 Jahren der klassische Endpunkt einer Entwicklung, bei der sich der Unternehmergeist von gestern in den Reichtum von heute verwandelt.

Am Tag darauf gab P&G-Chef Alan G. Lafley im *Cincinnati Enquirer*, der Lokalzeitung am Standort der Konzernzentrale, einen heißen Tipp, wie Unternehmergeist von heute sich in den Reichtum von morgen verwandeln könnte. Weil damals keiner davon Notiz nahm – wer liest schon den *Cincinnati Enquirer*? –, ist der Tipp auch heute noch heiß. Er besteht aus drei Sätzen. Im Original: »This acquisition has made me think a lot about the model that works in health care, beauty care and personal care. The model that works really draws upon the professional. P&G will bring technology and product, and Wella will bring access to the channel.« Auf gut deutsch also: Die besten Geschäfte mit Gesundheits- und Pflegeprodukten macht man, wenn man sie über Fachleute verkauft. Im Fall Wella heißt das, die Shampoos macht Procter&Gamble, und Wella sorgt dafür, dass sie beim Friseur doppelt so teuer wie im Drogeriemarkt verkauft werden.

Der Friseurmarktforscher Steve Sleeper erklärte dem lokalen Konkurrenzblatt *Cincinnati Post*, warum das geht: »Man hat einen aufmerksamen Kunden und 30 Minuten Zeit, ihm etwas zu verkaufen.« Nun gut, man muss dabei auch noch Waschen, Schneiden, Fönen, aber dafür wird der Kunde in dieser Zeit auch nicht von den Angeboten der Konkurrenz abgelenkt – im Wella-Salon gibt es schließlich nur Wella-Produkte. Und das war es auch, was Alan Lafley eigentlich bekam, als er Wella kaufte: einen neuen Vertriebskanal für Pflegeprodukte, bei dem es am Point of Sale keine Konkurrenz gibt und bei dem Vertrauen zum Experten sowie Vertrauen zum Produkt aufeinander abfärben.

Die Milliarden für Wella sind ausgegeben. Wo bleibt also die Chance für die Milliardäre von morgen? Nun, Lafley sprach nicht davon, dass dieses Geschäftsmodell speziell in der Friseurbranche funktioniert. Er sprach von »health care, beauty care and personal care«. Es gibt also noch viele andere Branchen, in denen es genauso funktionieren könnte. Zum Beispiel Sonnenstudios, Fitnesscenter, Wellnesshotels, Geburtsnachsorge, Schönheitssalons, Krankengymnastik und so weiter. Procter&Gamble würde Massageöl und Selbstbräuner viel lieber über die dazu passenden Fachleute beziehungsweise -geschäfte verkaufen als über Wal-Mart. Sie können es nur nicht – weil diese Branchen viel zu zersplittert sind. Alan Lafley möchte seine Cremes, Öle, Pulver und Puder nicht päckchenweise an Kleinunternehmer versenden, sondern palettenweise an Großkonzerne.

Woran fehlt es also? An Unternehmern, die in diesen einzelkampferischen Branchen eine Konsolidierung auf den Weg bringen, um sich zu einer Art Wal-Mart der Fitnessstudios, Sonnenstudios oder Hebammen zu machen. Also etwa das, was Günther Fielmann bei den Optikern geschafft hat und Heiner Kamps bei den Bäckern. Wenn ein solcher Unternehmer von Anfang an darauf achtet, nicht nur die Dienstleistung (Maniküre, Muskelaufbau), sondern auch die zugehörigen Produkte zu verkaufen (Handcreme, Massageöl), dürfte es nicht lange dauern, bis P&G vor der Tür steht. Und wenn sich bis dahin außer P&G auch Henkel, L'Oréal,

Kao und Unilever für diesen Vertriebskanal interessieren (vielleicht liest dort ebenfalls jemand die Lokalzeitungen von Cincinnati), verlässt man am Ende des Bieterwettstreits das Feld nicht als Multimillionär, sondern gleich als Milliardär.

Decken wir die Kristallkugel wieder zu. Sie hat uns einige wenige der unzähligen Felder aufgezeigt, die die Milliardäre von morgen beackern könnten. Wenn Sie, liebe Leserin, lieber Leser, sich nun auf diesen oder einen anderen Weg machen wollen, um eines Tages zu den reichsten Menschen der Welt zu gehören, sollten Sie darauf gefasst sein, dass jeder andere Ausgang Ihres Wagnisses wahrscheinlicher ist als ebendieser. Allerdings stehen die Chancen gut, dass Sie mit nahezu jedem anderen Ausgang glücklicher werden, als wenn sie tatsächlich Ihr Ziel erreichten.

Und die Moral von der Geschicht'?

Wir befinden uns, vorsichtig ausgedrückt, nicht immer im Reinen mit den Methoden, mit denen die Dagoberts der Weltgeschichte ihren Reichtum erwarben. Wir haben uns trotzdem, zumindest weitgehend, in den jeweiligen Kapiteln eines moralischen Urteils darüber enthalten. Das liegt jedoch nicht daran, dass es uns völlig gleichgültig wäre, wie viel Blut, Schweiß und Tränen an den Goldschätzen kleben, die da jeweils zusammengetragen wurden. Sondern daran, dass es nicht mehr zu ändern ist. Sicher, die Weltgeschichte hätte eine andere Wendung genommen, wenn Timur in seiner Jugend zum Buddhismus konvertiert wäre, wenn die Schiffe des Kolumbus vor Barbados gekentert wären, wenn IBM ein eigenes Betriebssystem für seine Personal Computer entwickelt hätte. Doch so war es nicht.

Wer den Spitzenplatz als einer der reichsten Menschen seiner Zeit erreichte, muss dafür mit Methoden gearbeitet haben, die vielleicht schon damals nicht gern gesehen, aber doch möglich waren. Die Karriere eines Timur zum Beispiel wäre heute undenkbar, ebenso die von Francisco Pizarro. Und so plausibel und zeitgemäß uns der Aufstieg von Bill Gates heute vorkommt, so erstaunlich mag er Menschen späterer Jahrhunderte erscheinen. Wer weiß, vielleicht rümpfen dereinst die Historiker die Nase über unser Zeitalter, weil es die meisten Menschen dazu zwingt, sich zum Zweck des Broterwerbs den ganzen Tag lang von ihren Kindern zu trennen.

»Man kann die Entwicklung des ökonomischen und gesellschaftlichen Fortschritts wohl kaum besser erzählen, als durch die Geschichten der reichsten Männer aller Zeiten«, hatten wir im Vorwort geschrieben. Jetzt, nachdem wir all diese Geschichten erzählt haben, müssen wir allerdings zugeben, dass sich aus der Summe dieser Geschichten noch nicht die ganze Geschichte ergibt – denn auch wenn alle Voraussetzungen vorlägen, um einen reichsten Mann der Welt hervorzubringen, kann es passieren, dass er schlicht nicht hervorgebracht wird. Besonders auffällig ist das im England der industriellen Revolution: Das mächtigste Reich seiner Zeit verfügte über die fortgeschrittenste Technik der Welt und ein äußerst vitales Unternehmertum. Aber es gab keinen industriellen Revolutionär, der sich so an die Spitze der Entwicklung gesetzt hätte, wie es Rockefeller beim Öl tat. Wenn keine großen Männer Geschichte machen wollen, sucht sich die Geschichte eben einen Weg um diese Leerstelle herum.

Kein Jota abstreichen müssen wir hingegen an einem anderen Satz aus dem Vorwort: »Jeder der sich durch eigene Leistung zu den reichsten Menschen seiner Zeit emporschwang, konnte gar nicht anders, als dabei die Welt zu verändern.« Die Superreichen aller Zeiten haben Weltgeschichte geschrieben. Sie haben den Lauf der politischen und ökonomischen Entwicklung stärker geprägt als die meisten der Revolutionäre, denen dieses Verdienst gewöhnlich zugeschrieben wird. Die Ablassexzesse, die die Fugger Anfang des 16. Jahrhunderts in Deutschland veranstalteten, schufen den Resonanzboden für den durchschlagenden Erfolg Martin Luthers. Die europäische Finanzarchitektur der Rothschilds half den Nationalstaaten, sich politisch zu konsolidieren und ökonomisch zur Weltmacht zu entwickeln. Und ohne die Beteiligung der Arbeiter am Produktivitätszuwachs, die Henry Ford 1914 einführte, hätte es der Kapitalismus sehr schwer gehabt, den ideologischen Wettstreit mit dem Kommunismus zu gewinnen.

Egal, ob die Folgen eher unbeabsichtigt waren (wie bei den Fuggern) oder eher beabsichtigt (wie bei Ford), ein Muster kehrt dabei immer wieder: Eine Entwicklung, die durch kurzfristiges Gewinnstreben angestoßen wurde, entfaltet sowohl kurz- als auch langfristig massive ökonomische, politische und gesellschaftliche Nebenwirkungen, die weit über die Region oder die Branche hinausreichen, in der sie ursprünglich startete. Die Dagoberts agieren dadurch als eine höchst sichtbare Hand des gesellschaftlichen Fortschritts – aber ihr Blick ist wie durch Scheuklappen auf das direkt vor ihnen liegende Stück des Weges beschränkt.

Und genau an dieser Stelle kommt doch noch die Moral ins Spiel. Denn es ist unsere Sache zu definieren, worauf sich ihr Blick richten kann. Von den unzähligen Möglichkeiten, sich selbst zu bereichern, kann die Gesellschaft einige unmöglich machen (Sklavenhandel, Massenmord), manche bestrafen (Mord, Banküberfall, Drogenhandel), andere ächten (Umweltfrevel, Kinderarbeit). Und beim großen Rest der erlaubten Möglichkeiten kann sie durch die Kombination von materiellen und immateriellen Anreizen und Hindernissen die ökonomische Initiative in gesellschaftlich erwünschte Bahnen lenken. Darüber aber, was erwünscht ist, entscheiden wir alle durch unser tägliches Handeln und den Gang zu den Wahlurnen mit. Niemand zwingt uns, dabei von vornherein den tatsächlichen oder vermeintlichen ökonomischen Interessen zu entsprechen. Moralische Argumente (»Samstags gehört Papi mir!«) haben eine genauso große Existenzberechtigung wie ökonomische (»Löhne steigern, Kaufkraft schaffen«, »Löhne senken, Arbeitsplätze sichern«).

Es gab in der Geschichte einige Gesellschaften, die ohne die Erschütterungen auskommen wollten, die die sichtbare Hand der Dagoberts auslöst. Das klassische Ägypten hatte ein paar Jahrtausende lang Bestand, das Reich des Sowjetsozialismus nur ein paar Jahrzehnte. Zugrunde gingen sie am Ende durch die Konkurrenz weniger genügsamer Systeme.

Es gab auch immer wieder das andere Extrem: Gesellschaften, die nur auf die segensreiche Kraft der Privatinitiative, auf Fortschritt durch Wirtschaftswachstum und friedlichen Handel setzten. Die griechischen Kolonialstädte in Kleinasien scheiterten daran, dass sie ihren Wohlstand nicht vor den begehrlichen Blicken ihres militärisch weit stärkeren Nachbars Persien verbergen konnten. Die Hanse verlor ihre Macht in den Wirren der Reformationszeit, als politische und religiöse Fragen in den Vordergrund rückten, auf die ein rein ökonomisch begründetes System keine Antworten geben konnte. Und in der zweiten Hälfte des 20. Jahrhunderts entwickelte sich wieder ein solch friedfertiges Freihandelssystem: die Europäische Gemeinschaft. Sie konnte es sich leisten, alle politischen Kräfte auf das Gelingen des ökonomischen Integrationsprozesses zu konzentrieren, weil sich über ihr der Schutzschirm der militärischen Großmacht USA entfaltete. Der sich nun, Stück für Stück, wieder zusammenfaltet. Wir wissen noch nicht, ob unser System dennoch überleben wird, und wenn ja: wie?

Die Vergangenheit macht uns wenig Hoffnung, dass ausgerechnet unser Gesellschaftsmodell das letzte, beste, unbesiegbarste aller Zeiten sein sollte. Nicht zuletzt die Dagoberts werden dafür sorgen, dass das Rad der Geschichte sich weiter dreht. Und sie übernehmen dabei für uns nicht den schlechtesten Part. Schließen wir deshalb mit einer kleinen Verteidigungsrede für den Reichtum, die 1877 der New Yorker Bürgermeister Samuel J. Tilden hielt. Obwohl er gerade bei der Präsidentschaftswahl nicht zuletzt am Widerstand der Wall Street gescheitert war, lobte er bei einem Dinner für die Crème de la Crème der Financial Community seine Zuhörer über den grünen Klee: »Ich sehe vor mir die Eigentümer und Verwalter kolossaler Reichtümer. Sie alle glauben, dass Sie für sich selbst arbeiten, aber es ist mir eine Ehre, Ihnen zu verkünden, dass Sie für die Gesellschaft arbeiten. Das meiste, was Sie tun, kommt am Ende dem Volk zugute. Besitzer fabelhafter Vermögen sind im Endeffekt Treuhänder des Gemeinwohls.« Und wenn sie nicht gestorben sind, dann sind sie das noch heute.

Anmerkungen

1 Quinsai, das heutige Hangtschou, war im 13. Jahrhundert eine der größten Städte der Welt, Marco Polo selbst spricht von 1,6 Millionen Einwohnern.

2 Die Schilderung folgt Ogger, *Kauf dir einen Kaiser,* S. 237f.

3 In den vergangenen Jahrzehnten haben sich zwar die ökonomischen Schwerpunkte aus den winterkalten in die von der Sonne begünstigten Regionen verlagert (z. B. von der US-Ostküste nach Kalifornien oder Florida), aber hierbei handelt es sich gewissermaßen um eine postindustrielle Entwicklung, bei der Kreativität und Lebensfreude der Beschäftigten wichtiger und die fordistische Arbeitsdisziplin unwichtiger werden – so entstehen weniger Fabriken als vielmehr Traumfabriken.

4 Bei einer Aktie, die wie EM.TV bei einem Kurs von knapp über Null anfängt und wieder bei einem Kurs von knapp über Null endet, kann der Verlust der Kleinaktionäre berechnet werden als Summe aus den Gewinnen, die die übrigen Beteiligten aus EM.TV gezogen haben – da es sich faktisch um ein Nullsummenspiel handelt, müssen den Gewinnen der einen die Verluste der anderen entsprechen. In dem Buch *Der Minus-Milliardär* (S. 221–226) habe ich auf diese Weise den Betrag errechnet, um den die Haffa-Aktionäre erleichtert wurden.

5 Die Schilderung folgt Morton, *Die Rothschilds,* S. 59f.

6 Als erste moderne Aktiengesellschaft gilt die »Vereinigte Ostindische Handels-Kompanie« der Niederlande, gegründet am 20. März 1602. Ihr britisches Pendant kann zwar noch zwei Jahre mehr vorweisen, wurde aber erst 1613 in eine AG umgewandelt.

7 Der Adelstitel und damit das »von« wurde ihm erst 1888 verliehen.

8 Wie es ein paar Russen zu einem Milliardenvermögen brachten, indem sie ihrem Staat die Hoheit über das Öl wieder wegnahmen, steht im Kapitel über die Kriegs- und Krisengewinnler.

9 So zumindest lautet die Zusammensetzung gemäß der Patentschrift Nr. 144289 des Kaiserlichen Patentamts vom 21. September 1903.

10 Vielen Dank an Johano Strasser, der diese Prophezeiung kürzlich wieder ausgegraben hat.

11 Die Enteignungen durch die sowjetische beziehungsweise die DDR-Regierung in Ostdeutschland nach 1945 werden hier nicht berücksichtigt, da sie keine neuen Vermögen schufen, sondern »nur« alte Vermögen vernichteten.

12 Zur großen Schwankungsbreite bei der Umrechnung in heutige Währung vgl. die Ausführungen im Rockefeller-Kapitel.

13 Sinn und Unsinn dieser beiden unterschiedlichen Vorgehensweisen stehen hier nicht zur Debatte. Ich habe sie in meinem Buch *Vorbild Deutschland* (Eichborn 2003) ausgiebig diskutiert (S. 47–57).

14 Dieser Abschnitt beruht weitgehend auf Ausführungen in meinem Buch *Die humane Revolution. Warum Sie in Zukunft an Ihrem Arbeitsplatz tun können, was Sie wollen*, DVA, München 2001, S. 177–180.

Literatur

Barks, Carl: »Eine Karriere mit Enten«. Abschrift eines am 4. August 1975 geführten Fernsehinterviews in: *Walt Disney Comics von Carl Barks*, Barks Library 3, Ehapa Verlag, Stuttgart 1993, S. 5–8

Barks, Carl: »Ein Geschenk für Oma Duck (Grandma's Present, 1956)«, in: *Walt Disney: Daniel Düsentrieb von Carl Barks* 1, Ehapa Verlag, Stuttgart 1994, S. 15–22

Barks Carl: »Langsam rinnt der Sand der Zeit (Go slowly, Sands of Time, 1981)«, in: *Walt Disney: Onkel Dagobert von Carl Barks* 2, Ehapa Verlag, Stuttgart 1993, S. 47–55

Barudio, Günter: *Tränen des Teufels. Eine Weltgeschichte des Erdöls*, Klett Cotta, Stuttgart 2001

Behr, Hans-Georg: *Die Moguln. Macht und Pracht der indischen Kaiser von 1369 – 1857*, Econ Verlag, Wien/Düsseldorf 1979

Behr, Hans-Georg: *Söhne der Wüste. Kalifen, Händler und Gelehrte*, Econ Verlag, Wien/Düsseldorf 1975

Berg, Wolfhart: *Der Crash*, Heyne, München 1988

Bernard, J.F.: *Talleyrand. Diplomat – Staatsmann – Opportunist*, <1973> Heyne Verlag, München 1989

Bickerich, Wolfram: *Die D-Mark. Eine Biographie*, Rowohlt Berlin Verlag, Berlin 1998

Bohlen, Dieter: *Nichts als die Wahrheit*, Heyne Verlag, München 2002

Böhme, Helmut: *Morgenland und Abendland. Staatsbürokratie, Völkerwanderung und römisch-christliches Reich (300-750)*, Fischer Taschenbuch, Frankfurt 1977

Bradford, Sarah: *Cesare Borgia. Ein Leben in der Renaissance*, Hoffmann und Campe, Hamburg 1979

Brandes, Dieter: *Konsequent einfach. Die ALDI-Erfolgsstory*, <1999>, Heyne Verlag, München 2001

Brawand, Leo: *Manager sind auch nur Menschen*, Econ Verlag, Düsseldorf 1993

Brion, Marcel: *Die Medici. Eine Florentiner Familie*, <1970>, Heyne Verlag, München 1991

Bronnenmeyer, Christl: *Max Grundig*, Ullstein, Berlin 1999

Buchenberg, Wal: »Milliardäre in Deutschland«, in: www.marx-forum.de, 2002

Burckhardt, Jakob: *Weltgeschichtliche Betrachtungen*, Verlag von W. Spemann, Stuttgart 1921

Burckhardt, Jakob: *Griechische Kultur*, <1898> Safari-Verlag, Berlin 1958

Carnegie, Andrew: *Geschichte meines Lebens, 1835 – 1919*, Koehler Verlag, Leipzig 1922

Ceram, C.W.: *Götter, Gräber und Gelehrte. Roman der Archäologie*, <1949> Rowohlt Taschenbuch, Reinbek 1995

Clifford, Donald K./Cavanagh, Richard E.: *Spitzengewinner. Strategien erfolgreicher Unternehmen*, Econ Verlag, Düsseldorf 1986

Crainer, Stuart: *Die 75 besten Managemententscheidungen aller Zeiten*, Ueberreuter, Wien 2000

Davis, John H.: *Die Guggenheims. Raubritter und Menschenfreunde*, <1978>, Schweizer Verlagshaus, Zürich 1984

Delius, F.C.: *Unsere Siemens-Welt. Eine Festschrift zum 125jährigen Bestehen des Hauses S.*, Verlag Klaus Wagenbach, Berlin 1972

Diwald, Hellmut: *Wallenstein*, <1969> Ullstein, Berlin 1987

Domdey, Karl-Heinz/Kühne, Harald Dietrich: *Die chronische Krise des kapitalistischen Währungssystems*, Verlag Die Wirtschaft, Berlin (DDR) 1972

Drucker, Peter F.: *Weltwirtschaftswende. Tendenzen für die Zukunft*, Wirtschaftsverlag Langen-Müller/Herbig, München 1984

Drucker, Peter F.: *Zaungast der Zeit. Ungewöhnliche Erinnerungen an das 20. Jahrhundert*, Econ Verlag, Düsseldorf 1981

Drucker, Peter F.: *Die Chance des Unternehmers. Signale für das Management von morgen*, <1986>, Heyne Verlag, München 1990

Drucker, Peter F.: *Management im 21. Jahrhundert*, Econ Verlag, München 1999

Engelmann, Bernt: *Das ABC des großen Geldes. Macht und Reichtum in der Bundesrepublik – und was man in Bonn dafür kaufen kann*, Kiepenheuer& Witsch, Köln 1985

Engels, Friedrich: *Die Lage der arbeitenden Klasse in England. Nach eigener Anschauung und authentischen Quellen*, <1845>, Dietz-Verlag, Berlin (DDR) 1976

Erdödy, János: *Kampf um die Meere. Das Zeitalter der großen Entdeckungsreisen*, <1964> Der Kinderbuchverlag Berlin (DDR) 1977

Feldenkirchen, Siegfried: *Siemens. Von der Werkstatt zum Weltunternehmen*, Piper, München 1997

Flechtner, Hans-Joachim: *Carl Duisberg. Vom Chemiker zum Wirtschaftsführer*, Econ Verlag, Düsseldorf 1959

Ford, Henry: *Erfolg im Leben. Mein Leben und Werk*, <1922> List Verlag, München 1952

Franz, Kurt: *Wer den Pfennig nicht ehrt. Alles übers Geld*, dtv, München 1983

Friedman, Milton & Rose: *Chancen, die ich meine*, <1980> Ullstein, Frankfurt/Berlin 1983

Fuchs, Günther/Hensecke, Hans. *Das französische Kolonialreich*, Verlag das Europäische Buch, Berlin 1988

Gall, Lothar et al.: *Die Deutsche Bank: 1870 – 1995*, C. H. Beck, München 1995

Geldner, Wilfried: *Adi Dassler*, Ullstein, Berlin 1999

Geschichte in Quellen. Band 1: *Altertum*, Bayerischer Schulbuchverlag, München 1965

Goldman, Lea: »Is Athina Onassis Really a Billionaire?« www.forbes.com, 3.3.2003

Goldschmidt-Jentner, Rudolf K.: *Christoph Columbus. Der Mann, die Tat, die Wirkung*, Gustav Lübbe Verlag, Bergisch Gladbach 1977
Göller, Josef-Thomas: *Auf der Suche nach El Dorado*, Gustav Lübbe Verlag, Bergisch Gladbach 1992
Gordon, John Steele: »The Rich were different«, *Forbes*, 11.12.99
Gürtler, Detlef: *Der Minus-Milliardär. Wie Thomas Haffa EM.TV erst zur heißesten Aktie und dann zur heißesten Luft am Neuen Markt machte*, Lardon, Berlin 2001
Gürtler, Detlef: *Die humane Revolution. Warum Sie in Zukunft an Ihrem Arbeitsplatz tun können, was Sie wollen*, Deutsche Verlags-Anstalt, Stuttgart/München 2001
Gürtler, Detlef: *Vorbild Deutschland. Warum die Amerikanisierung unserer Wirtschaft ein Ende haben muss*, Eichborn, Frankfurt 2003
Hartmann, Wolf D.: *Kapitale Karrieren. Mythos und Realität profitabler Geschäfte*, Verlag Neues Leben, Berlin (DDR) 1987
Hauser, Heinrich: *Opel. Ein deutsches Tor zur Welt*, Verlag Hauserpresse, Frankfurt 1937
Heller, Deane und David: *Jacqueline Kennedy*, Monarch Books, Derby, Connecticut, 1963
Herzinger, Richard: *Die Tyrannei des Gemeinsinns. Ein Bekenntnis zur egoistischen Gesellschaft*, Rowohlt Berlin Verlag, Berlin 1997
Holloway, Nigel: »In Praise of Inequality«, www.forbes.com, 17.3.2003
Horovitz, Jacques: *Marktführer durch Service. Lehren aus 50 hervorragenden europäischen Unternehmen*, Campus, Frankfurt 1993
Jordan, Bernd/Lenz, Alexander (Hrsg.): *Die 100 Unternehmer und Ökonomen des Jahrhunderts*, Rowohlt Verlag, Reinbek 1995
Jung, Bettina: *August Oetker*, Ullstein, Berlin 1999
Jungbluth, Rüdiger: *Die Quandts. Ihr leiser Aufstieg zur mächtigsten Wirtschaftsdynastie Deutschlands*, Campus, Frankfurt 2002
Kennedy, Paul: *In Vorbereitung auf das 21. Jahrhundert*, S. Fischer Verlag, Frankfurt 1993
Kilz, Hans Werner/Preuss, Joachim: *Flick. Die gekaufte Republik*, Rowohlt, Reinbek 1983

Klass, Gert von: *Hugo Stinnes*, Rainer Wunderlich Verlag, Tübingen 1958

Klepper, Michael/Gunter, Richard: *The Wealthy 100. A Ranking of the Richest Americans, Past and Present*, Carol Publishing, 1996

Küntzel, Ulrich: *Die Finanzen großer Männer*, <1964>, Ullstein, Frankfurt 1984

Lacey, Robert: *Ford. Eine amerikanische Dynastie*, Econ Verlag, Düsseldorf 1987

Lebensbilder großer Deutscher, Schuler Verlagsgesellschaft, Stuttgart 1973

Lem, Stanislaw: *Summa technologiae*, <1964>, Suhrkamp Taschenbuch, Frankfurt 1981

Leverkus, Erich: *Freier Tausch und fauler Zauber. Vom Geld und seiner Geschichte*, Fritz Knapp Verlag, Frankfurt 1990

Lewinsohn, Richard (Morus): *Wie sie groß und reich wurden. Lebensbilder erfolgreicher Männer*, Ullstein, Berlin 1927

Lissner, Ivar: *So habt ihr gelebt. Die großen Kulturen der Menschheit*, Deutsche Buch-Gemeinschaft, Darmstadt 1960

Lissner, Ivar: *So lebten die römischen Kaiser. Macht und Wahn der Cäsaren*, Walter-Verlag, Olten 1969

Loewe, Michael: *Das China der Kaiser. Die historischen Grundlagen des modernen China*, Paul Neff Verlag, Wien 1966

Lochner, Louis P.: *Die Mächtigen und der Tyrann. Die deutsche Industrie von Hitler bis Adenauer*, Franz Schneekluth Verlag, Darmstadt 1955

Lundberg, Ferdinand: *Die Reichen und die Superreichen. Macht und Allmacht des Geldes*, Hoffmann und Campe, Hamburg 1965

Mackay, Charles: *Extraordinary Popular Delusions And The Madness Of Crowds*, 1841

Magyar, Kasimir/Prange, Peter: *Zukunft im Kopf. Wege zum visionären Unternehmen*, Haufe, Freiburg 1993

Mahoney, Tom/Sloane, Leonard: *Große Kaufleute. Von Tiffany bis Woolworth*, <1966> Econ Verlag, Düsseldorf 1970

Marsh, David: *Die Bundesbank. Geschäfte mit der Macht*, Goldmann, München 1995

Martin, Hans-Peter/Schumann, Harald: D*ie Globalisierungsfalle. Der Angriff auf Demokratie und Wohlstand*, Rowohlt Verlag, Reinbek 1996

Martin, Paul C.: »Gold gab ich für Eisen. Die Gewaltgeschichte des Edelmetalls«, Vortragsmanuskript, Oktober 2001

Marx, Karl*: Das Kapital. Kritik der politischen Ökonomie*, Band 1, <1867>, Dietz-Verlag, Berlin (DDR) 1962

Masson, Irmalotte/Wiese, Ursula von: *Die Levi-Strauss-Saga. Die märchenhafte Geschichte des Mannes, der die Jeans erfand*, <1978> Knaur, München 1991

Mathes, Judith: »Wirtschaftsleben im alten Ägypten«, veröffentlicht auf www.judithmathes.de

McDonald, James: »Gettyrama. Little known facts about J. Paul Getty and more«, www.upublish.com, 2000

Mehl, Manfred: »Ein Zettel aus Papier als Geld – diese Idee war genial«, in: *P.M. Perspektive Geld*, München 1991

Mireaux, Emile: *So lebten die Griechen zur Zeit Homers*, Deutsche Verlags-Anstalt, Stuttgart 1956

Morton, Frederic: *Die Rothschilds. Ein Portrait der Dynastie,* <1961>, dtv, München 1998

Morus, Thomas: *Utopia*, <1516> Diogenes Taschenbuch 1981

Müller, Fabian: *Ferdinand Porsche*, Ullstein, Berlin 1999

Myers, Gustavus: *Die großen amerikanischen Vermögen*, S. Fischer Verlag, Frankfurt 1916

Norberg, Johan: *Das Kapitalistische Manifest. Warum allein die globalisierte Marktwirtschaft den Wohlstand der Menschheit sichert*, Eichborn, Frankfurt 2003

Ogger, Günter: *Die Gründerjahre. Als der Kapitalismus jung und verwegen war*, Knaur, München 1982

Ogger, Günter: *Kauf dir einen Kaiser. Die Geschichte der Fugger*, Droemer Knaur, München 1978

Ohlsen, Manfred: *Der Eisenbahnkönig Bethel Henry Strousberg. Eine preußische Gründerkarriere*, Verlag der Nation, Berlin (DDR) 1987

Olofsson, Rune Pär: *Der Dynamitkönig Alfred Nobel*, <1990>, Gustav Kiepenheuer, Leipzig 1993

Origo, Iris: *Im Namen Gottes und des Geschäfts. Lebensbild eines toskanischen Kaufmanns der Frührenaissance*, <1957> C.H.Beck, München 1985

Polkehn, Klaus/Szeponik, Horst: *Wer nicht schweigt, muss sterben. Ein Tatsachenbericht über die Mafia*, Militärverlag der DDR, Berlin (DDR) 1968

Polo, Marco: *Von Venedig nach China. Die größte Reise des 13. Jahrhunderts*, Horst Erdmann Verlag, Tübingen 1972

Pirnat, Karl: *Dämon Steuer. Ein Leidensweg der Menschheit,* Verlag Georg Fromme, Wien/München 1956

Porter, Michael E.: *Nationale Wettbewerbsvorteile. Erfolgreich konkurrieren auf dem Weltmarkt*, Droemer Knaur, München 1991

Pritzkoleit, Kurt: *Bosse, Banken, Börsen. Herren über Geld und Wirtschaft*, Verlag Kurt Desch, München 1954

Pritzkoleit, Kurt: *Männer, Mächte, Monopole. Hinter den Türen der westdeutschen Wirtschaft*, Karl Rauch Verlag, Düsseldorf 1953

Quatmann, Christian: »Wirtschaft im alten Ägypten«, in: *P.M. Perspektive – Das Alte Ägypten*, 1991, S. 68 – 72

Radandt, Hans (Hrsg.): *Handbuch Wirtschaftsgeschichte*, Verlag das Europäische Buch, Berlin (DDR) 1981

van Rensselaer, Philip: *Rich was better. A memoir*, Wynwood Press, New York 1990

Saur, Karl-Otto: *Friedrich Krupp*, Ullstein, Berlin 1999

Schlenzka, Peter A.: *Unternehmer, Direktoren, Manager. Krise der Betriebsführung?*, Econ Verlag, Düsseldorf 1954

Schneider, Wolf: *Die Sieger. Wodurch Genies, Phantasten und Verbrecher berühmt geworden sind*, <1992>, Piper Verlag, München 1997

Schramm, Petra: *Geldgeschäfte und Kapitalanlagen in alter Zeit*, Edition Rarissima, Taunusstein 1988

Schulz, Gerhard (Hg.): *Die Große Krise der dreißiger Jahre. Vom Niedergang der Weltwirtschaft zum Zweiten Weltkrieg*, Vandenhoeck & Ruprecht, Göttingen 1985

Shawcross, William: *Rupert Murdoch. Ringmaster of the information circus*, Pan Books, London 1993

Simmel, Georg: *Philosophie des Geldes*, <1900>, Suhrkamp Taschenbuch, Frankfurt 1989

Sinclair, Upton: *Wallstreet*, Sieben Stäbe Verlag, Berlin 1929

Sinz, Herbert: *Die großen Vorbilder. Männer, die aus dem Handwerk kamen*, Verlagsanstalt des Westdeutschen Handwerks, Düsseldorf 1960

Sittauer, Hans L.: *James Watt*, B.G. Teubner, Leipzig 1981

Smith, Raymond D./Darrow, William P.: »Strategic Management and entrepreneurial Opportunity: The Rise of Sears Inc.«, in: *Journal of Business & Entrepreneurship*, 11/1, März 1999

Soros, George: *Die Krise des globalen Kapitalismus. Offene Gesellschaft in Gefahr*, Alexander Fest Verlag, Berlin 1998

Strasser, Johano: »Die Gewerkschaften werden noch gebraucht«. Referat bei der Transnet-Beiratssitzung am 28.10.2003

Swedberg, Richard: *Joseph A. Schumpeter. Eine Biographie*, <1991> Klett-Cotta, Stuttgart 1994

Tichy, Andrea/Leidig, Gerd: *Happy Money. Den entspannten Umgang mit Geld entdecken*, Campus, Frankfurt 2003

Toynbee, Arnold: *Menschheit und Mutter Erde. Die Geschichte der großen Zivilisationen*, <1976>, Ullstein, Frankfurt 1982

Tracy, Brian: *Das Maximum-Prinzip. Mehr Erfolg, Freizeit und Einkommen – durch Konzentration auf das Wesentliche*, Campus, Frankfurt/New York 2003

Vandenberg, Philipp: »Die Erfindung des Geldes machte Krösus unsterblich«, in: *P.M. Perspektive Geld*, München 1991

van der Wal, A.C.: *Thomas Alva Edison*, Ediciones Rueda, J.M., 1999

Veblen, Thorstein: *Die Theorie der feinen Leute. Eine ökonomische Untersuchung der Institutionen*, <1899>, Fischer Taschenbuch, Frankfurt 1986

Vögtle, Fritz: *Thomas Alva Edison*, Rowohlt Verlag, Reinbek 1982

Walt Disney's lustige Taschenbücher, diverse Bände, Ehapa Verlag, Stuttgart 1973ff.

Weeber, Karl-Wilhelm: *Smog über Attika. Umweltverhalten im Altertum*, Rowohlt Taschenbuch, Reinbek 1993
Wells, H.G.: *The Outline of History. From Primordial Life to Nineteen-Sexty*, <1920>, Cassell & Company, London 1966
Wheeler, George: *Pierpont Morgan & Friends. The Anatomy of a Myth*, Prentice-Hall, Englewood Cliffs 1973
Wiede, Patricia: *Josef Neckermann*, Ullstein, München 2000
Wolter, Gustav-Adolf: *Geschichte Chinas. 4000 Jahre Reich der Mitte*, Bechtle Verlag, Esslingen 1987
Yergin, Daniel: *Der Preis. Die Jagd nach Öl, Geld und Macht*, Frankfurt 1991
Zischka, Anton: *Der Dollar. Glanz und Elend einer Währung*, Wirtschaftsverlag Langen-Müller/Herbig, München 1986

Personenregister